农业应用系统开发案例

张 娜 主编

中国林业出版社

图书在版编目(CIP)数据

农业应用系统开发案例／张娜主编．—北京：中国林业出版社，2017.1（2018.1重印）

ISBN 978-7-5038-8404-7

Ⅰ.①农…　Ⅱ.①张…　Ⅲ.①农业－信息系统－系统开发－案例　Ⅳ.F302.3

中国版本图书馆 CIP 数据核字(2016)第 021088 号

国家林业局生态文明教材及林业高校教材建设项目

中国林业出版社·教育出版分社

策划、责任编辑：许　玮

电　　话：(010)83143559　　　　**传真：**(010)83143516

出版发行　中国林业出版社(100009　北京市西城区德内大街刘海胡同 7 号)
　　　　　　E-mail：jiaocaipublic@163.com　电话：(010)83143500
　　　　　　http：//lycb.forestry.gov.cn

经　　销　新华书店

印　　刷　三河市祥达印刷包装有限公司

版　　次　2017 年 1 月第 1 版

印　　次　2018 年 1 月第 2 次印刷

开　　本　787mm×1092mm　1/16

印　　张　18.75

字　　数　376 千字

定　　价　36.00 元

农业应用系统开发案例
编写人员名单

主　　编　张　娜

副 主 编　潘　娟　朱晓冬　陕娟娟

编　　委　（以姓氏笔画为序）

王一罡　刘文钊　朱晓冬　许　静

张　娜　陕娟娟　郭大鹏　曹　伟

靳鑫磊　敦　健　潘　娟

前　言

农业信息化是现代信息技术在农业产业部门应用的过程，是一种大规模综合集成的系统工程，基本特征表现为农业技术操作全面自动化和农业经营管理信息网络化。农业应用系统开发是实现农业信息化的一种基本途径，也是我国农业信息化建设的重要工作之一。

在 2009 年，农业信息化领域协作组和全国农业推广硕士专业学位教学指导委员会将"农业应用系统开发"确定为本领域的领域主干课之一。在近年来的教学过程中，很多高校以《农业信息化应用系统开发与实践》为课程教材，培养学生农业应用系统开发的基础理论知识，同时注重学生动手能力的培养，选择合适的农业应用系统案例对学生进行实践教学环节的指导训练。

本书共分为三部分，第一部分包括第 1 章和第 2 章；第二部分是第 3 章；第三部分包括第 4~8 章。第一部分讲述了农业应用系统的概念、基本特征、农业应用系统的开发方法和农业应用系统的开发过程、开发工具。第二部分介绍了农业应用系统的几种典型案例分析。第三部分结合主编多年来的农业应用系统开发和教学经验，从农业信息化领域农业推广硕士在课程实践过程中完成的开发项目中选取了 5 个典型案例，详细讲述了每个农业应用系统案例的开发过程，涵盖了应用系统开发的主要环节，包括系统需求分析、系统分析、系统设计以及程序设计等，其中每个案例侧重不同的开发环节。第 4 章的网格化物业管理信息系统侧重系统需求分析，第 5 章的设施蔬菜病虫害知识库侧重系统数据库建设，第 6 章的农业电子商务平台侧重系统结构化分析，第 7 章的农业观光采摘园采摘预定系统侧重系统界面设计，第 8 章的设施蔬菜适宜度预测预警系统侧重系统的综合分析和设计。

　　本书着眼于理论联系实际与可应用性，突出创新意识；在结构和内容的编排上更注重能力培养，强化自我学习能力和解决问题能力。本书由张娜任主编，潘娟、朱晓冬和陕娟娟任副主编。具体编写分工如下：张娜编写本书的第1章，陕娟娟编写第2章，潘娟编写第3章，郭大鹏编写第4章，许静和曹伟编写第5章，朱晓冬和王一罡编写第6章，靳鑫磊编写第7章，敖健和刘文钊编写了第8章。各章完成后，张娜和陕娟娟完成了全书的统稿与定稿工作。

　　感谢参加本书编写和审稿的各位老师所付出的卓有成效的辛勤劳动。本书在编写过程中参考了大量的中外文献，谨向这些文献的作者表示衷心感谢。

　　此外，由于编者水平有限，经验不足，书中难免有诸多不足之处，敬请各位专家和读者提出宝贵意见，同时与编者进行更深层次的交流和探讨。

编　者
2016 年 6 月

目　录

第1章　农业应用系统开发概述

随着信息技术在全球的广泛使用，信息资源的不断开发利用，互联网逐渐改变了人与人之间的交往方式，改变了人们的工作方式和生活方式，也就必然会对文化的发展产生深远的影响，一种新的适应网络时代和信息经济的先进文化将逐渐形成。信息网络为各种思想文化的传播提供了更加便捷的渠道，大量的信息通过网络渗入到社会各个角落，成为当今文化传播的重要手段。网络等新型信息介质，为各民族优秀文化的继承、传播，为各民族文化的交流、交融提供了崭新的可能性。

信息技术已成为支撑当今经济活动和社会生活的基石。信息化已经成为世界经济和社会发展的大趋势，应用系统的建设是信息化工作的关键。各类应用系统的开发也是一个持续的热点。一方面，电视机、手机、个人数字助理等家用电器和个人信息设备都向网络终端设备的方向发展，形成了网络终端设备的多样性和个性化，打破了计算机上网一统天下的局面；另一方面，电子商务、电子政务、远程教育、电子媒体、网上娱乐技术日趋成熟，不断降低对使用者的专业知识要求和经济投入要求；互联网数据中心等技术的提出和服务体系的形成，构成了对使用互联网日益完善的社会化服务体系，使信息技术日益广泛地进入社会生产、生活各个领域。

农业作为最古老的产业，在现代科技革命的浪潮下，信息技术已深深地影响着农业科技和农业生产的方式。农业信息化就是应用信息技术对农业科技领域、农业生产领域和农业流通领域进行提升和改造的一种活动。农业信息技术则是在这种改造活动中所应用和发展的农业技术和信息技术相结合的交叉性技术。农业信息系统的发展作为农业信息技术的具体形式和表现，必将成为推动现代农业发展的巨大力量。

1.1　应用系统概述

1.1.1　信息与数据的概念

自20世纪70年代驶入"信息高速公路"，互联网的发展始终在"创新与改变"中跨越前行。时下，人们还在津津乐道云计算的时候，大数据时代已经悄然到来。2015年9月5日，中国互联网协会理事长邬贺铨在河南省首届互联网大会主题演讲中指出，"互联网进入大数据时代""从联系平台到浏览平台，到交互平台，到工作平台，互联网始终在不断发展中前行。"邬贺铨说，随着互联网的不断发展，逐步进入大数据时代，城市数据、企业数据、医疗数据、网站数据成为我们虚拟与现实生活的重要组成部分。因此，在未来的应用平台中，只有蕴含越多越有用的数据与信息，才能使平台更有价值。

1.1.1.1 信息与数据的概念

在《科学技术信息系统标准与使用指南——术语标准》中，对信息的定义是："信息是物质存在的一种方式、形态或运动形态，也是事物的一种普遍属性，一般指数据、消息中所包含的意义，可以使消息中所描述事件中的不确定性减少。"目前比较容易接受的定义是："信息是客观存在的一切事物通过物质载体所发出的消息、情报、指令、数据和信号中所包含的一切可传递和交换的内容。"

数据被认为是信息的载体，是人们为反映客观世界而记录下来的可以鉴别的物理符号，数据经过处理后其表现形式仍然是数据。数据的含义包括两个方面：一方面是它的客观性，即数据是对客观事实的描述，这种属性要求通过属性名和属性值同时来表达，缺一不可。例如"学生出勤率100%"，出勤率是属性名，100%是属性值，只有同时来表达才可以反映学生出勤情况的客观事实；另一方面是它的可鉴别性，数据对客观事物的记录是通过一些特定的符号来表现的，这些符号是可以鉴别的，如文字、图像和图表等。在信息技术快速发展的今天，数据可以被存储在计算机存储设备中以数据库、文件等形式存在，当然这些数据需要经过解释后才有意义，才能成为信息。目前音频、视频、图形、图像都可以转化为数据形式而被保存在计算机存储设备中，因此，利用计算机技术可以将承载着一定含义的数据（信息）以数字化形式存放在存储设备中。

综上所述，信息被理解为是客观存在的事物的表象，是有一定含义的数据，是加工后的数据，是对决策有价值的数据。总之，数据来源于现实世界，经过加工处理后便形成了信息，对决策过程产生了影响再推动于现实世界。数据与信息是在人们认识现实世界、改造现实世界的过程中不断地实现转换，这种转换过程如图1-1所示。

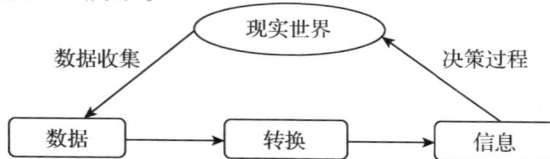

图1-1 数据与信息的转换过程

1.1.1.2　信息的基本属性

只有收集和识别那些表现事物特征的信息，再根据决策需要对其进行深加工，从而获得有价值的信息，才能更好地为应用平台所用，达到支持决策的需要。然而，不同类型的信息所表现的特征和要求不同，不同层面的信息对不同的管理者和决策者来说意义不同、信息的地位和重要性也不同，进而对信息的安全性、保密性等一系列要求也是不同的，也就是说信息本身所具有的一定的本质特性对不同层面的信息系统有着不同的要求。通常，信息的特性有以下八种：

（1）事实性

事实性是信息的核心特性，被收集、加工的信息都必须与客观事实相符合，或者能够对客观事实有合理的解释，必须是正确的。由于信息系统的核心是对信息的处理，这必然要求信息系统中获取的基础数据、加工后得到的数据、保存在存储介质上的数据都是正确的。

（2）等级性

与应用系统的层次性对应，信息也具有不同的等级，一般上分为战略信息、策略信息和作业信息。不同等级的信息所反映的特征和要求是不同的。通常从六个方面来看，包括信息的来源、信息的寿命、信息的使用频率、信息的精度、信息的加工方法和信息的安全性。不同等级的信息，其属性特征本身就对应用系统的开发提出了要求：信息的来源提出了系统接口的设计要求；信息的寿命决定了数据存储周期；信息的使用频率提出了运行效率方面的要求；信息的精度决定了数据库的基本结构；信息的加工方法决定了数据处理的算法；信息的安全性不仅提出了软件开发方面的安全要求，而且影响着硬件基础设施的方案及实施。

（3）不完全性

决策者为了能够做出正确的判断和抉择，首先要定义决策事件和条件，围绕事件和条件去收集反映人力、设备、材料、技术、资金、市场等方面的信息，根据这些信息来设计行动方案，再从可行的行动方案中选择一个特定方案，进行评价和审核，最后付诸实施。由此可见，决策的重要基础是获取信息。然而决策者所面对的现实问题是决策所需的信息常常不能被完整地收集到，需要凭借领导者的艺术、洞察力、睿智和经验，根据不完整的信息做出决策。决策过程中的信息体现了不完全性特征，而为了提高决策的科学性，必然要求降低信息的不完全性。

（4）时效性

信息从获取、传输、存储、加工到使用有一定的时间间隔，间隔过长便会失效。为了提高信息的时效性，就需要考虑如何高效率地获取、传输、存储和加工信息，利用计算机来处理信息是一种有效的手段，这就意味着，在建立计算机应用系统时有时效性方面的要求。

（5）扩散性

信息易扩散、易传播，随着时间的推移，信息不断地扩散，这便是信息扩散性的体现。

（6）压缩性

对信息进行统计、加工、分析和概括可以产生新的信息，体现了信息的压缩性，对基础信息进行加工处理实现信息的增值是实现信息压缩性的本质。

（7）共享性

任何信息，只要从发出端发出信息给接收端，发出端和接收端必将共享所发出的信息。一个发出端可以向多个接收端发送信息，这个过程既体现了信息的扩散性，也体现了信息的共享性。利用数据库技术把信息存放在数据库中不仅是为了满足信息加工处理的要求，也是满足信息共享性的要求，但是应该充分认识到信息的共享和有限度的共享，在实现共享性的同时更要充分考虑到信息的安全性，保证信息只能被有权限的人使用。

（8）变换性

信息的获取、加工、传输和存储的最终目的是使用信息，实现信息的价值。利用信息来描述客观世界，利用信息来实现管理控制，利用信息来进行决策分析等都是信息价值的重要体现。

掌握信息的特性有利于将对信息本质的认识融入到系统开发的细节中，根据信息以及应用系统的定位来决定系统的基础设施建设方案，决定数据库的设计方案，决定数据的存储策略，决定系统的性能要求，决定信息的处理方式和信息的传输方式，决定信息的共享方式和安全策略等，最终实现系统开发的预期目标。

1.1.1.3 信息的生命周期

信息是具有生命周期的，从信息的产生到最终的使用以及发挥其价值，经历了收集、存储、维护、使用和消亡。信息技术是管理和处理信息所采用的各种技术的总称，具体来讲，信息技术就是指有关信息的识别、收集、提取、变换、传输、存储、加工、维护和利用的技术，贯穿于信息从产生到消亡的整个生命周期。

（1）信息的采集

人们在从事各种活动的过程中，首先需要根据活动的需求收集相关信息。对于应用系统的开发也一样如此，在了解用户需求的基础上，通过观察和调研等活动来采集相关信息。目前的信息技术为信息收集提供了有效的手段。信息源可以来自控制系统、计算机终端、计算机网络系统，可以来自存储卡

（包括射频卡、IC 卡等），也可以来自卫星或微波通信站等，这意味着在信息收集过程中需要建立信息源与信息系统之间的输入接口。

（2）信息的提取和变化

收集到的信息有些是不能直接使用的，例如由控制系统的传感器所发出的信号必须转换成可被计算机识别的数字信息，采用专项收集或随机积累方式收集到的文本、音频或视频信息也必须经过变换和提炼。信息技术已为信息的提取和变换提供了许多有效的手段，如：运用模数或数模变换技术能够实现模拟信号与数字信号之间的变换，从而实现计算机控制；许多变换工具支持模拟型的音频、视频信息向数字型的音频、视频信息转换；XML 技术、Web Services 技术有效地支持数字信息的提取和变换。

（3）信息的传输

信息的扩散性和共享性都需要一个重要的处理环节，即信息的传输。信息传输理论是在通信研究中提出来的，一般遵守香侬模型。在信息发出端，首先由发送者提出信息需求，根据需求再经过识别和收集信息的语义过程获得信息后，通过技术过程对信息进行提取、变换、发送，然后再通过传输信道，将信息发送给接收端，接收端经过技术与语义反向过程后，接收者获取信息并理解其语义。

（4）信息的存储

信息的存储是将信息保存起来以备所需，需要考虑存储介质、存储时间、存储形式等问题。计算机存储中的一个重要技术是数据库技术，该技术指导应用系统建立合理、有效的数据库结构，在硬件基础设施的支持下建立大容量的数据库，同时利用数据库管理系统所提供的一系列数据库管理功能来实现信息的共享、数据的安全存储、数据的备份和恢复等。除此之外，还需要确定信息的存储周期和存储形式，根据存储周期来设计和实现数据的转储、备份和恢复策略；根据信息存储形式来决定信息的存放位置等。

（5）信息的加工

识别和收集到的信息往往需要经过加工才能被管理者利用。对信息源经过一次加工所生成的信息通常称为二次信息，对二次信息进行再加工生成三次信息，依此类推。信息加工过程需要一定的时间，这就产生二次信息滞后于信息源，三次信息滞后于二次信息的问题，加工过程越长，信息的滞后性就越大，由此便会影响到信息的时效性。目前信息处理的特征是处理量大且加工复杂，为此从两个方面来解决这个问题：一是计算机硬件技术的发展，计算机硬件技术的发展使得主频越来越高、内存越来越大、输入输出速度越来越快，为信息处理提供了硬件设施方面的保障；二是加工方法的不断改进和发展，如数据库技术中的查询优化技术、数据挖掘技术中的各种挖掘方法等，各种加工方法为提高处理效率和信息处理的科学性提供了有效的手段。

（6）信息的维护和利用

狭义的信息维护，主要是对数据库和数据仓库实施数据更新和实现数据安全控制、完整性约束、数据备份等一系列操作。广义的信息维护是指一切信息管理、信息处理工作。信息维护是保证信息的安全性、完整性和一致性，信息维护的目标是正确而有效地利用信息。

1.1.2 系统的概念

中国学者钱学森认为：系统是由相互作用相互依赖的若干组成部分结合而成的，具有特定功能的有机整体，而且这个有机整体又是它从属的更大系统的组成部分。对于计算机来说，系统是由处于一定环境中的若干个具有独立功能的部件组成，各部件之间相互联系、相互影响，并为共同完成一个整体目标而存在的、合理的、有序的组合。因此，在系统的设计中，既要考虑其整体性能，也要考虑各个组成部分之间的联系。总之，系统具有目的性、整体性、层次性、相关性、界定性和环境适应性六大特征。

（1）目的性

这是系统赖以存在的依据，系统各个部件就是为实现系统的既定目标而协调于一个整体之中，并为此进行活动。目的性揭示了系统开发的首要问题就是，开发前要明确目标，精确定位，围绕目标进行总体设计、系统分解和关联设计，即一切开发工作都要以实现目标为前提。

（2）整体性

系统实现其目的的机制称为系统的功能。系统的功能应该是系统从集合意义上表现的整体的功能，并不是各个组成部分功能的简单叠加，一个完美的系统追求的是整体最优、全局最优，而非局部最优。

（3）层次性

既然系统是各个部分联系在一起的合理的、有序的集合，那么也就意味着系统可以被分解成若干部分，如果将分解出来的部分看作一个个子系统，那么子系统也是一个系统，它还可以再进一步分解。如此说来，系统是可以被层层分解的，也就体现了系统的层次性。系统的层次性不仅决定了认识系统的过程是自上而下、由高到低、由表及里、由粗到细的，也揭示了完成系统的基本工作方法，在理解需求、功能设计、任务分配和开发过程管理等各个环节中都要首先考虑全局，在保证整体性的前提下，逐层分解，局部考虑。

（4）相关性

系统内各个组成部件之间是相互联系、相互制约的。这里的联系也就包括结构联系、功能联系、因果联系等，这些联系决定了整个系统的运行机制，即系统的功能。通常，在系统开发过程汇总实现系统的相关性是一个难点，因为在系统开发过程中，各个组成部件之间的关联设计是非常重要的。

（5）界定性

顾名思义，系统的界定性指的是任何系统都是有边界的。任何系统在包含的功能和不包含的功能之间有一定的界限，然而对于信息系统内部构成元素与外部有联系实体之间的信息关系的描述与分割，并不需要在它们之间划一条物理边界，只需要弄清它们之间信息的输入与输出的分割。首先必须能够通过边界导入输入信息，然后与外界交换成品，服务和输出信息。一般在系统分析阶段定义，只有明确了系统边界，才能继续进行下面的分析、设计等工作。

（6）环境适应性

任何系统都必定与客观世界有着各种各样的联系，都必将存在并活动于一个特定的环境之中，为了能够与各种环境相适应，必须对系统自身进行适当的调整和更新，这体现了系统必须具有良好的环境适应性，同时，也是大多数开发者非常重视系统可修改性、可更新性、可维护性的原因。

1.1.3　应用系统的概念

应用系统等同于信息系统，简单地说，可以认为应用系统是处理信息的系统，是获取信息，再对信息进行加工处理，最后输出处理结果的系统。一般来说，应用系统是一个合理安排人员、数据、流程、信息表达和信息技术的交互系统，用以支持和改善管理人员和一般用户的日常业务处理、疑难问题的解决和决策分析。应用系统最基本的特征表现在它是一个以提供信息服务为主要目标的、数据密集型的、人机交互的计算机应用系统，目前的管理信息系统、地理信息系统、指挥信息系统、决策支持系统、办公信息系统、科学信息系统、医学信息系统、银行信息系统、民航订票系统等都属于应用系统范畴。

对于信息系统的概念，国内外有许多说法。信息系统的概念最早是由明尼苏达大学卡尔森管理学院的教授 Gordon B. Davis 于 1985 年提出的，他认为：信息系统是一个利用计算机软硬件，各类分析、控制、计划、决策模型，以及数据库技术的人机系统，它可以提供信息，支持企业或组织的运行、管理和决策。我国学者薛华成教授认为，信息系统是一个以人为主导，利用计算机技术、网络通信技术以及其他软硬件设备，进行信息的收集、传输、加工、存储、更新和维护，以提高生产效益和效率为目的，支持高层决策、中层控制、基层运作的集成化人机系统。

以系统的观点来认识应用系统，其整体性一方面体现在它利用信息支持企业或组织的各项活动，是企业或组织不可或缺的组成部分，同其他子系统一起共同实现企业或组织的总体目标；另一方面体现在系统开发过程中，强调信息系统整体效益的实现而非局部功能的实现。应用系统的目的性表现在以为日常业务处理、管理控制、决策分析提供有效的信息服务为目标。应用系统可以采用职能划分、功能细分、模块分解的方法进行逐层分解，分解后的各个组成部分之间依靠信息实现相互间的联系，体现层次性和相关性。由于应用系统中的信息既反映企业或组织内部的运行状况，也反映客观环境的发展和变化，所以应用系统呈现很强的环境适应性。

1.1.3.1　应用系统的技术特征

应用系统是一个系统，具有系统的一般性特征，它又是一个以信息服务为主要目标，以实现业务处理、管理控制、决策分析为主要功能的计算机应用系统，它有非常强的个性特征。

（1）数据量大

信息系统涉及大量的数据，这些数据存放在数据库、数据仓库中，也可以以文本文件、音频文件、视频文件、图形图像文件等格式存储在计算机存储设备中。绝大部分数据需要永久保存，因此通常与应用程序隔离而独立存在，不随应用程序的结束而消失。

（2）提供数据采集、传输、存储和管理等基本功能

应用系统必须拥有外部接口，以便获取数据。接口可以是人——机接口，系统用户利用键盘和鼠标向系统输入数据，或通过打印机等外部设备输出数据给用户；接口也可以建立在控制或检测终端与计算机系统之间，即从终端获取数据，但这个数据通常需要经过模拟信号和数字信号的转换过程；接口还可以是文件接口，从外界获取各种类型和格式的文件，通过接口将文件中的信息输入系统中，EDI、XML 技术便是重要的技术手段，通过接口还可以接受卫星、微波等无线方式传输来的数据。总之，应用系统的接口形式多种多样，可以实现应用系统采集功能，是系统的重要组成部分。

计算机网络（包括企业或组织内部建立的局域网、世界范围的广域网）、有线电视网、电话网、卫星通信网、微波通信网等是目前传输数据的主要基础设施。以信息技术为基础的网络系统不仅提供了快速传输数据的渠道，而且提供了消除信道噪声、检错和纠错的方法，从而有效地保证了信息传输的正确性。

对经过采集和传输处理进入系统中的数据，通常需要实现数据的存储和维护功能，以保证数据处于合用状态，这也是信息固有属性的必然要求。数据的基本管理功能包括两个方面：一方面是维护数据库中的数据，包括实现新数据的添加功能，实现因需求变化而导致的数据修改、删除功能，以及一

些基本的数据查询功能；另一方面是对数据库的结构和使用信息的用户实施有效管理的功能，包括修改数据库的结构、分配用户操作权限、实施数据的备份和恢复功能等。

（3）提供信息检索、数据的统计和分析功能

建立应用系统的最终目的是向用户提供信息检索、统计报表、事务处理、规划设计、管理控制、决策分析、预警提示等各种信息服务。从技术角度来看，数据库技术、搜索引擎技术、全文检索技术、数据挖掘技术等都是为此目的而产生和不断发展的。在数据库技术的支持下，利用数据库管理系统所提供的查询、统计分析功能，为快速检索数据库中的数据、生成统计报表、支持事物处理提供了有力的保障；搜索引擎技术有效地支持互联网上的信息检索，为从网络环境中快速获取信息提供了有力的保障；全文检索技术可以帮助实现从以文件方式存储的数据中获取信息；数据挖掘技术则提供了从海量数据中挖掘数据之间的关联关系，找出还未被人们认知的知识的有效手段。

因此，应用系统必须具备各种类型数据的存储功能、基础数据的基本维护功能和信息服务功能，是数据与功能的综合体，是为支持决策、组织控制、综合分析而收集、处理、存储、分配信息的一组相互关联的组件。

1.1.3.2　应用系统的构成

按照系统的观点，采用自顶向下、逐层分解的方法，应用系统由概念结构、总体结构、硬件结构和软件结构组成。

（1）概念结构

应用系统是一个处理信息，为广大用户提供信息服务的系统，其组成部分如图 1-2 所示。

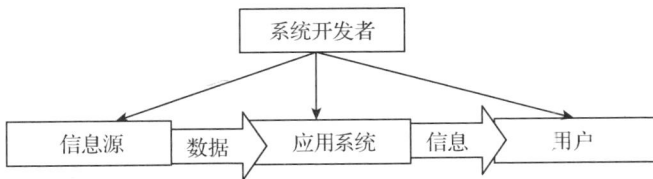

图 1-2　应用系统概念结构

应用系统从外界获取数据，经过加工处理形成信息提供给用户。由于信息处理过程具有较强的技术特征，需要有系统开发人员、运行维护人员和信息管理者提供相应系统维护服务和信息维护。从应用系统概念结构可以看出，信息用户是应用系统的重要部分和参与者，无论是在系统的开发期还是在系统的运行维护期，用户都必须自始至终参与各项活动，把握需求及系统开发方向，这就是面向用户的观点。为了使用户能够正确地描述需求，在系统开发期和运行维护期能够与信息管理者和开发者进行良好的沟通，有必要对用

户进行相关培训，用户培训的内容不但包括系统操作培训，而且包括信息技术、开发方法以及开发过程等方面的培训。

（2）总体结构

应用系统是人机交互的计算机信息系统，它的总体结构大致可以分为五个层次：

①支撑环境

支撑环境包括硬件支撑环境和软件支撑环境两部分，其中硬件支撑环境是包括计算机硬件、计算机网络及计算机外部设备等的硬件基础设施；软件支撑环境通常指系统软件，包括计算机操作系统、数据库管理系统等。系统软件对应用系统的各项功能的实现提供支撑环境和操作环境。

②接口层

接口层设在系统的两端：一端为数据采集接口，它从外界获取数据，并将数据输入数据库中，用以支持基层的业务处理、中层的管理控制和高层的决策分析；另一端为信息用户接口，即用户界面，用来实现人机交互。信息用户接口在应用系统中的地位非常重要，尤其对应用于管理、决策领域的应用系统而言，应用系统面向的是企业或者组织中各个层面的管理人员或者普通用户，他们大多数为非计算机专业人员，同时在应用系统开发过程中有许多非技术因素，如用户的参与程度、用户管理理念的应用程度、信息用户的操作规范、组织制度等都影响应用系统的开发、运行维护的质量和效率。用户界面是系统的外观，应用交互界面直接影响着操作规程、管理效率、业务流程控制和信息服务。

③事务处理层

事务处理层用来实现信息系统的基本功能。简单地说，它把从信息源或信息用户那里获取的数据输入数据库中，实现对数据库中数据的插入、删除、修改等维护操作，提供数据的查询功能，所有这些基本功能要能够有效地支持操作层面的业务流程控制，满足具体的事务处理要求。

④管理控制层

管理控制层是建立在事务处理层之上的，以基础数据库为基础，通过实现对数据的信息检索功能、统计功能和分析功能满足管理控制的需求。

⑤决策支持层

决策支持层以外界信息源获取的数据、内部事务处理和管理控制中的数据以及信息用户的决策需求为基础，从数据库中抽取综合性的信息，采用分析模型或决策模型对信息进行综合处理或预测处理，实现决策分析和信息服务。

（3）硬件结构

支持应用系统运行的硬件结构通常包含计算机硬件、计算机网络服务器以及其他外部设备。目前的应用系统大多数以网络环境为基础，通常采用的体系结构为 C/S(客户/服务器)结构和 B/S(浏览器/服务器)结构。

以 C/S 为基础的应用系统，通常将数据库安装在服务器端，应用程序(即应用系统)安装在客户端计算机上，由于数据库被集中存放在服务器上，这个服务器通常被称为数据库服务器，数据库集中存放的目的是方便实现信息共享。应用程序安装在客户端计算机上，只有当应用程序需要访问数据库中的数据时，才通过网络访问数据库服务器，因此 C/S 结构所占用的网络资源比较少。客户端计算机和服务器通过交换机等其他网络设备连接在一起，所形成的计算机网络为内部局域网。C/S 结构的优点是系统安装在内部局域网中，安全性较高；应用程序装在客户端计算机上，系统即时性比较好，响应速度较快；数据库被集中存放，共享程度高。

以 B/S 为基础的应用系统，数据库和应用程序均被安装在服务器端，客户端计算机并不安装应用程序，而是通过浏览器来访问应用程序。以浏览器方式访问应用程序并对数据库中的数据进行操作，需要一直占用网络资源，访问速度会收到计算机网络带宽等的限制。B/S 结构的优点是：应用程序和数据库均被安装在服务器端，当应用程序升级时，只需对服务器端的应用程序进行升级，不存在应用程序升级过程中的版本不同步问题。然而，如果将应用程序和数据库分别放在两台服务器上，存放应用程序的服务器称为应用服务器。

(4)软件结构

按照系统的观点，信息系统会被分解为若干个子系统，每个子系统完成其特定的功能，同时各个子系统之间还有各种各样的联系，每个子系统内部的功能还可以分解为满足基层业务处理需求的信息系统基本功能层，满足中层管理控制需求的信息检索功能、统计功能和分析功能，满足高层决策分析需求的决策分析功能，由此形成了应用系统的软件结构。

1.1.3.3　应用系统的生命周期

无论采用哪种开发方法，所开发的应用系统都会遵循生命周期的规律，因此首先需要了解应用系统的生命周期。应用系统的生命周期大概可以分为 3 个阶段：开发阶段、实施阶段和运行维护阶段。

开发阶段的主要任务是构造系统，主要进行系统的规划、分析、设计与实现，需要在开发环境下完成。当信息系统开发完成后，需要在用户环境下进行安装与实施，通过验收后正式移交给用户，系统便从开发环境转换到生产应用环境中，并进入运行与维护的生命周期。在信息系统的生命周期中，有 20% 的时间是进行系统开发和系统实施，80% 的时间是在进行系统维护和服务工作。一个应用服务从开发到上线实施可能只需要一年或者更短的时间，运行维护却需要 4~6 年，甚至更长时间来运行。

四、应用系统的功能结构

从功能上看，应用系统一般具有以下五个基本功能：输入、存储、处理、输出和反馈与控制。

（1）输入功能

应用系统的输入功能决定于系统所要达到的目标及系统的能力和信息环境的许可。

（2）存储功能

存储功能指的是系统存储各种信息资料和数据的能力。

（3）处理功能

信息处理指的是对输入或者条件作出的系统响应或者转换，有时候信息处理也包括信息的传输、加工和存储。

（4）输出功能

应用系统的各种功能都是为了保证最终实现最佳的输出功能。信息输出主要面向系统的使用者，使用者接收信息并利用信息进行决策。

（5）反馈与控制功能

对构成系统的各种信息处理设备进行控制和管理，对整个信息加工、处理、传输、输出等环节通过各种程序进行控制。通常，信息管理者负责信息系统的运行与协调，使系统具有一个反馈与控制回路，以使系统可以自我调整并适应变化的环境。

1.2 农业应用系统概述

1.2.1 农业信息

1.2.1.1 农业信息的特点

农业信息既有一般信息的共性，也有不同于一般信息的特点，例如，在作物生产中为了进行科学的田间管理和取得丰收，就要不断而及时地了解在一定天气与土壤环境条件下的农作物生长生育状况。这也是我国农民在多年的生产实践中所归纳的"看天、看地、看庄稼"的作物生产原则。农业信息具有如下特点。

（1）发布及时性

农业信息如某种农作物栽培技术信息、土壤改良技术信息、农产品市场信息、作物或畜禽疫情信息等，往往在广大地区被农民及农业工作者所需求，其信息的时效性要大于其他领域的信息。将信息有效、迅速及时地传播出去是这种信息的特点，而如何将信息有效迅速地传播出去则亟待研究。

（2）地域性

从宏观的角度看，不同区域的地形地貌、土壤类型、气候状况、主要作物种类、土地利用类型、水资源状况等是不同的。从微观的角度看，由于微地形的变化和农业投入水平不同，地块之间甚至是地块内作物的产量存在着显著差异。因此，任何农业技术、优良品种都要与当地自然、社会条件相结合，否则不能收到良好的效果。当时当地的各种有关动态信息对于农业生产、农业管理决策至关重要。农业信息这一特点反过来也增加了采集农业信息的难度，即如何将分散在广阔空间的复杂种类的农业信息很快采集汇总上来。

（3）周期性和时效性

农业信息大体以生物的一个生育过程为一个周期，每个生育期又可以分为不同的生长阶段，这些生长阶段具有固定的时序特征。同时，农业信息是一种动态的信息，时效性极强。超过时限的信息不仅价值降低，而且有可能是完全错误的。

（4）综合性

农业本身是复杂的综合系统，农业信息很多都是多门信息综合的结果。例如，土壤信息包含土壤类型、土壤物理信息、土壤化学信息；而且农业信息关联性较强，一个信息往往直接或者间接地与多个信息相关，一个信息通常是多种信息的综合。例如，作物长势信息实际上是土壤、气候、农田管理等信息的综合体现。又比如某类农产品市场价格变化趋势信息，是获取一个时期多个市场的大量数据，并经一定的数据统计方法综合分析的结果。农业信息的综合性，又从另一个侧面表明了从纷繁复杂的数据资料中提取农业信息的困难。

（5）滞后性

这是农业信息的比较隐蔽的性质。如土壤施肥点周围的土壤和作物体内营养元素浓度的变化，往往具有明显的滞后特征。进行这类信息的加工处理和决策分析时必须考虑到这一信息特点。

（6）准确性

信息数据的准确性是生命科学的一个重要的特点。作物叶面温度超过正常值 $0.2℃$ 就为异常，土壤 pH 值超过适宜值的 0.4 作物就难以生存。在多种因素的影响下，获取如此准确的信息数据增加了农业信息技术的难点。

从农业信息的特点可以看出，农业信息是十分复杂的。获取农业信息，处理农业信息数据对信息技术的要求是相当高的，甚至是苛刻的。农业同时是受着自然、社会条件制约，农业管理、农田农牧管理、市场管理以及农业生产的每一个环节的决策都需要多门类全方位信息的支持。所以。农业信息技术开发应有农业科技人员的参与，农业科技人员与信息技术人员相结合，是农业信息化的关键。

1.2.1.2 农业信息的类型

客观世界的信息按照来源、作用机制主要可以分为三类：自然信息、社会信息和知识信息。自然信息，即来自自然界的信息，包括天文、地理、生物、物理、化学等。社会信息，即人类社会活动的信息，主要有管理、金融、商情以及各种情报信息。知识信息，即以各种方式记录下来的古今中外知识和专家、学者的经验。农业信息同样可以分为这三类。

农业自然信息包括自然界中的各种与农业相关的信息。主要包括作物生长信息、农业气象信息、土壤信息、农产品信息等。

农业社会信息指人类各种农业活动所产生、传递与利用的信息。针对农业而言，则包括农村社会和经济信息、农业生产技术、农业市场、农业管理、农业科教方面的信息。

农业知识信息指人类经过各种农事活动所储存下来的经验、形成的规律等信息。例如农作物生育规律信息、农产品栽培要点信息、早熟品种的确定等。

1.2.2 农业信息技术

信息技术在我国农业领域的应用虽起步较晚，但发展很快，是利用高新技术改变传统农业的重要途径。同时，在推进农业信息化的过程中，运用农业信息技术的同时，本身也是在利用农业信息技术推进信息服务。农业信息技术是指利用信息技术对农业生产、经营管理、战略决策过程中的自然、经济和社会信息进行采集、存储、传递、处理和分析，为农业研究者、生产者和管理者提供资料查询、技术咨询、辅助决策和自动调控等多项服务技术的总称。主要包括农业数据库技术、农业专家系统技术、作物模拟模型技术、农业自动控制技术、虚拟现实技术、网络技术、3S 技术以及网格技术等。

1.2.2.1 农业数据库、网络技术

农业数据标准化是农业信息化的基础。互联网技术的发展将世界上的不同地域、不同领域、不同网络、不同系统平台连接在一起，是实现农业信息的互通共享的前提，但没有统一的农业数据标准和规范，建立面向网络的农业信息化是不可能。农业信息化中涉及的知识获取、表示、处理和利用需要有统一的数据标准和规范，在此基础上建立的农业数据库才具备共享和交互的价值，才能为农业信息资源的深度挖掘与开发利用提供有力支撑。

一般来说，标准化的农业数据农业信息量大、面广而分散。目前国际上最普遍、最实用的方法是将各种农业信息加工成数据库并建立农业数据库系

统。农业数据库按照适用范围大体涉及农业资源数据库、农业技术数据库、农业统计数据库、农业管理信息数据库及相关行业数据库等。

农业数据库中存储数据的特点包括：数据的整体性和数据的共享性。第一，农业数据库中的数据是从全局观点出发建立的，并按一定的数据模型进行组织、描述和存储。其结构基于数据间的自然联系，从而可以提供一切必要的存取路径，且数据不再针对某一应用，而是面向全组织，具有整体的结构化特征。第二，数据库中的数据是为用户共享其信息而建立的，已经摆脱了具体程序的限制和制约。不同的用户可以按照各自的用法使用数据库中的数据；多个用户可以同时共享数据库中的数据资源，即不同的用户可以同时存取数据库中的同一个数据。数据共享性不仅满足了用户对信息内容的要求，同时也满足了用户之间信息通信的要求。

1.2.2.2　农业自动控制技术

农业自动控制技术就是通过计算机对来自于农业生产系统中的信息进行及时采集和处理，以及根据处理结果迅速地去控制系统中的某些设备、装置或环境，从而实现农业生产过程中的自动检测、记录、统计、监视、报警和自动启停等。

农业自动控制技术基本上是各种系统的集成，硬件上由传感器、传感器变换接口、控制器、计算机网络、被控设备以及总线等组成。农业应用系统首先通过传感器获得各种参数，通过控制器控制相应的设备达到控制生产的目的，软件系统则是为管理数据或者人为参与农业生产而设计的，通过计算机的软件计算可以得到相应的控制参数，也可以通过计算机达到控制各个设备的目的。

我国农业的自动控制技术已在设施农业中的温室自动化控制、排灌机械自动化、部分农业机械装置自动化等方面得到一定的发展。电子技术和计算机技术的迅速发展推动了农业自动化发展，且随着智能化技术的进步，人工智能将是现代农业工程发展的重点。

1.2.2.3　作物模拟模型技术

作物生产系统是一个复杂的多因子系统，受气候、土壤、作物及栽培管理技术等因素的影响。在综合考虑这些因子的相互作用，预测和分析作物生长趋势等方面，作物模拟模型技术有着其他工具不可替代的优势。作物生长模拟系统是用系统的观点，把作物生产看成一个由作物、环境、技术、经济4个要素构成的整体系统，综合多种相关学科的理论和成就，通过建立数学模型来描述作物生长发育、器官建成和产量品质形成等与环境之间的数学关系，并在计算机上实现模拟作物生产全过程的一个软件系统。作物生产管理决策系统是以作物模拟模型为中心，与知识工程和专家系统、决策支持系统等一起构成的用于作物生产管理和生产决策的大型软件系统，是作物模拟模型发展的最终目的，是其向综合性和应用性发展的表现。

作物模型按其不同的功能可分为经验模型与机理模型，描述模型与解释模型等。其中前一类模型经验性的成分多一些，后一类模型则机理性的成分多一些。作物模拟模型应该具有系统性、动态性、机理性、预测性、通用性、便用性、灵活性、研究性等特征。

1.2.2.4 3S 技术与精准农业

精准农业是在信息技术发展的基础上，以地理信息系统（GIS）、全球定位系统（GPS）、遥感技术（RS）和计算机自动控制技术为核心技术引发的一场新农业技术革命，其目标在于改善农业生产过程的科学管理、资源的高效利用和环境保护效益，实施精准农业不仅具有重要的经济效益，而且具有显著的社会效益和生态效益。

（1）全球定位系统（GPS）

全球定位系统的含义是利用导航卫星进行测时和测距。GPS 是当前最先进的精密卫星导航定位系统，由三部分构成：①地面控制部分，由主控站、地面天线、监测站和通讯辅助系统组成；②空间部分，由 24 颗卫星组成，分布在六个道平面上；③用户装置部分，由 GPS 接收机和卫星天线组成。GPS 不仅具有全球性、全天候、连续的精密三维导航与定位能力，还具有良好的抗干扰性和保密性。为了提高精度，目前广泛采用了 DGPS 技术，即所谓"差分校正全球卫星定位技术"。它的特点是定位精度高，根据不同的目的可自由选择不同精度的 GPS 系统。

全球定位系统适用于精准农业技术措施实施的全过程，数据采集，农业技术措施的制定、实施等均与定位导航系统联系在一起。定位导航系统可帮助农民准确地识别和记录农田中拖拉机、联合收割机、田间调查装备或车辆的位置。地面定位方法较多，其中之一是全球卫星定位系统，由于全球卫星定位系统的民用，使精准农业技术的实施变成了现实。

（2）地理信息系统（GIS）

地理信息系统 GIS 是利用计算机技术管理空间、地理分布数据，进行一系列空间的操作和动态分析，以提供所需要信息和规划设计方案。地理信息系统是一种特定而又非常重要的空间信息系统，它是以采集、存贮、管理、分析和描述整个或部分地球表面（包括大气层在内）与空间和地理分布有关的数据的空间信息系统。

通过现代通讯技术使 GIS 进一步与信息高速公路相联，借助现代通讯技术，可以将 RS、GPS 和 GIS 有机地集成，使之成为众多行业包括精准农业强有力的技术手段。GIS 可以被用于农田土地数据管理，查询土壤、自然条件、作物苗情、病虫灾害、作物产量等数据，并能够方便地绘制各种农业专题地图，也能采集、编辑、统计分析不同类型的空间数据，通过地理信息系统提供的覆合叠加功能将不同农业专题数据组合在一起，形成新的数据集。例如，将土壤类型、地形、作物覆盖数据采用覆合叠加，建立三者在空间上的联系，可以很容易分析出土壤类型、地形、作物覆盖之间的关系。

（3）遥感技术（RS）

遥感技术（RS）属于非接触性传感技术，指的是从不同高度的平台上使用不同的传感器，收集地球表层各类地物的电磁波信息，并对这些信息进行分析处理，提取各类地物特征，以探求和识别各类地物的综合技术。它是精准农业田间信息获取的关键技术，通过不同波段的反射光谱分析，可提供农田小区内作物生长环境、生长状况，并能实时地反馈到计算机中，帮助了解地块内土壤和作物的空间变异情况，以便进行科学管理和决策。

遥感系统是指从远距离高空及外空间的遥感平台，利用可见光、红外、微波等电磁波探测仪器扫描、摄影和信息感应，把获取的信息传输到地面，从而研究地面物体的形状、大小、位置、温度、状态等。遥感系统主要由以下四部分组成。①信息源。信息源是遥感需要对其探测的目标物。②信息获取。信息获取是指运用遥感技术装备接受、记录目标物电磁波特性的探测过程。信息获取的工具主要包括遥感平台和遥感器，其中遥感平台是用来搭载传感器的运载工具，常用的有车载、手提、气球、飞机和人造卫星等，遥感器是用来探测目标物电磁波特性的仪器设备，常用的有照相机、扫描仪和成像雷达等。③信息处理。信息处理是指运用光学仪器和计算机设备对所获取的遥感信息校正、分析和解译处理的技术过程，从遥感信息中识别并提取所需的有用信息。信息处理设备包括彩色合成仪、图像判读仪和数字图像处理机等。④信息应用。信息应用是指专业人员按不同的目的将遥感信息应用于各业务领域的使用过程。

3S 技术是近几年发展起来的一种较为先进的新的信息管理技术，精准农业的发展就是利用该技术，实时获取农田每一平方米或几平方米为一个小区的作物生产环境、生长状况和空间变异的大量时空变化信息，及时对农业进行管理，并对作物苗情、病虫害、伤情等的发生趋势进行分析、模拟，为资源有效利用提供必要的空间信息。在获取信息的基础上，利用智能化专家系统、决策支持系统，按每一地块的具体情况做出决策，准确地进行精准播种、精准施肥、精准喷洒农药、精准灌溉、精准收获等精准生产管理。精准农业是未来农业发展的方向，是实现农业可持续发展的主要途径。

1.2.2.5　农业物联网技术

农业物联网是将最新的物联网技术应用到现代农业上，实现对农作物生长参数实时监测,对农产品流通实时跟踪。通过农业物联网技术实现农作物生产与农民教育相结合,把传统农业转变为现代农业,实现农业生产的智能化、自动化。农业物联网的建立有利于发展农业经济,有利于推进我国广大农村综合改革,更有利于新农村的建设。农业物联网主要由综合控制系统、智能系统、视频监控系统组成,是建立农产品的动态实时监控、事后溯源的体系。主要包括几项关键技术。

(1)传感网络技术

无线传感器网络是物联网感知事物,并向控制系统传输数据的关键,是农业物联网系统重要的组成部分。无线传感器网络是由许多微型传感器节点组成,通过无线通信方式形成的一个多跳的自组织的网络系统。现阶段,无线传感器网络已在精准农业、远程监测等现代农业中得到应用。可以检测大气气压、空气湿度、温度、农产品生长状况等相关参数。

(2)物联网无线通信技术

物联网无线通信技术有两种类型:无线通信技术,也就是物联网中短距无线自组织网络内物与物之间的通信,如无线射频识别技术 WSN 中常用到的低功耗的近距离无线组网通信技术 ZigBee;从无线电到传统互联网的网络接入技术,包括 GSM、WLAN 等网络,可以通过网关来完成网络的接入。在未来的物联网无线通信技术研究中,将以其微型化、可靠性、低耗能作为研究的重点。

(3)身份识别技术

物联网需要在感知层中对大量的物体进行个体标识,即身份识别技术。RFID 射频识别是一种非接触式的自动识别技术,工作原理是通过射频信号自动识别目标对象并获取相关数据,识别工作无须人工干预。RFID 射频识别可认知多个标签,操作快捷方便。

(4)智能处理技术

由于农业数据多而复杂,使用传统的处理手段已不能满足现代农业发展的需要。而物联网技术可以大批量智能化处理这些参数,还能对这些数据进行分析,且处理层会给出相应的数据规律。云计算的“云端”就在处理层,主要通过数据中心来提供服务对物体实施智能化的控制。其通过数据挖掘、数据分析、人工智能等技术,向物联网提供高速度、大批量的数据处理功能。

1.2.3 农业应用系统的概念

随着信息技术和计算机的不断发展和成熟,应用系统在农业领域的应用已经越来越广泛。同时,信息技术在农业上的应用也呈现出全方位立体应用的特点。从应用的形式上看来,农业信息技术在农业中的应用多数以不同类型、不同层次的计算机应用系统的形式存在。农业应用系统是农业信息技术在信息系统上的应用，指利用农业信息技术对农业生产全过程信息进行采集、存储、传递、处理和分析，为农业研究者、生产者和管理者提供资料查询、技术咨询、辅助决策和自动调控等多项服务的系统。简言之，就是计算机应用系统应用于农业、农村、农民。

按照农业应用系统应用的层次和特点，可以将其分为农业管理信息系统、农业决策支持系统、农业专家系统、农业信息预测系统和农业信息监测系统。

1. 2. 3. 1　农业管理信息系统

农业生产中，在各种生产实践和科学实践中会产生大量的历史数据，这些历史数据以文字、数字、图像、图表和声音等各种形式存在，它们是管理、生产和科学研究的宝贵财富，传统的数据管理手段远远不能满足人们对于历史数据快速查询的需求，通过管理信息系统，可以实现对海量历史数据的合理组织、存储以及形式多样的查询和输出，有利于对历史数据的合理开发利用。为农业管理机构、生产单位或科研机构的日常管理提供信息化手段。

农业信息管理系统，是一种侧重于农业生产、管理、科研信息的收集、整理、分类、检索、输出的信息系统，既可以作为独立的系统服务于农业生产、管理和科研，也可以作为农业决策支持系统、农业专家系统等的基础信息管理平台。农业信息管理系统的设计与开发是农业信息化技术的重要组成部分，是信息和计算机技术在农业生产实践和科学研究中的较低层次的应用。

农业信息管理系统大致可以分为：以处理生产单位业务为主的事务处理型信息管理系统；以提供信息服务为主的信息资源管理型的管理信息系统。

以事务处理为主的管理信息系统，主要是侧重于生产单位日常事务的信息化，即以信息化的手段来管理生产管理中需要处理的各种信息资源，以达到对信息的快捷、规范和共享化管理，提升管理效率。以事务处理为主的管理信息系统广泛应用于涉农的各个行业中。比如，面向农业管理机构的综合管理信息系统提供了管理机构对业务的信息化处理手段；面向涉农企业的企业管理信息系统提供了生产企业对业务的信息化处理手段。

以信息资源管理为主的管理信息系统，主要侧重于信息资源咨询服务，即以收集、整理和规范大量数据为前提，以提供信息资源查询为目的的一种系统。信息资源管理类型的管理信息系统涉及到农业的各个行业，广泛应用于科学研究和生产实践。有些用于生产实践，为生产决策提供依据；有的用于科学研究，作为科学研究的基础材料，是进一步进行研究的手段和基础。

1. 2. 3. 2　农业决策支持系统

农业决策支持系统是以计算机技术为基础，支持和辅助农业生产者解决各种决策问题的知识信息系统，它是在农业信息系统、农业模拟模型、农业专家系统的基础上发展起来的，以多模型组合和多方案比较方式进行辅助决策的计算机新技术。决策支持系统是用计算机帮助决策者针对半结构化或者非结构化问题构造决策模型，通过人机交互方式支持决策者指定管理决策。

决策过程是决策科学体系的基础。所谓的决策过程是人们为实现一定目标而制定的行动方案，并准备组织实施的活动过程，这个过程也是一个提出问题、分析问题和解决问题的过程。一般的决策过程如图1-3所示。

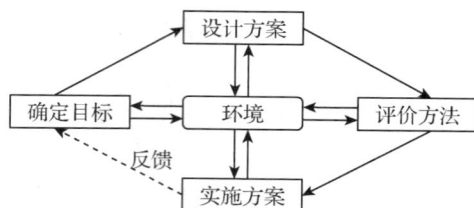

图 1-3　决策过程

（1）决策支持系统的结构

1980年国外专家提出了著名的决策支持系统三部件结构，它由人机交互系统、模型库系统和数据库系统三个子系统组成。

人机交互系统：是决策支持系统与用户之间的交互界面。用户通过"人机交互系统"控制实际决策支持系统的运行，决策支持系统既需要用户输入必要的信息（用于控制）和数据（用于计算），同时也要向用户显示运行的情况以及最后的结果。计算机中几种常见的人机界面技术有菜单和窗口、命令语言和自然语言、多媒体和可视化技术等。

数据库系统：包括数据库和数据库管理系统。数据库用来存储大量数据，一般组织成易于进行大量数据操作的形式。数据库管理系统用来管理和维护数据库，必须具有数据库建立、删除、修改、维护，数据存储、检索、排序、索引、统计等功能，并提供一套语言体系供用户使用数据库或提供与某种高级程序设计语言的接口，这套语言体系一般由数据库定义语言DDL（提供定义数据库中数据的组成形式，如数据模式、数据依赖关系等）和数据库操作语言DML（提供对数据库中的数据进行操作，包括数据库的建立、维护；数据字典的建立和维护；数据查询、检索以及数据处理等）两个部分构成。

模型库系统：由模型库和模型库管理系统组成。模型库用来存放模型，它不同于数据，总是以某种计算机程序形式表示，如数据、语句、子程序，甚至于对象等。这种物理形式在模型库中具体为：模型名称及相关的计算机程序，模型功能的分类，模型的输入输出数据，控制参数等属性。它可以以某种方法运行，进行输入、输出、计算等处理。这种形式的属性是无法或很难以类似于数据组织的形式来描述的。

此外，在1981年又有外国学者提出了关于决策支持系统的三系统结构，与三部件结构一样，三系统结构也广泛用于决策支持系统的基本构成理论中。三系统结构包括：语言系统、知识系统和问题处理系统。

（2）决策支持系统的分类

目前，常见的农业生产决策支持系统的类型包括：基于生长模型的决策支持系统、基于知识模型的决策支持系统、基于生长模型和知识模型的决策支持系统和扩展型农业决策支持系统。

1.2.3.3 农业专家系统

农业专家系统根据存储于计算机中的专家知识和经验及用户提供的信息、数据和事实，模仿专家的思维方式进行推理和判断，对用户所提出的问题给予专家水平的解答。它主要用于辅助指导种、养、加等生产管理。具体涉及农业的方方面面，如灌溉、施肥、栽培、病虫害的诊断与防治、作物育种、作物产量预测、畜禽饲养管理和水产养殖等。

（1）农业专家系统的主要功能和优势

①汇集高水平的农业知识，可将单项农业技术综合组装，实现更高层次的多项农业技术的集成。

②抢救和固化当地的农业知识和农业专家的知识经验，使其逐渐积累与丰富，构成农业生产知识库。

③声、图、文并茂，直观形象，操作性强，且易于被农民理解、接受，并付诸实践。

④时效性强，能及时解答农业生产中遇到的问题，克服因咨询农业技术人员而产生的时滞问题。

⑤克服广大农村交通信息不便的障碍，实地指导农业生产，缓解基层农业推广人员不足和水平参差不齐的矛盾，为农业生产标准化提供技术平台。

（2）农业专家系统的组成

专家系统以知识库（知识集合）、数据库（反映系统的内外状态）以及推理判断程序（规定选用知识的策略与方式）等部分为核心，一般由知识库、数据库、推理机、解释部分、知识获取部分五部分组成，如图1-4所示。专家系统的工作方式可简单地归结为：运用知识，进行推理。具体地说，农业专家系统是运用人工智能知识工程的知识表示、推理、知识获取等技术，总结和汇集农业领域的知识和技术，农业专家长期积累的大量宝贵经验，以及通过试验获得的各种资料数据及数学模型等，建造的各种农业"电脑专家"计算机软件系统。由于该系统可以智能化进行分析推理，独立的知识库增加和修改知识十分方便，开发工具使用户不必了解计算机程序语言，并有解释说明功能等，是通常的计算机程序系统难以比拟的。

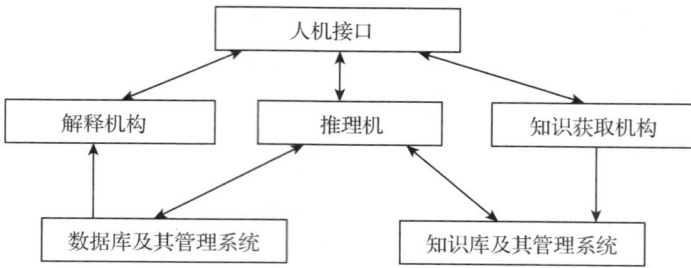

图1-4 农业专家系统的组成结构

①人机接口

人机接口是专家系统与领域专家或知识工程师及一般用户间的界面，由一组程序及相应的硬件组成用于完成输入输出工作。领域专家或知识工程师通过它输入知识，更新、完善知识库；一般用户通过它输入欲求解的问题、已知事实以及向系统提出的询问等。系统通过它输出运行结果、回答用户的询问或者向用户索取进一步的事实。

②知识获取机构

基本任务是把知识输入到知识库中，并负责维持知识的一致性和完整性，建立起性能良好的知识库。

③知识库及其管理系统

知识库是知识的存储机构，用于存储领域内的原理性知识、专家的经验性知识以及有关的事实。知识库中的知识来源于知识获取机构，同时它又为推理机提供求解问题所需的知识。知识库管理系统负责对知识库中的知识进行组织、检索、维护等。专家系统中其他任何部分如要与知识库发生联系，都必须通过知识库管理系统来完成，这样就可实现对知识库的统一管理和使用。

④推理机

专家系统的"思维"机构，专家系统的核心部分。其任务是模拟领域专家的思维过程，控制并执行对问题的求解。它能根据当前已知的事实利用知识库中的知识，按一定的推理方法和控制策略进行推理，求得问题的答案或证明某个假设的正确性。推理机的性能与构造一般与知识的表示方式及组织方式有关，但与知识的内容无关，这有利于保证推理机与知识库的相对独立性。

⑤数据库及其管理系统

用于存放用户提供的初始事实、问题描述以及系统运行过程中得出的中间结果、最终结果以及运行过程中的知识链。在推理的过程中，数据库的内容也是不断变化的，在求解问题开始时，它存放的是用户提供的初始事实；在推理过程中，它存放每一步推理所得到的结果。推理机根据数据库中的内容从知识库选择合适的知识进行推理，然后又把推理的结果存入到数据库中。

⑥解释机构

对自己的行为给出解释，回答用户提出的"为什么?""结论是如何得出的?"等问题，是专家系统区别于一般程序的重要特征之一，是取信于用户的一个重要措施。可以帮助系统建造者发现知识库及推理机中的错误，有助于系统的调试及维护。解释机构的运行过程集中在跟踪并记录推理过程，当用户提出询问需要给出解释时，它将根据问题的要求分别做出相应的处理，最后把解答用约定的形式通过人机接口输出给用户。

（3）农业专家系统的开发过程

①从领域专家那里收集、整理、归纳有关的专业知识，经过系统开发人员消化、整理、归纳，写成一条条可以用符号表示的形式；

②选用产生式知识表示方法和正向或反向推理方法；

③将用产生式知识表示方法描述的知识逐条放入知识库中；

④确定推理方法后，编写程序，然后进行调试、运行和修改。

1.2.3.4　农业信息监测系统

农业物联网是将所有物品通过各种信息传感设备，如射频识别装置、基于光声电磁的传感器、3S技术、激光扫描器等各类装置与互联网结合起来，实现数据采集、融合、处理，并通过操作终端，实现智能化识别和管理。物联网技术构建的精准农业环境监测系统，可以使得研究人员在总控制室就能对农田进行远程实时监控，根据气候和环境条件，如空气温湿度、光照强度、土壤湿度和土壤 pH 值等农情信息做出正确决策，满足精准农业自动化、经济化、准确化的要求。

（1）农业信息监测系统的层次结构

①感知层

采用各种传感器(如温湿度、光照、CO_2、风向、风速、雨量、土壤温湿度等传感器)获取植物的各类信息。

②传输层

信息通过无线网络传输系统和信息路由设备传到控制中心，各个节点可以自由配对、任意监控、互不干扰。

③应用层

根据传感器获取植物实时生长环境。如温湿度、光照参数等，收集各个节点的数据，进行存储和管理，实现整个测试点的信息动态显示，并根据各类信息进行自动灌溉、施肥、喷药、降温补光等控制，对异常信息进行自动报警。加装摄像头可以对每个大棚和整个园区进行实时监控。

（2）农业信息监测系统的主要功能

目前的农业信息监测系统一般有以下功能：

①信息获取

通过网络通信方式接收、解析各站点的传感器数据。

②数据存储

将数据自动保存至数据库，并定期备份。

③实时显示

以数据详情的形式在相应传感器数据面板上显示当前值、数据单位、采集时间、报警上限、报警下限和状态信息。以动态曲线形式显示各站点的传感器数据，数据轴范围等图形属性可以设置，并提供图形放大、复制、另存为、打印等功能。

④报警提示

对缺测异常、设备异常、电源异常或通信异常等情况进行报警。

⑤记录统计

查询统计任意站点、任意时段、任意传感器的数据记录，计算样本点数、最大值、最小值、平均值等，并生成统计报表。

⑥历史查询

查询任意站点、任意时段、任意传感器的数据记录。

⑦系统配置

根据具体的站点和传感器等信息，对软件进行配置，以适应不同的应用环境。

⑧网络服务

提供针对不同用户需求的网站管理系统，方便使用。

1.2.3.5 农业信息预测系统

农业物联网、无线网络传输等技术的蓬勃发展，极大地推动了监测数据的海量爆发，数据实现了由"传统静态"到"智能动态"的转变。现代化的信息技术将全面、及时、有效的获取与农业相关的气象信息、传感信息、位置信息、流通信息、市场信息和消费信息，全方位扫描农业产业链过程。在农业监测预警领域，我国各部门已经建立了一些大型分析系统。如农业部的农产品监测预警系统，国家粮食局的粮食宏观调控监测预警系统，商务部的生猪、重要生产资料和重要商品预测预警系统，新华社的全国农副产品和农资价格行情系统以及海关总署进出口食品安全监测与预警系统等。在大数据背景下，数据存储与分析能力将成为未来农业发展最重要的核心能力。未来，随着人工智能、数据挖掘、机器学习、数学建模、深度学习等技术的广泛应用，以Hadoop等平台为支撑的农业信息预测预警应用平台分析将成为主流，农业信息预测预警信息处理和分析将向着系统化、集成化、智能化方向发展。

农业信息预测系统是根据已有的农业知识库信息来进行推测，是用客观资料，进行逻辑推理，并按照预定的推理算法和规律进行相关信息的预测。农业信息预测系统一般是建立在农业信息监测系统、农业信息管理系统、农业专家系统的基础上实施运行的。

1.3　农业应用系统开发的基本理论

为了确保农业应用系统开发的质量，在开发过程中，我们务必要采用正确的开发方法，利用一定的系统开发工作原则和指导思想来进行系统开发工作。目前常用的系统开发方法有面向对象法，面向过程的生命周期法和原型法，无论采取哪种开发方法，基本上都可以将开发过程分为可行性分析、总体规划、系统分析、系统设计、系统实施、系统测试、安装调试、试运行、运行维护、更新等阶段。

1.3.1　应用系统的生命周期

1.3.1.1　系统规划阶段

系统规划阶段所做的工作就是对所要开发的信息系统进行项目立项和进行项目的可行性分析。申请建立应用系统项目的理由只有一个，这就是为了解决企业或组织目前存在的一个或几个问题。信息系统具有处理业务速度快、数据处理精度高、信息检索快而不乱，以及有利于职能部门之间业务整合等优点，更为重要的是只有用了信息系统才能实现先进的管理理念和先进的管理方法与技术，才能实现更高的企业效益。信息系统项目申请书(立项书)的主要内容包括提出问题、问题的细节、解决问题的方法、信息系统具有的优势以及提出申请的部门和人员等项内容。第二项工作就是进行项目的可行性分析，根据系统的环境资源等条件判断所提出项目的必要性与可行性。必要性研究包括所提出的待解决问题的重要性和迫切性以及开发信息系统的条件、优势和对解决问题的作用等。可行性研究则包括技术可行性研究、经济可行性研究和社会适应可行性研究三方面，然后在充分分析和论证的基础上写出有分量的可行性分析报告。可行性分析报告得到批准以后即进行信息系统的规划，包括信息系统的战略规划和具体规划。

1.3.1.2　系统分析阶段

以结构化开发方法为例，系统分析的任务就是借助各种结构化分析工具对现实系统进行分析，以期建立目标系统的逻辑模型。该逻辑模型包括数据流程图(DFD)、数据字典(DD)等处理逻辑表达，核心是数据流程图。分析企业的信息结构，简单地说，就是分析信息的来龙去脉，即弄清信息的源头、目的地和流经的路线。结构化系统分析的内容包括系统调查、组织结构分析、功能结构分析、业务和业务流程分析、数据流程分析和数据分析及功能数据的关系分析等。其主要的分析工具包括组织结构图、功能结构图、业务流程图、数据流程图、数据字典等逻辑表达工具。因此，结构化系统分析工作主要包括确定业务流程、数据流程和确定功能与数据的关系等工作。

1.3.1.3　系统设计阶段

以结构化开发方法为例，系统设计就是在已构造的目标系统逻辑模型的基础上，构造新系统的物理模型，具体来说就是为程序设计提供蓝图。物理模型是逻辑模型的实现方案，也是系统实现的前提和成果，好比工厂的设计部门为加工者提供的产品设计图纸一样，工人把设计图纸变成零件，程序员把物理模型变成程序或模块。结构化系统设计包括系统的总体结构设计和系统的详细物理设计。

（1）系统的总体结构设计

系统的总体结构设计是在系统可行性研究和系统分析后为实现系统而进行的技术设计。任务是把分析阶段的需求说明转换成软件结构，即提供一个完整的软件系统框架。系统的总体结构设计主要包括系统的子系统划分设计、系统的网络设备与系统设备的配置设计及每一个子系统的计算机处理流程设计。

（2）系统的详细物理设计

系统的详细物理设计是系统总体结构设计的细化，目的是为系统实施提供一个详细实施方案，是设计程序的蓝图。系统的详细物理设计则包括了代码设计：数据库设计、输入输出与界面设计及系统处理过程和功能模块的结构设计等。

1.3.1.4　系统实施阶段

系统实施是指在系统概要设计和详细设计以后的系统实现与交付过程，它分两个阶段。第一阶段是系统技术实现过程和对这一过程的管理，它包括建立编程标准、程序设计、测试、架构和发行，这都是交付前的工作。实施阶段交付物包括软件、数据和文档资料，最终发行的软件是交付物的核心，用户手册等其他交付物也必不可少。第二阶段是用户转化阶段，即系统发行后，交付用户使用的过程，包括用户培训、业务流程重组设施、系统切换、运行和维护，这主要是系统实施的用户化过程。这一阶段的交付物主要是用户实施方案，包括培训方案、重组实施方案、切换方案、运行和维护方案、维护记录与修改报告等。第一阶段由开发团队完成，它着重于技术实现，完成的系统完全覆盖需求规格，达到系统目标和指标，即从技术角度实现系统，满足用户需要；第二阶段着重于管理，在用户端完成。两个阶段的工作虽然侧重点不同，但目标都是为了系统成功实施，给用户一个好系统，让用户用好这个系统。

1.3.1.5　系统运行管理与评价阶段

新系统正式投入运行后，研制工作即告结束。信息系统不同于其他产品，它不是"一劳永逸"的最终产品。在它的运行过程中，还有大量运行管理、维护工作要做。为让系统能长期高效地工作，必须大力加强对系统运行工作的管理。系统运行管理包括系统的日常运行管理、系统维护和建立运行体制。

交付使用的系统需要在使用中不断完善，即使精心设计、精心实施、经过调试的系统，也难免有不如人意的地方。或者效率还需提高，或者使用不够方便，或者还有错误，这些问题只有在实践中才能暴露。另一方面，管理环境的变化也会对信息系统提出新的要求，信息系统只有适应这些要求才能生存下去。因此，系统的维护是系统生存的重要条件。据专家们估计，世界上有90%的软件人员从事系统的修改和维护工作，只有10%的人从事新系统的研制工作。另外，在系统开发的全部费用中，研制费用只占其中的20%，而运行和维护费用却占80%。这几个统计数字充分说明了系统维护工作是多么重要，又是多么艰巨。因此不要重开发轻维护。系统维护是对系统使用过程中发现的问题进行处理的过程，也是系统完善的过程。系统维护一般包括硬件的维护与维修、应用程序的维护、数据库维护和代码的维护等内容。

1.3.2　应用系统开发方法

1.3.2.1　结构化方法

信息系统开发方法中最常用且有效的方法就是生命周期法。生命周期就是指事物从产生、发展、成熟到消亡的一个过程，该方法将整个开发过程从初始到结束划分为若干阶段，预先定义好每个阶段的任务和目标，再按一定的策略与准则完成相应阶段的任务。这种方法属于预先严格定义了用户需求和任务的一种方法。

结构化开发方法，也称新生命周期法，是生命周期法的继承与发展，是生命周期法与结构化程序设计思想的结合。结构化的最早概念是用来描述结构化程序设计方法的，它用三种基本逻辑结构来编程，使之标准化、线性化。结构化开发方法不仅提高了编程效率和程序清晰度，而且大大提高了程序的可读性、可测试性、可修改性和可维护性。后来，把结构化程序设计思想引入信息系统的开发领域，逐步发展形成了结构化系统分析与设计的方法。

（1）结构化开发方法概述

结构化开发方法仍然沿用"自上而下，逐步求精"的思想方法，从全局出发，全面规划分析，从而确定简明的、易于导向的系统开发方式，弥补生命周期法的不足，对信息系统开发起着巨大的推动作用。虽然，随着时间的推移，以结构化系统分析与设计为核心的新生命周期法暴露出很多问题，但现在仍然是信息系统开发的主流方法。结构化开发方法的基本思想是用系统工程的思想和工程化的方法，根据用户至上的原则，自始至终按照结构化、模块化、自顶向下的思想与方法对系统进行分析与设计。结构化开发方法的根本特点是系统分析、系统设计和程序设计的结构化、模块化，这与面向对象的程序设计并不矛盾，在面向对象的事件代码和自定义方法程序中，依然采用结构化程序设计的三种基本结构。

（2）结构化开发方法的特征

与传统的生命周期法相比，结构化开发方法强调以下特点：

①面向用户的观点

结构化开发方法强调用户是信息系统开发的起点和最终归宿。因此，用户的参与程度与满意度是衡量系统是否成功的关键。故开发过程应面向用户，使用户更多地了解新系统，并随时从业务和用户的角度提出新的要求。另一方面也可以使系统开发人员更多地了解用户的要求，更深入地调查和分析管理业务，使新系统更加科学、合理。

②自顶向下的分析、设计和自底向上的系统实施相结合

分析问题时应站在系统的高度，将各项具体业务放在整体环境中加以考察。首先确保全局的正确，然后再一层层地深入考虑和处理局部问题，这就是自顶向下的分析设计思想。按照自顶向下的设计思想对系统进行分析设计后，其具体的实现过程采取从底向上的方法，即一个模块、一个模块地开发、调试，然后再由几个模块联调，最后是整个系统的总调、构建，即从模块到子系统再到系统的实现和构建过程。

③充分预料可能发生的变化

信息系统是动态的，它随着周围和内部环境的变化而变化。无论在系统设计时，还是在实施过程中，都必须充分考虑可能变化的因素。预料可能发生的变化就是提高系统对内外环境的适应能力。系统可能发生的变化主要有环境的变化、系统内部处理模式的变化和用户需求的变化。这主要是内外组织结构、体制、业务流程的变化和管理自身的发展变化，如信息化和经济全球化、实行市场经济、加入 WTO，以及企业的股份制改造等。用户需求变化的预计主要是做好需求定义与预测。

④严格划分系统阶段

结构化开发方法严格定义开发的过程与阶段，然后依次进行，前一阶段是后一阶段的工作依据。每个阶段又划分详细的工作步骤，顺序作业。各个阶段和各个步骤的向下转移都是通过建立各自开发阶段的软件文档和对关键阶段、步骤进行审核、控制实现的。

⑤结构化、模块化

结构化就是信息系统结构分解成由许多按层次结构联系起来的功能结构图，即模块结构图。结构化开发方法提出了一种用于设计模块结构图的方法，是一组对模块结构进行评价的标准及进行优化的方法。所谓模块化，是指将一个复杂的信息系统，按照"自顶向下，逐步求精"的方法，分解为若干个有层次联系、功能相对单一且彼此相对独立的模块。模块化是必然趋势，它可以把复杂问题简单化，把大问题分解为小问题来解决，从而使新系统易于实施及维护。

⑥开发过程的工程化

在开发过程中，每一阶段、每一步骤都有详细的文字资料记载。要把本步骤所考虑的情况、所出现的问题、所取得的成果完整地形成资料，在系统分析过程中，无论是调查得到的资料，还是用户交流的情况，或是分析设计的每一步方案都应有明确的记载。记载所用的图形和书写的格式要标准化和规范化，并且要经过评审。资料要有专人保管，要建立一套管理、查询制度。

（3）结构化开发方法的优缺点

结构化开发方法是在对传统开发方法继承批判的基础上，通过不断探索和努力而形成的一种系统化方法。这种方法的突出优点就是它强调系统开发过程的整体性和全局性，强调在整体优化的前提下来考虑具体的分析设计问题，即自顶向下的观点。它强调的另一个观点是严格地区分工作阶段，强调一步一步地严格地进行系统分析和设计，每一步工作都及时地总结，发现问题及时地反馈和纠正，从而避免了开发过程的混乱，是一种目前被广泛采用的系统开发方法。

但是，随着时间的推移这种开发方法也逐渐地暴露出了很多不足。最突出的表现是起点太低，所用工具落后、烦琐，致使系统开发周期过长，带来一系列问题。另外，这种方法要求开发者在调查中就充分地掌握用户需求、管理状况以及预见可能发生的变化，这不大符合人们循序渐进地认识事物的规律性，因此在实际工作中有一定的困难。

1.3.2.2 原型法

（1）原型法的基本思想

为了弥补生命周期法开发周期长的不足，在1977年人们提出了一种在开发思想、工具和手段上都是全新的开发方法——原型法。它抛弃了经过周密细致的调查分析，然后整理出文字档案，最后让用户看到最后结果的烦琐做法。它的主要思想是：由用户与系统分析设计人员合作，在短期内根据用户的要求首先建立一个能反映用户主要需求的原型，然后与用户反复协商改进，使之逐步完善，最终建立完全符合用户要求的新系统。它既可以单独作为一种开发方法加以应用，又可以作为生命周期法的辅助方法和工具。

（2）原型法的开发过程

原型法的开发过程包括四个基本阶段：确定需求的基本信息、建立初始模型、对初始模型运行与评价、修正和改进模型。原型法的一般开发过程如图 1-5 所示。

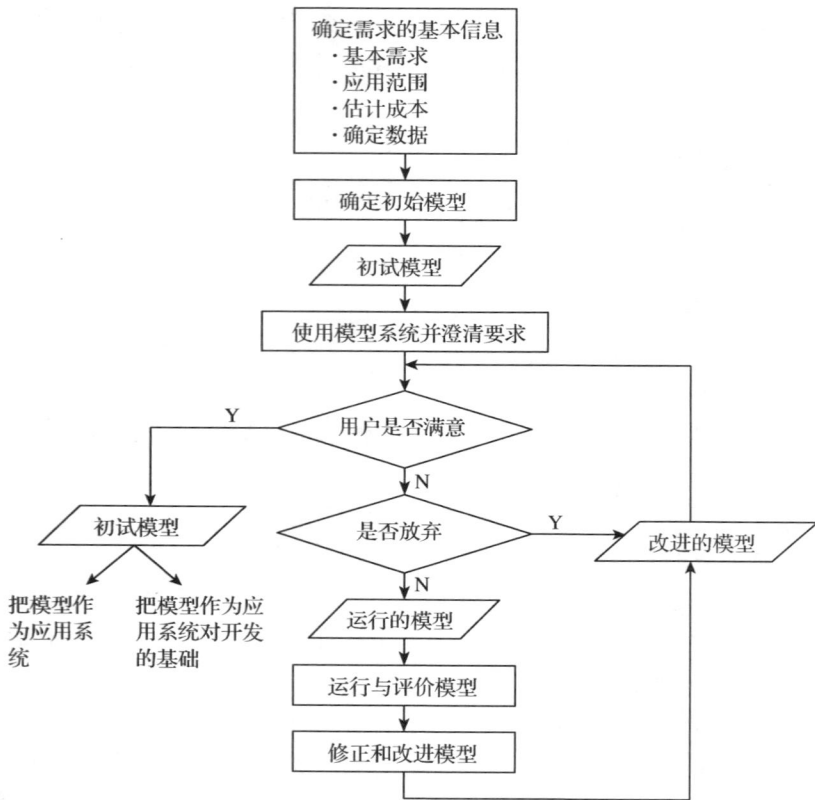

图 1-5　原型法的一般开发过程

①确定需求的基本信息

开发人员对用户的关键决策者及关键个人进行初步调查，弄清用户对系统的基本要求，如各种功能的要求、数据规范等。但是这些信息不必像生命周期法那样要详细定义而只是简单地分析和说明。

②建立初始模型

本阶段的目的是在对系统功能和要求的初步了解的基础上建立一个有一定深度和广度的初始模型，以便以后的运行、修改和完善。

③对初始模型运行与评价

初始模型是用户和开发人员发展系统方案和功能的基础。在得到初始模型后，就可以运行，在运行过程中对运行的效果进行评价，然后进一步明确系统的功能和性能，提出更加具体的要求。

④修改和改进模型——原型迭代

根据在上一步运行中发现的问题，有针对性地对模型系统进行修改和改进，从而得到一个更加完善的模型，然后把改进的模型交给用户试用、评价、反馈意见，如此反复直到用户满意。

原型法的目标是鼓励改进和创造。为此，开发人员应充分向用户解释所建成的模型系统的合理性，但是也不要过分辩解，应在和用户的沟通中进一步完善模型系统。如果在运行过程中发现绝大部分的功能不能达到用户的要求甚至与用户要求相违背，则应果断地放弃而不能凑合。

（3）原型法对开发环境的要求

①对软件的基本要求

在原型法的开发过程中，需要迅速实现原型运行并不断修改完善，所以对开发工具有高的要求。

第一，集成化的数据词典。用来保存全部有关的系统实体（如数据元素、程序、报告等）的定义和控制信息，它可以辅助生成系统的某些部件。

第二，高性能的数据库管理系统。它使文件的设计、数据的存储和查询更为方便，并简化了程序的开发。

第三，应用第四代程序设计语言和开发环境。第四代程序设计语言支持非过程化技术，交互性能强，可减轻复杂的编程时间，缩短系统的开发周期。

第四，自动文档编写机制。与数据字典相联系，随着原型法开发过程的进行能够自动生成、保护和维护文档。

②对工作环境的基本要求

第一，快速响应的环境。无论是系统设计人员还是用户的交互方式的响应过程都要很快。

第二，规范的原型构成过程。必要的规范和标准能加快原型的建立和最终系统的转换；利用规范的开发技术，可以从现有的软件和模式来构造原型系统，加快开发速度，降低开发消耗的人力和物力。

第三，好的演示原型的设施。在初始原型做好以后要有演示原型的设施，使用户充分了解原型系统的功能和性能，找出其中的不足之处，对原型系统进行完善。

（4）原型法的优缺点及适用范围

①原型法的优点

第一，更多地遵循了人们认识事物的规律，即循序渐进的原则，因此更容易被人们所接受。

第二，改进了用户和系统开发人员的交流方式。由于用户直接参与，就更直接、及时地发现问题，并进行修改，因此原型法更易于使用户和开发人员进行沟通。缩短了二者的差距，使需求易于表达清楚、一致，确保用户的要求得到较好的满足。

第三，用户能很快看到系统，从而可以尽早发现问题，这样就降低了系统开发的风险。在一定程度上减少了开发费用。

第四，充分利用最新工具，提高了效率。

②原型法的缺点

第一，对于大型复杂系统实施比较困难，只能局部使用。因为不经过系统分析来进行整体性划分，想直接用屏幕来模拟是非常困难的。

第二，对于大量运算而不需要很多交互的问题很难构造原型。因为这种问题不是通过交互过程能够解决的。另外，对于批处理系统，其中的大部分是内部处理过程，不宜使用。

第三，对开发工具要求高。原型法需要有现代化的开发工具支持，否则开发工作量就会加大，成本会升高，这就失去了采用原型法的意义。

第四，对用户的管理水平要求高。由于原系统没有经过系统分析，整个系统没有一个完整的概念，各个系统的接口也不规范，这就使系统开发和使用有一定的困难。所以对用户的管理和维护水平的要求很高。

③原型法的适用范围

原型法的适用范围是比较有限的，适用于小型、简单、处理过程比较明确、没有大量运算和逻辑处理过程的系统。

由于中国农业应用系统中的多数用户还不太熟悉计算机，计算机的应用还没有得到普及，所以原型法能使用户在系统开发初期就可以看到结果——原型系统，用户比较容易了解管理信息系统，尽快与系统开发人员进行沟通与交互，所以原型法还是比较适合中国的管理信息系统的开发。

1.3.2.3 面向对象方法

面向对象方法是以面向对象思想为指导进行系统开发的一类方法的总称。这类方法以对象为中心，以类和继承为构造机制来构造抽象现实世界，并构建相应的软件系统。兴起于20世纪80年代，成长和繁荣于90年代的面向对象的思想——反结构化"自顶向下"的认识方法，直面要解决的现实对象，由对象的同性、行为表示问题域的静态结构，由对象对事件的响应构成问题域的动态联系，遵循"自底向上"逐步抽象、归纳、综合的方法寻求对问题域的认识和表达。由于其顺乎人类自然的认识思维，得到了越来越多的实现工具的支持，成为现今的主流技术，同时标志着计算机界对问题域的认识发展到了一个新的阶段。

在实际应用中，它采用对象及其属性，整体和部分，类、成员和它们之间的关系的区别三个法则来对系统进行分析和设计，遵循了分类学理论的基本原理，符合"物质第一性、意识第二性"以及"认识来源于实践，又服务于实践"的辩证唯物主义思想。

（1）面向对象方法中的基本概念

① 面向对象

面向对象是一种认识客观世界的世界观，是从结构组织的角度模拟客观世界的一种方法。人们在认识和理解现实世界的过程中，普遍运用以下三个构造法则：区分对象及其属性，如区分车和车的大小；区分整体对象及其组成部分，如区分车和车轮；不同对象类的形成及区分，如所有车的类和所有船的类。面向对象具有以下特征。

第一，封装性。对象的概念突破了传统数据与操作分离的模式。对象作为独立存在的实体，将自由数据和操作封闭在一起，使自身的状态、行为局部化。

第二，继承性。继承是面向对象特有的，亦是最省力的机制。通过类继承可以弥补由封装对象而带来的诸如数据或操作冗余的问题，通过继承支持重用，实现软件资源共享、演化以及增强扩充。

第三，多态性。同一消息发送至不同类或对象可引起不同的操作，使软件开发更便利，编码更灵活。

第四，易维护性。面向对象的抽象封装使对象信息隐藏在局部。当对对象进行修改，或对象自身产生错误的时候，由此带来的影响仅仅局限在对象内部而不会波及其他对象乃至整个系统环境，这极大地方便了软件设计、构造和运行过程中的检错与修改。

② 对象

对象是现实世界中一类具有某些共同特性的事物的抽象。它是对一组信息及其操作的描述。

③ 类

类是具有相同属性和服务的一组对象的集合，即依据抽象和综合的原则，忽视事物的非本质特征，找出事物的共性，得出一个抽象的概念。如各种人种虽然在种族、肤色等方面有许多不同，但忽略这些差别后可以抽象出人类的共有特征。

④ 封装

封装有两层含义，一是把对象的全部属性和全部服务结合在一起，形成一个不可分割的独立单位（即对象）；二是指信息隐藏，即将一个对象的外部特征和内部执行细节分割开来，并将后者对其他对象隐藏起来。

⑤继承

特殊类的对象拥有其一般类的全部属性与服务，称为特殊类对一般类的继承。继承简化了人们对事物的认识和描述，如汽车类作为交通工具类的特例，具有一切交通工具类的属性和行为。

（2）面向对象方法的开发过程

面向对象开发一般经历三个阶段：面向对象的分析、面向对象的设计和面向对象的实现（编程）。这与传统的生命周期法相似，但各阶段所解决的问题和采用的描述方法却有极大的区别。

①分析阶段

这一阶段主要采用面向对象技术进行需求分析。面向对象分析运用以下主要原则：

第一，构造和分解相结合的原则。构造是指由基本对象组装成复杂或活动对象的过程；分解是对大粒度对象进行细化，从而完成系统模型细化的过程。

第二，抽象和具体结合的原则。抽象是指强调事务本质同性而忽略非本质细节；具体则是对必要的细节加以刻画的过程。在面向对象方法中，抽象包括数据抽象和过程抽象。数据抽象把一部分特性与内部实现相分离，从而将成组数据及有关的操作封装起来；过程抽象则定义了对象间的相互作用。

第三，封装的原则。封装是指对象的各种独立顺序间的相互依赖，有助于提高程序的可重用性。

第四，继承的原则。继承是指直接获取父类已有的性质和特征而不必再重复定义。这样，在系统开发中只需一次性说明各对象的共有同性和服务，对子类的对象只需定义其特有的属性和方法即可。继承的目的也是为了提高程序的可重用性。

②设计阶段

这一阶段主要利用面向对象技术进行概念设计。值得注意的是，面向对象的设计与面向对象的分析使用了相同的方法，这就使得从分析到设计的转变非常自然，甚至难以区分。可以说，从面向对象的分析到面向对象的设计是一个积累型的扩充模型的过程。这种扩充使得设计变得很简单，它是从增加属性、服务开始的一种增量递进式的扩充，这一过程与结构化开发方法那种从数据流程图到结构图所发生的剧变截然不同。

一般而言，在设计阶段就是将分析阶段的各层模型化的"问题空间"进行扩展，得到下一个模型化的特定的"实现空间"。有时还要在设计阶段考虑到硬件体系结构与软件体系结构，并采用各种手段（如规范化）控制因扩充而引起的数据冗余。

③实现(编码)阶段

这一阶段主要是将面向对象的设计中得到的模型利用程序设计来实现。具体操作包括：选择程序设计语言编程、调试、试运行等。前面两阶段得到的对象及其关系最终都必须由程序语言、数据库等技术来实现，但由于在设计阶段对此有所侧重考虑，故系统实现不会受到具体语言的制约，因而本阶段占整个开发周期的比重较小。建议应尽可能采用面向对象程序设计语言，一方面，由于面向对象技术日趋成熟，支持这种技术的语言已成为程序设计语言的主流；另一方面，选用面向对象语言能够更容易、安全和有效地利用面向对象机制，更好地实现面向对象的设计阶段所选用的模型。

(3)面向对象方法的优缺点

面向对象方法具有多方面的吸引力。对管理人员，它实现了更快和更廉价的开发与维护过程。对分析与设计人员，建模处理变得更加简单，能生成清晰、易于维护的设计方案。对程序员，对象模型过于浅显。此外，面向对象工具以及库的巨大威力使编程成为一项更使人愉悦的任务。

在获得巨大成功的同时，面向对象方法也存在着自身的局限性。主要表现在：

①容易带有原系统的不合理成分。面向对象采用局部的认识而后归纳的做法很难与系统整体最优的要求相吻合。

②思考对象的时候，需要采用形象思维，而不是程序化的思维。与程序化设计相比，对象的设计过程更具挑战性，特别是在尝试创建可重复使用(可再生)的对象时。

③理论有待成熟。面向对象思想起源于面向对象的编程，而后推演到面向对象的设计，最后才形成面向对象的分析。特别是面向对象的分析还未达到成熟阶段。

第2章 农业应用系统开发过程

在我国农业信息化建设突飞猛进阶段,切实抓好农业信息技术的应用并建立服务于民的农业应用系统成为继续推进农业信息化进程的关键。随着农业云计算与大数据集成、农业专家网络系统、农业模拟模型、农业管理决策技术、精准农业技术和3S技术的不断发展和应用,各类农业应用系统也层出不穷,如农业专家系统、农业支持决策系统、农业信息管理系统、农业信息监测预测系统、农村政务公开系统、农业电子商务系统等。这些农业应用系统的使用不仅方便了农业领域或者组织的管理者更加便捷地了解农业生产信息,更缩短了农业信息和知识服务的距离,让更多的目光从信息基础设施建设中转移到农业应用系统开发过程中。

农业应用系统从单一功能开发演变为面向全局的综合应用系统建设,其规模越来越大、功能越来越复杂。因此,对农业应用系统开发提出了更高的要求,要求所开发的农业应用系统既要能够满足日常业务处理的需求,又要能够支持管理控制和宏观决策,能够真正把农业信息和农业知识作为企业或者组织的重要资源综合利用。农业应用系统的开发方法由初期的原型法,到后来的面向过程的结构化方法,如今则以面向对象法为主流;功能结构由过去把操作界面、业务处理逻辑和对数据库的操作交织在一起的模块化结构,发展到现在的多层结构;数据库则由过去的单机应用数据库,发展到现在的集成、共享的数据库和数据仓库等。同时在信息的采集、传输、交换、共享等方面,信息技术也提供了很多有效的手段,从而使信息系统开发由过去侧重于功能实现演变为现在各类技术的集成应用。因此,为了保证信息系统的开发质量和进度,对开发过程的管理也愈加严格。

本章将采用系统的观点和面向对象的思想,系统而全面地阐述农业应用系统开发过程,包括系统规划、可行性分析、系统需求分析、系统结构化分析、系统设计、系统开发、系统测试与运行维护各个阶段的方法、工具和工作成果及文档规范等。

2.1 系统开发过程概述

农业应用系统开发是一项复杂的系统工程,在这一过程中需要通过详细的调研、分析，针对应用系统的需求、可行性、功能、技术、时间等方面问题进行规划，确定方案。软件工程提供了以工程化方法创建高质量的应用系统的一套思想、方法和工具。根据应用系统的生命周期，可以将应用系统的开发过程总结为解决四个问题的过程：系统规划定义，即确认系统加工以及能不能做的问题；系统分析，即分析系统要"做什么"；系统设计：即解决"怎么做"的开发问题；系统运行维护：即在系统运转过程中改进与完善系统使之完全满足用户的愿望。开发的过程也就可以大致分为四个时期，每个时期由针对不同目标的各个阶段构成，四个时期分为：

- 系统规划；
- 系统分析；
- 系统设计；
- 系统运行维护。

各个时期中的工作阶段、工作目标及工作成果见表 2-1。

表 2-1　系统开发过程

时期	阶段与目标	成果
系统规划	1. 系统定义阶段 确定系统所解决的问题 进行系统规划 2. 可行性分析阶段 系统的社会调研分析 系统的技术可行性分析	（1）系统可行性分析报告 （2）系统概况及实施计划
系统分析	1. 系统需求分析 确定用户对于应用系统的全部需求 确定系统的用例模型 2. 系统结构化分析 确定系统体系结构 确定系统的业务流程 确定系统的数据流程	（1）系统需求规格说明书 （2）系统结构化分析报告
系统设计	1. 系统总体功能设计 2. 系统功能模块详细设计 3. 系统数据库设计 4. 系统算法及代码设计 5. 系统界面交互设计	系统详细设计说明弓
系统运维	1. 系统实现 2. 系统运行测试	（1）系统代码 （2）系统测试报告 （3）系统使用说明书

2.2 系统规划

从系统的观点来看，注重整体性是非常重要的。当应用系统规模较大时，通过系统规划能够保证各组成部分之间相互协调，使应用系统开发工作有计划、有步骤地进行；即使应用系统开发规模比较小，也应该运用系统规划的思想和方法，在保证全局最优的前提下，实现系统的各项功能要求。

2.2.1 应用系统规划的概念

应用系统规划是系统开发的纲领。系统规划涉及的内容包括明确规定系统开发的任务、方法和步骤，系统开发的原则，系统开发人员共同遵守的准则以及系统开发过程的管理和控制手段等。这些都是指导系统开发的纲领性文件。系统规划是从整体上把握管理信息系统的开发，有利于集中全部资源优势，使其得到合理配置与使用。

应用系统规划是系统开发成功的保证。系统规划把企业的远期目标和近期目标、外部环境和内部环境、整体效益和局部效益、自动作业和手工作业等诸方面的关系统筹协调起来，使系统的开发严格按照计划进行，同时对开发过程中出现的各种偏差进行微观调控、及时修改、完善计划，从而有效地避免由于开发中发生错误所造成的巨大损失。系统规划还可以使开发的目标系统与用户建立良好的关系。

应用系统规划是系统验收评价的标准。新系统建成后，应对系统的运行情况进行验收，对系统的目标、功能与特点进行评价。这些工作都以系统规划中规定的内容为准。

应用系统规划是系统生命周期中的第一个阶段，也是系统开发过程的第一步，其质量直接影响着系统开发的成败。应用系统规划是将组织目标、支持组织目标所必需的信息、提供这些必需信息的信息系统，以及这些信息系统的实施等诸要素集成应用系统开发和实现方案，是面向组织中应用系统发展远景的系统开发计划。

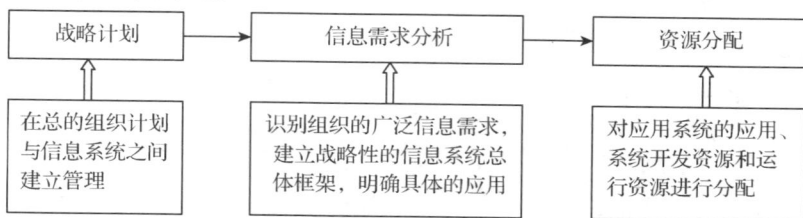

战略计划	→	信息需求分析	→	资源分配
在总的组织计划与信息系统之间建立管理		识别组织的广泛信息需求，建立战略性的信息系统总体框架，明确具体的应用		对应用系统的应用、系统开发资源和运行资源进行分配

图 2-1 应用系统规划工作的三阶段模型

2.2.2　应用系统规划的步骤

应用系统规划是一个复杂的过程，涉及管理、市场、制度和技术等多方面因素。应用系统规划不是一个单纯的技术问题，应用系统规划需要得到企业其他部门的支持与合作。目前有多种方法用于应用系统的规划工作，由 B. Bowman、G. B. Davis 等研制的应用系统规划工作分为战略计划、信息需求分析和资源分配三个阶段进行（如图 2-1 所示），该三阶段模型阐明了规划的制定活动、活动顺序及可选择的技术和方法。

应用系统规划的一般步骤可以借助该模型实现：

①分析组织的战略规划。因为应用系统的战略必须与组织的战略保持一致，因此必须充分理解组织的战略规划，明确具体的规划方法。

②根据组织的战略规划确定系统开发总目标。根据战略分析规划，确定信息系统的开发总目标。如是以前未规划的信息系统项目，应该根据组织的战略规划来确定系统的开发总目标；如果是以前已经规划过的系统项目，应该根据组织战略规划对应用系统的开发目标进行修改和调整。

③设立优先级并选择项目。完整的应用系统是一个大型的项目，因此在系统规划时要确定哪些功能和流程首先进行，哪些功能和流程稍后进行，按照轻重缓急设立优先级。

④分析资源需求。在确定了优先级之后，最重要的是分析优先开发功能的资源需求情况。

⑤设定时间进度和期限。在系统规划时，应确定系统开发的时间进度表和最终完成期限，这是作为系统规划必须做的工作。

⑥编制系统规划文档。将系统规划的内容整理成为系统规划报告。

2.2.3　应用系统规划的内容

应用系统规划的内容一般包括：战略规划、计算模式规划和安全规划三个方面。

2.2.3.1　系统战略规划

一个农业应用系统的战略规划不仅要包括组织的战略目标、政策、约束、计划和指标的分析；更应该包括管理应用系统的目标、约束以及计划指标的分析，即应用系统或系统的功能结构、应用系统的组织、人员、管理和运行；还应该包括应用系统的效益分析和实施计划等。

农业应用系统战略规划一般既包含 3 ~ 5 年的长期规划，又包含 1 ~ 2 年的短期计划。长期规划部分指出了总的发展方向，而短期规划部分则为作业工作的具体责任提供依据。一般来说，整个战略规划包含如下主要内容：

①应用系统的目标、约束与结构。管理应用系统战略规划应根据组织的战略目标、内外约束条件，来确定应用系统的总目标、发展战略规划和应用系统的总体结构等。其中，应用系统的总目标为应用系统的发展方向提供准则；发展战略规划为完成工作提供了具体衡量标准；应用系统的总体结构规定了信息的主要类型以及主要的子系统，为系统开发提供了框架。

②了解当前的能力状况。要了解的内容包括硬件情况、软件情况、应用系统及现有人员状况、项目进展情况及评价。

③对影响计划的信息技术发展的预测。农业应用系统战略规划无疑要受当前和未来信息技术发展的影响。因此，计算机及其各项技术的影响应得到必要的重视并在战略规划中有所反映；另外，应用系统的可用性、方法论的变化、周围环境的变化以及它们对信息系统产生的影响也属所考虑的因素。

应用系统的战略规划并不是一经制定就再也不发生变化。事实上，各种因素的变化都可能随时影响整个规划的适应性。因此，应用信息系统战略规划总是要做不断修改以适应变化的需要。

2.2.3.2 系统安全规划

应用系统安全规划是一个涉及管理、法规和技术等多方面的综合工程。应用系统安全的总体目标是物理安全、网络安全、数据安全、信息内容安全、信息基础设备安全与公共信息安全的总和。应用系统安全的最终目的是确保信息的机密性、完整性和可用性，以及信息系统主体(包括用户、组织、社会和国家)对于信息资源的控制。

应用系统安全规划是以企业信息化战略规划为指导，以企业的信息资源规划为基础，全面完整地规划信息系统应用和相关信息架构，确定信息系统的安全框架、管理模式与建设步骤。企业在信息系统安全规划的指导下建设的网络与信息环境，才可以在安全机制的控制与制约下，让各种业务解决方案、应用系统和数据都不受负面因素带来的威胁，在其上实现有效配合。应用系统安全规划不应该只是规划未来几个月，而是规划未来几年内如何达到企业信息化远景规划指导下的安全建设目标的一个过程。

应用系统安全规划是在建和已建的信息系统中必须要考虑的重要内容。应用系统安全规划主要是根据风险评估的结果和提取的安全需求描述实施相应的安全保障的目标、措施和步骤。按照"全网安全"的思想，应用系统安全规划需要从管理、组织和技术等多方面进行综合考虑，所涉及的应该是综合管理、技术规范、运行维护等多个层面的控制措施。

2.2.4 应用系统规划书

总体规划的各项工作完成之后，将规划过程中所形成的各类文档资料汇集在一起，撰写总体规划报告；组织同行评议或专家讨论，进行总体方案论证，对有问题的部分进行修改，将问题和修改结果以文档形式记录下来，形成论证过程文档备查。当总体规划方案讨论通过之后，将总体规划文档和总体规划报告纳入基线中，作为开发工作的指导性文件。应用系统规划书应包含以下内容：

①系统开发背景。

②系统概述。

③系统开发战略目标。

④系统开发技术路线。

⑤系统实施计划。

2.3　系统可行性分析

应用系统可行性研究自 20 世纪 30 年代美国开发田纳西河流域开始采用以后，已逐步形成一套较为完整的理论、程序和方法。

2.3.1　可行性分析的概念

可行性分析就是按照各种有效的方法和工作程序，对拟建项目在技术上的先进性，经济上的合理性、盈利性，以及项目实施等方面进行深入的分析，确定目标、提出问题、制定方案和项目评估，从而为决策提供科学的依据。

所有的农业应用系统在进行开发之前必须进行可行性研究，因为它可以作为确定项目是否开发的依据，同时也是划定下阶段工作范围、编制工作计划、协调各部门活动、分配资源的依据。

2.3.2　可行性分析的目标和内容

可行性分析的目标是确定系统的总目标和总要求，进行可行性分析和投资效益分析。可行性研究的方法是进行高层次的系统分析。可行性研究的目的不是解决问题，而是确定用最小的代价和在尽可能短的时间内，问题得以解决。

2.3.2.1　可行性分析的任务

可行性分析的任务是明确应用项目的开发必要性和可行性。必要性来自实现开发任务的迫切性，而可行性则取决于实现应用系统的资源和条件，这项工作需建立在初步调查的基础上。所以可行性分析就是建立在环境和资源等条件上，从系统总体出发，对技术、经济、财务、商业以至环境保护、法律等多个方面进行分析和论证，以确定建设项目是否可行，为正确进行投资决策提供科学依据。项目的可行性分析是对多因素、多目标系统进行的不断的分析研究、评价和决策的过程。它需要有各方面知识的专业人才通力合作才能完成。

2.3.2.2 可行性分析的主要内容

（1）技术可行性分析

技术可行性分析是围绕企业或者组织中现有硬件、软件能力，以及计算机硬件软件行业的水平展开的，即分析所提出的要求在现有技术资源条件下是否能够实现。如管理规模的要求、处理精度的要求及对通信功能的要求等，这些都需根据现有技术水平认真地考虑，考虑企业或者组织中现有的计算机硬件、软件条件及将要购买的软硬件条件能否实现这些功能，还要考虑系统是否能够应付未来企业或者组织的事务量和公司规模的增长。比如，所开发的项目要求运行有关的软件包，那么现有系统主机速度是否足够快，内存容量是否足够大，以及是对原系统进行扩充还是开发新系统等。

（2）经济可行性分析

经济的可行性分析是可行性研究中的重要部分，也是评价系统常用的方法，其核心是成本/效益分析。若项目的成本大于效益，则不可行；否则可行。成本是项目所需费用，包括主机的费用、计算机外围设备的费用及软件开发费用、人员培训费用等，即支持、维护成本和购置成本。效益从两个方面考虑，一是可以用金钱衡量的效益，即有形效益，有形效益源于增加收入、减少支出，如资金流转速度的加快、库存积压的减少及生产延迟的消除等；另一部分是对企业或者组织非常重要但又难以用金钱衡量的效益，即无形效益，如提高信息的利用率、信息质量的提高、员工满意度的改善及新 Web 站点提供公司的形象等。

（3）管理可行性分析

管理方面的条件主要是了解企业或者组织的规模，根据规模确定信息系统的目标。企业管理的规范化程度，指管理的科学性要求，农业应用系统是一个对企业全过程进行管理的人机系统，自动化程度高，它的成功必须以规范的管理模式为基础；同时，规章制度是否齐全和原始数据是否正确等都必须进行考查。

（4）进度可行性分析

进度的可行性分析主要是考查项目开发时间安排的可行性。如果项目开发限定了最终的完成时间，那么能否按时完成项目的开发是影响整个项目可行性的重要因素。如果不能按时完成，那么即使其他条件都可行，也必须要重新考虑。如果能按时完成，那么对会不会因抢时间而影响到系统的质量、系统运行是否可靠及消耗成本是否会更大等因素都应进行考虑。

这方面系统分析人员必须具备专业知识，这样就可给进度可行性研究提供较精确的时间进程。

（5）操作可行性分析

操作可行性是指目标系统在开发完成之后将得到有效的利用。一个可以运行、可以操作的应用系统应该可以满足用户提出的各种要求，能够解决与工作有关的各种问题。如果用户使用新系统很困难，则达不到预期的效果。因此操作的可行性所要考虑的内容包括：当系统实施之后，能否有效地处理相关的日常事务；系统实施时会遇到哪些障碍；用户对系统的接受程度，即是否愿意使用；新系统是否会造成公司人数的缩减。操作可行性是从用户的角度去考虑开发的系统能否有效地工作。

2.3.3　可行性分析的步骤

（1）用户信息需求分析

可行性分析人员需要针对企业或者组织的用户进行初步调查，了解用户对系统的功能、性能等方面的要求，并形成初步的调查报告。通过对系统初步调查报告的分析，理解用户对信息系统的要求。再经过信息收集和分析，对企业或者组织的现状及各方面条件有较明确的了解。对应用系统的要求有较全面的理解，这对可行性分析的后续步骤有很大的帮助。

（2）提出各种可能的系统方案

以用户提出的要求为依据，列举出各种能满足要求的备选方案。项目开发主要考虑的是技术的可行性。只要是能够满足项目开发的技术要求的方案，都应该罗列出来，暂时不去考虑其他的限制条件。

（3）评价备选系统的性能及成本效益情况

备选系统的性能是根据用户提出的要求来进行改进的。性能的核心是实用。性能指标往往用一些非数量化的词定性的去定义，以确定优劣。对不同的开发项目，评价指标不同。通常考虑的是系统的准确性和响应时间等。成本效益方面，注重的是系统开发费用支出和系统投入运行的估算收益。

（4）选择最优方案

通过前面的分析，可以在备选方案中选择最优的方案。通常是根据用户的要求，优先考虑某些性能指标和成本效益的优劣。为了体现备选方案的价值，通常要充分考虑用户的各种需求，这样得到的方案才是最优的。

（5）可行性分析报告准备

方案选择完之后，就要进行可行性分析报告的准备，详细说明各方面的可行性评价情况，并提出分析人员对应用系统的专门性建议和时间安排。

2.3.4 可行性分析报告

可行性分析的结果要用可行性分析报告的形式编写出来，这是整个系统分析工作的重要文件。可行性分析报告要尽量得到有关应用系统开发工作人员的一致认可，才可以进入对系统的详细调查阶段。另外，由于报告要让管理人员充分理解，因此报告用词要尽量简练流畅，避免使用专业化的词语，才可以付诸实施。可行性分析报告的主要内容包括：

①系统简述。

②系统的目标。

③可行性分析（技术、经济、管理、进度、操作）。

④所需资源、预算和期望效益。

⑤应用系统可行性的结论。

2.4 系统需求分析

系统需求分析是系统开发的准备工作，但是却是系统开发中最为关键的一步，需求分析的正确与否、完整与否直接关系到应用系统开发的质量和成果是否可以交付，因此我们认为需求分析是系统开发的"金钥匙"。所谓"需求分析"，是指对系统要解决的问题进行详细的分析，弄清楚问题的要求，包括需要输入什么数据，要得到什么结果，最后应输出什么。可以说，在应用系统开发中的"需求分析"就是确定要让应用系统"做什么"，要达到什么样的效果。

系统需求分析的任务是借助于当前待开发系统的系统元素，导出目标系统的逻辑模型（只描述系统要完成的功能和要处理的数据），解决目标系统"做什么"的问题，所要做的工作是深入描述系统的功能和性能，确定系统设计的边界和系统同其他系统元素的接口细节；定义系统的其他有效性需求，通过逐步细化对系统的要求描述系统要处理的数据。系统需求分析是面向对象的，因此，系统需求分析人员必须全面理解用户的各项要求，但不能全盘接受，只能接受合理的要求；对其中模糊的要求要进一步澄清，然后决定是否采纳；对于无法实现的要求要向用户作充分的解释。最后将系统的需求准确地表达出来，形成应用系统需求说明书。

2.4.1 系统需求的获取与分析

2.4.1.1 系统需求的层次

系统需求包括四个不同的层次：业务需求、用户需求、功能需求和非功能需求。

（1）业务需求

反映了组织机构或客户对系统和产品高层次的目标要求。

（2）用户需求

基于业务需求，描述了用户希望系统所必须完成的任务。

（3）功能需求

基于用户需求，定义了开发人员必须实现的系统功能。功能需求指系统需要完成的事情，即向用户提供的一些功能。

（4）性能需求

描述了系统所应具备的性能要求，比如可靠性、可扩展性、可移植性、安全性等。

2.4.1.2　系统需求的获取途径

系统需求的获取主要考虑应当收集什么信息，从何处收集，采用什么方法收集。需求来源主要有以下几个方面：同有潜在需要的用户进行讨论；当前主要产品的需求文档；当前系统的缺陷报告或增强性要求；市场调查和用户问卷调查；分析用户的工作内容和工作方式。

系统需求的具体获取路径如下：

（1）定义问题范围

因为系统分析人员可能不熟悉实际业务的流程，而用户又不了解技术实现的细节，这样容易造成系统目标在理解上的分歧，所以在需求获取阶段有必要先界定问题范围。

（2）完整理解需求问题

用户对应用系统的能力和限制缺乏了解，他们不知道系统作为一个整体怎样工作效率更好，也不太清楚哪些工作可以交给计算机完成，他们不知道如何以一种精确的方式来描述需求，他们需要开发人员的协助和指导。只有用户与开发人员相互沟通、不断协调，才能对需求问题进行完整理解。

（3）确认需求

随着时间的推移，需求往往会产生变动，所以开发人员必须有组织地进行需求分析阶段的各项活动，才能最后进行需求的确认。

2.4.1.3　系统需求的分析

系统需求的分析就是对来源于用户的信息加以区别和分类，以利于正确理解或表述用户的任务需求、功能需求、业务规则、质量属性、建议解决方法和附加信息。系统需求的分析主要是把用户的需求用模型表达出来，系统需求的分析主要完成以下工作：

①用图形描述系统的整体结构，包括系统的边界与接口。

②通过需求原型等向用户提供可视化界面，用户可以对需求做出自己的

评价。

2.4.2 系统需求分析过程

2.4.2.1 系统需求描述

系统需求描述就是根据系统需求的层次性，确定系统的范围和边界。系统的范围是指待开发系统的应用领域的目标、任务、规模以及系统提供的功能和服务。系统边界是指一个系统的所有元素与系统之外事务的分界线。在开始构建一个新的系统时，无论用户还是开发人员对系统的需求都很难说清楚。因此系统分析人员必须与客户进行反复多次的交流，做大量的调查、研究和论证工作，尽早确定系统的范围和边界，进而确定系统的功能和性能，清楚地回答出系统应该做什么，和哪些外部事务发生联系。

2.4.2.2 发现和确定角色

角色指的是在系统外部与系统交互的人或其他事物，如其他系统、硬件设备、时钟等。角色在执行用例时与系统之间有信息的交流，角色向系统发送出消息，并接受系统传递的消息。角色是一个抽象的概念，不一定直接对应到具体某一个人，同一个人可以在不同的时间充当不同的角色，因此他所具备的权限和能使用的功能会有所不同。

当系统的范围确定并明确了系统的边界以后，就要从系统的角度寻找与系统进行信息交互的角色。可以从以下几个方面来发现和确定系统的角色：

①系统主要使用者：谁使用系统的主要功能？谁需要系统支持他们的日常工作？

②系统辅助使用者：谁来维护、管理系统使其能正常工作？

③系统信息提供者：谁为系统提供信息？

④相交互的外部系统：系统需要控制哪些硬件？系统需要与其他哪些外部系统交互？

2.4.2.3 发现和确定用例

用例是系统的一种行为，它为角色产生一定有价值的结果。用例描述角色希望系统完成的事情。用例应该是一个完整的任务，所有的用例描述是从角色看到的系统全部功能。我们可以通过与每个角色交流来发现和确定可能的用例：

①角色希望系统能提供什么功能？

②角色要创建、读取、更新或删除什么信息？

③系统通知角色什么信息？

④系统需要从角色那里得到什么信息？

⑤对系统的维护、管理等。

⑥与系统交互的外部系统。

2.4.2.4　绘制用例图及进行用例描述

（1）用例描述的主要内容

根据确定的角色和用例，画出用例图，然后进行用例的描述。用例描述的是一个系统"做什么"，而不是说明其"怎么做"，通常用足够清晰的、用户容易理解的文字来描述。用例描述内容主要包括以下几个方面：

①用例名称

②简要描述

对用例的角色、目的的简要描述。描述要简明扼要，但要包括角色使用这个用例要达到的结果。

③前置条件

表示执行用例之前系统必须要处于的状态，或者要满足的条件，如前置条件可能是另一个用例已经执行或用户具有运行当前用例的权限。并不是所有用例都有前置条件。

④后置条件

表示用例一旦执行后系统所处的状态，如一个用例运行后需要执行另外一个用例，可在后置条件中说明这一点。并不是所有用例都有后置条件。

⑤基本事件流

描述该用例的基本流程，指每个流程都正常运作时所发生的事情。

（2）用例图的基本图例

用例图的基本元素包括用例、参与者、通信、扩展和使用。具体的符号表示如图 2-2 所示。

图 2-2　用例图的基本图例

①用例

用椭圆表示，每个用例代表一个功能。用例的名称写在椭圆中间。

②参与者

用线条化的人形表示。参与者即为角色，在系统中某个角色操作某项功能，在具体执行时，角色被分配到具体的某个人去执行。

③通信

定义参与者(角色)以何种方式参与到用例中，从而建立起参与者与用例之间的联系。

④扩展

表示用例和用例之间的关系，扩展关系描述一个用例扩展使用另外一个用例。

⑤使用

表示用例和用例之间的关系，说明某一个用例使用另外一个用例指定的行为。

2.4.3 系统需求分析举例

下面以学籍管理系统为例来说明系统需求分析过程。

（1）系统需求描述

①系统基本要求

对登录系统的操作人员要有所区分，有根据学校规定限定权限的人员，如学生的档案管理、班级管理、学费管理、成绩管理、登录人员管理五个部分各有指定的人员；有具备全部权限的管理员；还有只能进行查询的操作人员等。

②学生档案管理

学生档案管理包括学生档案的建立、修改、查询等内容，即对学生档案可以进行录入、查询、修改、删除及打印操作。

③班级管理

班级管理包括班级的设置、修改、查询等，包括对班级的档案可以进行录入、查询、修改、删除及打印操作。支持打印班级设置信息，要求可以打印单个或多个班级的信息，也可以连续打印全部班级的信息。

④交费管理

交费管理主要是用来管理学费的信息，可以根据年级、年制、专业、学期不同来设置收费类型和收费标准。应对学期、班级、学号等进行提示，允许学生不按标准交费，并能根据实际交费计算出当期欠费，同时查询出以往欠费和累计欠费金额。交费情况可以查询或打印，查询时要求能对学期的交费详细情况和学生的历史交费情况进行分别查询，打印时要求可以对单个或全部学生的交费信息进行打印。

⑤课程管理

课程管理主要是设置课程的名称和使用的教材，能够进行增加、删除和修改。针对不同年级、不同专业年制、不同学期对各班级开设的课程进行设置，允许增加或减少课程。

⑥成绩管理

成绩管理要求能够设定期中、期末、平时等考试类型，可以增加、修改或删除。学生成绩的录入要有学期、班级、学号等提示，根据课程设置情况能对所有课程的成绩同时录入；支持按年级、班级、学期和考试类型进行学生成绩查询，查询时能够自动计算总分和平均分。

（2）发现和确定角色

在学籍管理系统中，根据操作权限的不同，可以将角色确定为授权人员、一般人员（只读操作）和系统管理员三类操作人员；而授权人员又可以细分为登录用户管理人员、课程与成绩管理人员、班级及学生档案管理人员、收费人员四种权限类型操作人员，由于系统要求有打印功能，因此打印机也可以作为一个角色来处理。

（3）发现和确定用例

根据功能要求，可以初步确定学籍管理系统中的用例大致包括：系统管理、档案管理、课程管理、班级管理、交费管理和成绩管理。

（4）改进和细化用例

对以上用例功能进行进一步的细分，可以完善系统的需求分析，细化系统管理的步骤。例如对档案管理进行细分，包括入学登记，删除、修改档案信息，查询档案信息，打印档案信息等内容。

（5）绘制用例图及进行用例描述

用例由角色初始化，此后用例描述了一系列由角色初始化而导致的有关交互操作，所以可以讲，用例图描述了一个完整的贯穿系统的业务流程。在学籍管理系统中，角色通过登录系统使用系统中的所有功能，如图 2-3 所示的是学籍管理系统的主用例图，该图可以简略地描述出整个系统的业务流程。

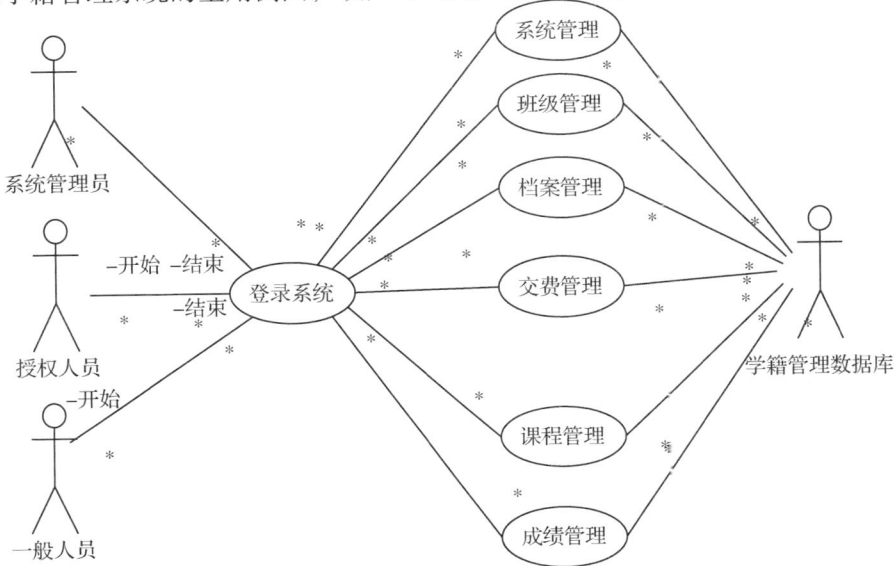

图 2-3 学生学籍管理系统主用例图

以删除档案信息为例，用例描述如下：

用例名称：删除档案信息。

简要描述：显示要删除的档案信息，提示与档案信息有关的收费信息、成绩信息、选课信息将全部被删除，做删除处理，更新数据库中的数据表。

前置条件：执行用例前，操作员已经登录系统，且具备档案管理权限。

后置条件：用例执行成功后，操作员可以删除与档案信息有关的收费信息、成绩信息、选课信息。否则，系统状态不变。

基本事件流：

①显示要删除的档案信息。

②确认删除档案信息。

③提示与档案信息有关的收费信息、成绩信息、选课信息将全部被删除。

④再次确定删除档案信息。

⑤做删除处理，更新数据库中的数据表。

⑥显示删除档案信息成功。

备选事件流：检索要删除的档案信息是否存在，如不存在由操作员确定继续检索还是退出用例。

2.4.4 系统需求分析说明书

应用系统需求分析说明书是系统设计人员和系统开发人员进行设计和开发的最初和最根本的依据，该说明书是在系统开发过程中唯一和用户交流，得到用户确认的技术文档，对于应用系统的开发有着重要的意义。因此，应用系统需求分析说明书主要包含以下内容：

①系统概述（名称，背景，开发目标等）。

②系统业务需求（系统约束条件，业务范围）。

③系统用户需求（角色、权限分配）。

④系统功能需求（功能用例分析）。

⑤系统性能需求。

⑥系统质量要求。

2.5 系统结构化分析

农业应用系统具体的开发工作实际上从系统结构化分析开始的。结构化分析的主要任务是对每个子系统进行详细的分析，然后制定每个子系统的逻辑结构。在对每个子系统进行分析时，要求系统分析人员首先详细了解每个功能需求的业务过程和业务活动的工作流程；了解每个业务流程的信息和数据处理流程。然后根据用户的需求，运用系统开发的理论和方法，确定系统应有的逻辑功能，再用适当的方法表达出来，形成这个系统的逻辑方案，这个方案不仅要能充分反映用户的信息需求，和用户取得一致的意见，而且还要能够使系统设计人员和程序员由此设计、开发出一个农业应用系统。

2.5.1　系统业务流程分析

2.5.1.1　组织结构调查

应用系统中的信息流动是以组织结构为基础的。因为各部门之间存在着各种信息和物质的交换关系，只有理顺了各种组织关系，才能使系统分析工作找到头绪，有了调查问题的突破口，才能按照系统工程的方法自顶向下地进行分析。要建立农业应用系统，就必须知道现行系统的组织机构设置情况和它们之间的隶属关系。

组织结构指的是一个组织（部门、企业、车间、科室等）的组成以及这些组成部分之间的隶属关系或管理与被管理的关系，通常可用组织结构图来表示。用矩形框表示组织机构，用直线表示领导关系。

在进行组织结构调查分析过程中，要着重理清以下几组关系：组织内部的部门划分；各部门之间的领导与被领导关系；信息资料的传递关系；部门之间的物资流动关系。

2.5.1.2　功能结构调查

组织功能指的是完成某项工作的能力。为了实现系统目标，系统必须具有各种功能。各子系统功能的完成，又依赖于下面更具体的工作的完成。应用系统功能的调查是要确定系统的这种功能结构。系统的各子系统可以看做是系统目标下层的功能。对其中每项功能还可以继续分解为第三层、第四层、第五层……甚至更多的功能，从概念上讲，上层功能包括（或控制）下层功能，愈上层功能愈笼统，愈下层功能愈具体。功能分解的过程就是一个由抽象到具体、由复杂到简单的过程。

功能结构图（图 2-4）是最常用的功能结构描述工具，它是一个完全以业务

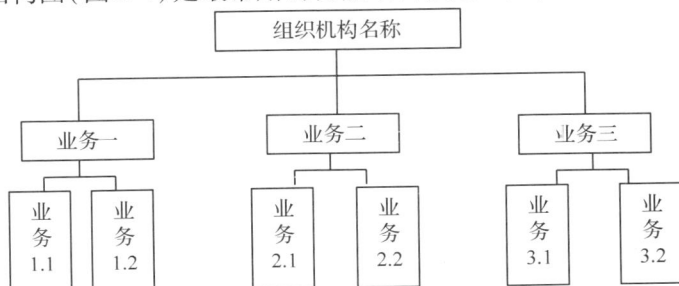

图 2-4　系统业务结构图

功能为主体的树型表，其目的在于描述组织内部各部分的业务和功能。功能模块的大小可以根据具体情况确定。图中每一个框称为一个功能模块。

2.5.1.3 业务流程调查

在对系统的组织结构和功能进行分析时，需从一个实际业务过程的角度将系统调查中有关该业务处理过程的资料都串起来，对每一个业务流程中的业务活动作进一步的分析，把具体的管理活动的处理过程以流程图的方式绘制出来，为今后分析业务功能与数据间的关系、设计程序模块提供主要依据。

（1）业务流程图的概念和基本用例

业务流程图，就是用一些规定的符号及连线来表示某个具体业务处理过程。业务流程图的绘制基本上按照业务的实际处理步骤和过程绘制。用图形方式表示职能域之间的流程关系，形成的业务流程图称为一级业务流程图；根据应用系统总体逻辑结构表达业务过程之间的流程关系形成的流程图称为二级流程图；依此类推，业务流程图是在逐级深入地描述企业或者组织的内部业务细节。换句话说，就是一"本"用图形方式来反映实际业务处理过程的"流水账"。绘制出这本"流水账"对于开发者理顺和优化业务过程是很有帮助的。

业务流程图可以用六种基本图形符号加以表示，符号的内部解释则可直接用文字标于图内。这六种符号所代表的内容与信息系统最基本的处理功能一一对应。如图2-5所示，圆表示业务处理单位；方框表示业务处理功能描述；报表符号表示输出信息（报表、报告、文件、图形等）；不封口的方框表示数据/文件存档；卡片符号表示收集统计数据；矢量连线表示信息传递过程。

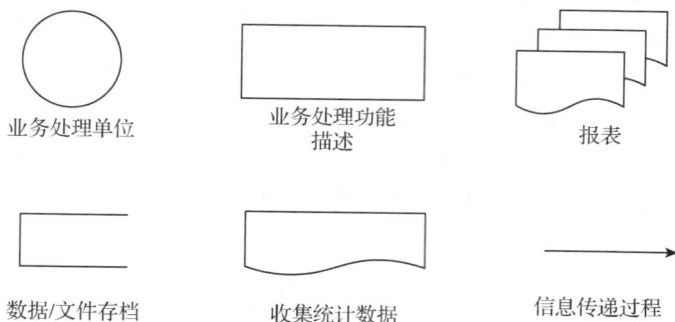

图中符号标注：
- 业务处理单位
- 业务处理功能描述
- 报表
- 数据/文件存档
- 收集统计数据
- 信息传递过程

图 2-5 业务流程图常用的图形符号

（2）业务流程图绘制范例

绘制业务流程图可以使用 Visio 工具，采用自顶而下的方式，首先绘制高层管理的业务流程图，然后再对每个功能描述部分进行分解，画出详细的业务流程图。某企业的订货业务流程图的绘制范例如图2-6所示。

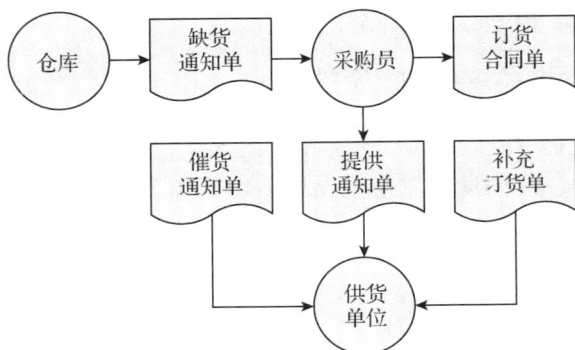

图 2-6　某企业的订货业务流程图

（3）业务流程图的检验

调查的业务流程务必经过检验和确认，才能保证后续开发工作的质量。因此，在绘制完成业务流程图时，需要首先进行业务流程正确性的检验。流程检验包括对图形本身的检验和对流程图所描述内容的检验。

①业务流程图的内部检验

检验所有功能、文档、存储数据、人员的命名是否规范和正确。

检查每张业务流程图，确认是否存在这样的问题：没有输入或者输出的文档符号或数据存储符号。如果存在，则意味着完成这项功能不需要输入条件，或者不产生任何结果，基本上说明业务流程描述有一定的缺陷，但也不排除在现实当中确实存在这种现象，因此需要做补充调查。

检查每项功能的输入和输出是否有来源或者去向，如果缺少来源或者去向，需要做补充调查并完善。

检查每项功能是否都有完成者或参与者，如果没有，则说明调查中存在疏漏，也需要进行补充调查后完善。

检查功能之间是否仅使用流向符号连接在一起，如果存在，说明遗漏了功能之间的传递内容。

检查文档和文档之间、存储数据与存储数据之间、文档和存储数据之间是否仅使用流向符号连接在一起，如果存在，说明遗漏了完成转换的功能。

②业务流程图之间相关性检验

检查所有业务流程图中的存储数据符号，观察是否存在所有功能都需要使用某个存储数据，而没有一个功能产生这个存储数据，如果存在这种现象，则说明遗漏了产生存储数据的功能。

③完整性、正确性检验

完整性检验，主要是对照相关的资料，检查是否存在被遗漏的功能。正确性检验，主要是检查功能之间的顺序关系，这种顺序关系说明了各项功能之间的前因后果，因此必须是正确的。

2.5.2 系统数据流程分析

业务分析过程中绘制的业务流程图虽然形象地表达了应用系统中信息的流动和存储过程，但仍没有完全脱离一些物质要素。为了用计算机进行信息管理，还必须进一步舍去物质要素，收集有关资料，绘制出原系统的数据流程图，为下一步分析做好准备。

2.5.2.1 数据流程调查的内容

①收集应用系统中全部输入单据、输出报表和数据存储介质的典型格式。

②弄清各环节上的处理方法和计算方法。

③在上述各种单据、报表、账册的典型样品上或用附页注明制作单位、报送单位、存放地点，发生频度、发生的高峰时间及发生量等。

④在上述各种单据、报表、账册的典型样品上注明各项数据的类型长度、取值范围。

2.5.2.2 系统数据的来源

农业应用系统所涉及的数据可从以下途径调查得到：

①现行组织机构。

②现行各系统或部门的业务流程。

③计算机文件(或数据库)系统的数据组织结构。

④上级下达的各种文件和各项任务指标。

⑤与本单位有关的其他单位的有关信息。

⑥其他各种报表、报告、图表。

2.5.2.3 数据流程图

数据流程图描述用来数据流动、存储、处理的逻辑关系，一般用 DFD 表示。

(1)数据流程图的基本成分

绘制数据流程图要用到四个基本符号(如图 2-7 所示)，即外部实体、数据处理、数据流和数据存储。

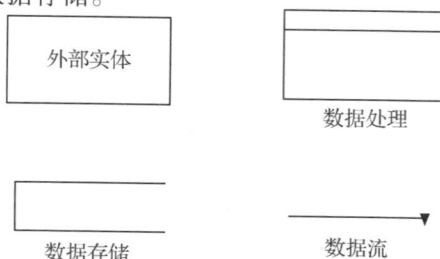

图 2-7 数据流图的组成要素

①外部实体

指系统以外又与系统有联系的人或事物。它表达该系统数据的外部处。外部实体也可以是另外一个信息系统。一般用矩形来表示外部实体，在矩形内写上这个外部实体的名称。为了区分不同的外部实体，可以在矩形的左上角用一个字符表示。在数据流程图中，为了减少线条的交叉，同一个外部实体可在一张数据流程图中出现多次，这时在该外部实体符号的右下角画小斜线，表示重复。若重复的外部实体有多个，则相同的外部实体画数目相同的小斜线。

②数据处理

指对数据的逻辑处理，也就是数据的变换。在数据流程图中，内部用横线分为两个部分的长方形表示处理。标志部分用来表明一个功能，一般用字符串表示，如 P1、P1.1 等。功能描述部分是必不可少的，它直接表达这个处理的逻辑功能。一般用一个动词加一个作动词宾语的名词表示。

③数据流

指处理功能的输入或输出，用一个水平箭头或垂直箭头表示。箭头指出数据的流动方向。数据流可以是信件、票据，也可以是电话等。一般说来，对每个数据流要加以简单的描述，使用户和系统设计员能够理解一个数据流的含义。对数据流的描述写在箭头的上方，一些含义十分明确的数据流，也可以不加说明。

④数据存储

表示数据保存的地方。这里"地方"并不是指保存数据的物理地点或物理介质，而是指数据存储的逻辑描述。在数据流程图中，数据存储用右边开口的长方条表示。在长方条内写上数据存储的名字。名字也要恰当，以便用户理解。为了区别和引用方便，再加一个标志，由字母 D 和数字组成。为清楚起见，用竖线表示同一数据存储在图上不同地方的出现。指向数据存储的箭头，表示送数据到数据存储(存放、改写等)；从数据存储发出的箭头，表示从数据存储读取数据。

(2)数据流程图的画法

①基本数据流程图

系统分析的根本目的是分析出合理的信息流动、处理、存储的过程。数据流程分析有许多方法，如 HIPO(Hierarchical Input Process Output)法和结构化方法等。基本思想是一样的，即把一个系统看成一个整体功能，明确信息的输入与输出，系统为了实现这个功能，内部必然有信息的处理、传递、存储过程。这些处理又可以分别看做整体功能，其内部又有信息的处理、传递、存储过程。如此一级一级地剖析，直到所有处理步骤都很具体为止。

具体做法是：按业务流程图理出的业务流程顺序，将相应调查过程中所掌握的数据处理过程绘制成一套完整的数据流程图，一边整理绘图，一边核对相应的数据和报表、模型等。

②数据流程图的分层

由于涉及一个复杂系统时，系统数据流程非常复杂，需要逐层分解才能清楚表达系统的数据流动，所以数据流程图是分层次的，绘制时采取自顶向下逐层分解的办法。数据流程图的画法为：

首先画出顶层（第一层）数据流程图。顶层数据流程图只有一张，说明了系统的总的处理功能、输入和输出。

下一步是对顶层数据流程图中的"处理"进行分解，第二张图是第一层中的处理被分解后的第二层数据流程图中的一个。

数据流程图分多少层次应根据实际情况而定，对于一个复杂的大系统，有时可分至七八层之多。为了提高规范化程度，有必要对图中各个元素加以编号。通常在编号之首冠以字母，用以表示不同的元素，可以用 P 表示处理，D 表示数据流，F 表示数据存储，S 表示外部实体。例如，P3.1.2 表示第三子系统第一层图的第二个处理。

（3）画数据流程图的注意事项

关于层次的划分。最上层的数据流程图相当概括地反映出应用系统最主要的逻辑功能、最主要的外部实体和数据存储。

逐层扩展数据流程图，是对上一层图（父图）中某些处理框加以分解。随着处理的分解，功能越来越具体，数据存储、数据流越来越多。必须注意，下层图（子图）是上层图中某个处理框的放大。因此，凡是与这个处理框有关系的外部实体、数据流、数据存储必须在下层图中反映出来。下层图上用虚线长方框表示所放大的处理框，属于这个处理内部用到的数据存储画在虚线框内，属于其他框也要用到的数据存储，则画在虚线框之外或跨在虚线框上。流入或流出虚线框的数据流，若在上层图中没出现，则在与虚线交叉处用"X"表示。

逐层扩展的目的，是把一个复杂的功能逐步分解为若干较为简单的功能。逐层扩展不应肢解和蚕食，使系统失去原来的面貌，而应保持系统的完整性和一致性。究竟怎样划分层次，划分到什么程度，没有绝对的标准，但一般认为：

①展开的层次与管理层次一致，当然也可以划分得更细。处理块的分解要自然，注意功能的完整性。

②一个处理框经过展开，一般以分解为 4～10 个处理框为宜。

（4）检查数据流程图的正确性

通常可以从以下几个方面检查数据流程图的正确性：

①数据守恒，或称为输入数据与输出数据匹配。数据不守恒有两种情况：一种是某个处理过程用以产生输出的数据，没有输入给这个处理过程，这肯定是遗漏了某些数据流；另一种是某些输入在处理过程中没有被使用，这不一定是一个错误，但产生这种情况的原因以及是否可以简化值得研究。

②在一套数据流程图中的任何一个数据存储，必定有流入的数据流和流出的数据流，即写文件和读文件，缺少任何一项都意味着遗漏某些加工。

画数据流程图时，应注意处理框与数据存储之间数据流的方向。一个处理过程要读文件，数据流的箭头应指向处理框，若是写文件则箭头指向数据存储。修改文件要先读后写，但本质上是写，箭头也指向数据存储。若除修改之外，为了其他目的还要读文件，此时箭头画成双向的。

③父图中某一处理框的输入、输出数据流必须出现在相应的子图中，否则就会出现父图与子图的不平衡。这是一种比较常见的错误，而不平衡的分层会使人无法理解。因此，特别应注意检查父图与子图的平衡，尤其是在对子图进行某些修改之后。父图的某框扩展时，在子图中用虚线框表示，有利于这种检查。

④任何一个数据流至少有一端是处理框。换言之，数据流不能从外部实体直接到数据存储，不能从数据存储到外部实体，也不能在外部实体之间或数据存储之间流动。

(5)数据流程图的作用

①系统分析员用这种工具自顶向下分析系统信息流程。

②可在图上画出计算机处理的部分。

③根据逻辑存储，进一步作数据分析，可向数据库设计过渡。

④根据数据流向，定出存取方式。

⑤对应一个处理过程，可用相应的程序语言来表达处理方法，向程序设计过渡。

2.5.3　编写数据字典

数据字典是一种用户可以访问的记录数据库和应用程序元数据的目录。数据字典是描述数据的信息的集合，是对系统中所有使月数据元素的定义的集合。数据字典是在新系统数据流程图的基础上，进一步定义和描述所有数据的工具，包括对一切动态数据(数据流)和静态数据(数据存储)的数据结构和相互关系的说明，是数据分析和数据管理的重要工具，是系统设计阶段进行数据库(文件)设计的参考依据。

数据字典的内容主要是对数据流程图中的数据项、数据结构、数据流、处理逻辑、数据存储和外部实体六个方面进行具体的定义。数据流程图配以数据字典，就可以从图形和文字两个方面对系统的逻辑模型进行完整的描述。

（1）数据项的定义

数据项又称数据元素，是数据的最小单位。分析数据特性应从静态和动态两个方面去进行。在数据字典中，仅定义数据的静态特性，具体包括：

①数据项的名称、编号、别名和简述。

②数据项的长度。

③数据项的取值范围。例如：

- 数据项编号：1D201
- 数据项名称：材料编号
- 别名：材料编码
- 简述：某种材料的代码
- 类型及宽度：字符型，4 位
- 取值范围："0001"~"9999"

（2）数据结构的定义

数据结构描述某些数据项之间的关系。一个数据结构可以由若干个数据项组成，也可以由若干个数据结构组成，还可以由若干个数据项和数据结构组成。数据字典中对数据结构的定义包括以下内容：

①数据结构的名称和编号。

②简述。

③数据结构的组成。如果是一个简单的数据结构，只要列出它所包含的数据项。例如：

- 数据结构编号：DS03－01
- 数据结构名称：用户订货单
- 简述：用户所填用户情况及订货要求等信息
- 数据结构组成：DS03－02＋DS03－03＋DS03－04

（3）数据流的定义

数据流由一个或一组固定的数据项组成。定义数据流时，不仅要说明数据流的名称、组成等，还应指明它的来源、去向和数据流量等。例如：

- 数据流编号：F03－08
- 数据流名称：领料单
- 简述：车间开出的领料单数据流来源为车间
- 数据流去向：发料处理模块
- 数据流组成：材料编号＋材料名称＋领用数量＋日期＋领用单位
- 数据流量：10 份/时
- 高峰流量：20 份/时（上午 9：00~11：00）

（4）处理逻辑的定义

处理逻辑的定义仅对数据流程图中最底层的处理逻辑加以说明。例如：

- 处理逻辑编号：P02 – 03
- 处理逻辑名称：计算电费
- 简述：计算应交纳的电费
- 输入的数据流：数据流电费价格，来源于数据存储文件价格表；数据流电量和用户类别，来源于处理逻辑"读电表数字处理"和数据存储"用户文件"
- 处理：根据数据流"用电量"和"用户信息"，检索用户文件，确定该用户类别；再根据已确定的用户类别，检索数据存储价格表文件，以确定该用户的收费标准，得到单价；用单价和用电量相乘得该用户应交纳的电费
- 输出的数据流：数据流"电费"一是输出到外部项用户，二是写入数据存储用户电费账目文件
- 处理频率：对每个用户每月处理一次

（5）数据存储的定义

数据存储在数据字典中只描述数据的逻辑存储结构，而不涉及它的物理组织。例如：

- 数据存储编号：F03 – 08
- 数据存储名称：库存账
- 简述：存放配件的库存量和单价
- 数据存储组成：配件编号 + 配件名称 + 单价 + 库存量 + 备注
- 关键字：配件编号

（6）外部实体的定义

- 外部实体定义包括：外部实体编号、名称、简述及有关数据流的输入和输出。例如：
- 外部实体编号：S03 – 01
- 外部实体名称：用户
- 简述：购置本单位配件的用户
- 输入的数据流：D03 – 06，D03 – 08
- 输出的数据流：D03 – 01

2.5.4　结构化分析工具——Visio 图表

Visio 是由 Microsoft 推出的一种配有一整套范围广泛的模板、形状和先进工具的绘图环境，利用 Visio 可以轻松自如地创建各式各样的业务图表和技术图表。Microsoft Office Visio 2007 提供的模板、形状和绘图工具可用于创建有

效的业务图表和技术图表来分析业务流程、安排项目日程、形象地表达思维过程以及绘制组织结构图、数据流程图。

Visio 是专业的建模软件，它包含了 UML 建模所需的符号。使用 Visio 创建的图表能够将信息形象化，并能够以清楚简明的方式有效地交流信息，这是只使用文字和数字所无法实现的。Visio 还可通过与数据源直接同步自动形象化数据，以提供最新的图表；还可以对 Visio 进行自定义，以满足组织的需要。

绘制一份 Visio 图表的基本程序一般遵循如下过程：

①使用某种类型模板开始创建图表。

②利用拖放技巧从样板(模板)中拖曳图件置于绘图页面。

③将产生的图件连接起来。

④在图表中加注文字说明。

⑤设置图表中形状的格式美化图表。

⑥保存和打印图表。

2.5.4.1 认识 Visio 环境

在 Visio 环境下通过打开一个模板来开始创建 Microsoft office Visio 图表。初次运行 Visio，可以看到如图 2-8 所示工作环境，通过单击某一类别的模板，查看具体的模板的缩略图，选择某一具体模板后，在绘图页的左侧打开一个或多个模具。模具包含创建图表所需的形状。例如，打开流程图模板时，它打开一个绘图页和包含流程图形状的模具(如图 2-9 所示)。模板还包含用于创建流程图的工具(例如为形状编号的工具)以及适当的样式(例如箭头)。

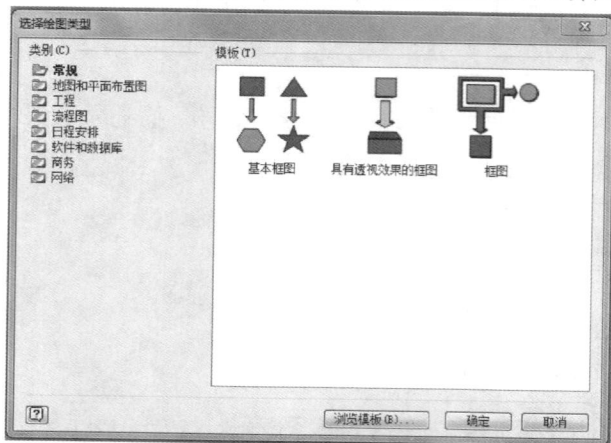

图 2-8　Visio 工作环境初始页面

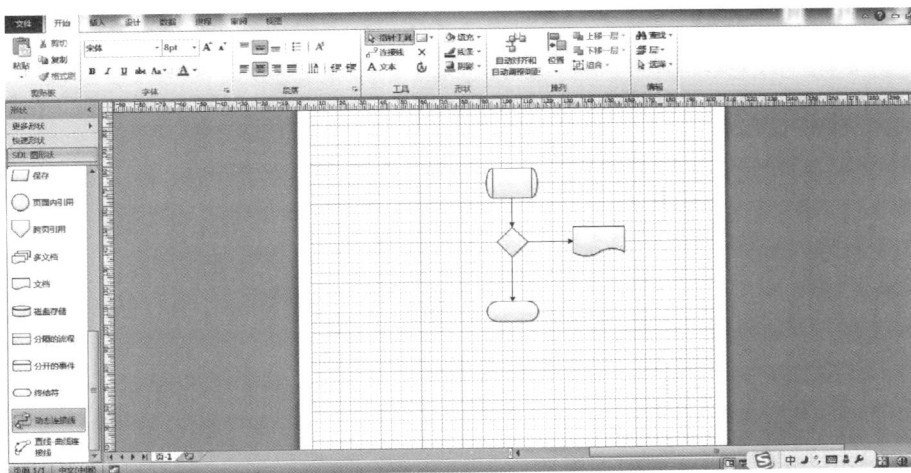

图 2-9　Visio 绘图环境

Visio 绘图环境包括菜单、工具栏、包含形状的模具、绘图页和位于绘图页右侧的任务窗格。绘图页用于创建绘图，所创建的绘图表示打印页面，并包含帮助调整形状位置的网格。使用任务窗格可以在工作或与其他小组成员协作时快速访问各种类型的信息。Visio 菜单和工具栏与其他 Microsoft Office 系统程序中的菜单和工具栏类似，可以用来打开、打印和保存图表。

2.5.4.2　Visio 的文件格式

Visio 的文件格式主要有下列三种：

①绘图文件(＊.vsd)：用来储存绘制好的图表，可以包含多个绘图页面及所使用的样板。

②样板档(＊.vss)：用来储存各种图件的文件格式。

③范本文件(＊.vst)：可以将绘图档与开启的样板一起储存，并事先做好环境设定。

2.5.4.3　Visio 的基本操作

(1)放大和缩小绘图页

要放大图表中的形状，请单击"指针"工具，然后在按下 Ctrl + Shift 键的同时拖动形状周围的选择矩形，指针将变为一个放大工具，表示您的 Microsoft Office Visio 已可以放大形状。要缩小图表以查看整个图表外观，请将绘图页在窗口中居中，然后按 Ctrl + W 组合键。

(2)移动形状

移动一个形状只需单击任意形状选择它，然后将它拖到新的位置。指针下将显示一个四向箭头，表示可以移动此形状。可以在按下 Shift 键的同时单击各个形状，选中多个形状进行移动。

（3）调整形状的大小

可以通过拖动形状的角、边或底部选择手柄来调整形状的大小。当指针变成一个双向箭头，表示可以调整该形状的大小。将选择手柄向里拖动可减小形状。

（4）添加文本

向形状添加文本只需单击某个形状然后键入文本，Visio 会放大该文本以便查看，单击绘图页的空白区域或按 Esc 键便可退出文本模式。Visio 还可以向绘图页添加与任何形状无关的文本，称为独立文本或文本块。实际上，独立文本就像一个没有边框或颜色的形状。独立文本可以像任何形状那样只需拖动即可进行移动。例如，给页面添加标题只需在工具栏中单击"文本"工具"A"，然后只单击页面顶部，即可键入标题文字。

（5）连接形状

各种图表（如流程图、组织结构图、框图和网络图）都有一个共同点：连接。在 Visio 中，通过线条工具和连接线工具都可以创建连接，使用"连接线"工具连接两个形状时，连接线会在移动其中一个相连形状时自动重排或弯曲。使用"线条"工具连接形状时，连接线不会重排。

（6）保存图表

完成图表的创建后，可以如同保存在任何 Microsoft Office 系统程序中创建的文件那样来保存图表。只需在"文件"菜单上单击"另存为"，在弹出的"文件名"框中输入文件名，然后单击"保存"即可。

打印图表之前，可以在"文件"菜单上单击"打印预览"，预览它以确保打印正确。在"打印预览"窗口中，灰色边界指示绘图页边距和打印页面的边缘。与此边界重叠的形状将不能完整打印。可以移动形状，也可以调整绘图页设置或打印机设置，例如方向、尺寸或边距（要调整页面设置或打印机设置，请在"文件"菜单上单击"页面设置"）。调整满意之后可以在"文件"菜单上单击"打印"进行打印。

2.5.5 系统结构化分析报告

经过调查分析，已在当前应用系统功能的基础上，提出了目标系统的逻辑模型。完成了这些工作，系统分析的任务就全部结束。但是，还应该写一份系统化分析报告，即系统说明书。系统说明书是系统分析阶段的产物，它将作为系统设计和系统实现的主要依据。作为系统分析阶段的技术文档，系统化分析报告通常包括以下内容：

①系统概况（系统名称，目标，背景，主要功能）。

②系统主要工作内容。

③现行系统的调查情况(组织机构、业务流程)。

④系统的逻辑模型(数据流图、数据字典)。

⑤系统的进一步工作计划。

2.6　系统设计

系统设计是应用系统开发工作中一个承上启下的阶段,它根据系统分析阶段得到的系统逻辑模型设计出作为系统实现阶段所需要的"图纸",即系统逻辑模型的所有细节。因此,系统设计阶段的主要任务就是依据这些文档资料,将逻辑模型落到实处,成为计算机可以接受的物理模型。系统设计的目的是在保证实现逻辑模型功能的基础上,尽可能提高目标系统的简单性、可变性、一致性、完整性、可靠性、经济性、系统的运行效率和安全性。

根据系统设计的内容,系统的设计一般分为两个阶段:总体设计阶段和详细设计阶段。总体设计阶段决定系统的模块结构,而详细设计阶段是具体考虑每一模块内部采用什么算法。具体来说,在总体设计阶段,根据系统分析的成果进行系统总体结构设计,包括网络结构设计、硬件结构设计、软件结构设计、数据库存储和处理方式设计等。详细设计阶段包括具体的代码设计、输入输出设计、信息分类和数据库设计、功能模块设计。详细设计实际上是对总体设计的结果进行进一步细化。

2.6.1　系统总体功能结构设计

系统总体功能结构设计是面向系统全局进行设计的,主要包括模块化结构设计和功能架构设计,在设计的过程中要把握结构化的设计思想。

一是系统性。就是在功能结构设计时,全面考虑各方面情况。不仅考虑重要的部分,也要兼顾考虑次重要的部分;不仅考虑当前急待开发的部分,也要兼顾考虑今后扩展部分。

二是自顶向下分解步骤。将系统分解为若干子系统,各子系统功能总和为上层系统的总的功能,再将子系统分解为功能模块,下层功能模块实现上层模块的功能。这种从上往下进行功能分层的过程就是由抽象到具体,由复杂到简单的过程。这种步骤从上层看,容易把握整个系统的功能不会遗漏,也不会冗余,从下层看各功能容易具体实现。

三是层次性。上面的分解是按层分解的,同一个层次是同样由抽象到具体的程度。各层具有可比性。如果有某层次各部分抽象程度相差太大,那极可能是划分不合理造成的。

2.6.2 计算机系统配置方案

农业应用系统的系统配置主要是涉及在系统开发中的技术路线的设计。包括系统体系结构设计、系统功能架构设计、关键技术的选择与确定、数据管理策略的选择以及开发平台的选择等。

（1）系统的体系结构设计

应用系统的体系结构可以是 C/S 结构，也可以是 B/S 结构，还可以是 C/S 和 B/S 相结合的体系结构。关于 B/S 结构和 C/S 结构的特点及优点在第一章中已经介绍。因此，在进行系统体系结构规划时，可以结合数据分布规则，选择其中一种体系机构进行设计。

（2）系统功能架构设计

应用系统功能架构部分一般采用多层架构，多层架构是在 MVC 框架概念上发展而来的，目前已成为最适合开发 C/S 程序和 B/S 程序的模板，广泛应用于工具软件中。MVC 把系统的组成分解成为模型、视图、控制器三个核心组件。

①模型

包含了核心应用程序功能，它封装了应用程序的数据结构和功能，集中体现了应用程序的状态。

②视图

是模块的外观，应用程序的外在表现，它可以访问模型的数据，但不能改变这些数据，视图不了解模型和控制的情况，当模型发生改变时，视图会得到通知，因此界面的开发人员不需要了解或关心数据库发生了什么事情，或者功能组件进行了什么操作，只专注于界面制作技术就可以了。

③控制器

是对用户的输入做出反应并且将模型和视图联系在一起，它创建并设置模块。

以 Java 平台为例，使用 MVC 框架开发 B/S 结构的应用程序中，通常采用 JavaBean 作为模型设计与开发的基础，视图则可以利用 JSP 来开发，客户端使用 HTML 来实现，控制器则通常使用 Servlet，它调用 JavaBean，并且负责选择正确的 JSP 页来创建和显示动态内容。模型、视图与控制器的分离，使得一个模型可以具有多个显示视图。如果用户通过某个视图的控制器改变了模型的数据，所有其他依赖于这些数据的视图都应反映这些变化。因此，无论何时发生了何种数据变化，控制器都会将变化通知所有的视图，导致显示的更新。MVC 框架结构具有设计清晰、易于扩展、运用可分布的特点。对于开发人员来讲，由于 MVC 分离了模式中的数据控制和数据表现，可以分清开发者的责任，后台开发人员可以专注于业务的处理，前台开发人员专注于用户交互的界面，从而加快应用系统开发进程，缩短把产品推向市场的时间。

以 . NET 平台为例，使用 MVC 框架开发 C/S 结构的应用程序中，用户可以方便地利用 . NET 开发环境中已经定义和封装好的大量视图类，这些类集中于 System. Windows. Forms 命名空间中，用户只需利用可视化工具进行简单设计和部署，就可以生成标准的 Windows 应用程序界面。大多数情况下应用程序的控制器被放入称作"Windows 窗体"的程序模块中，其代码主要以事件响应的形式实现对视图的控制。将控制器和视图很好地分离出去的结果是设计人员可以将更多的注意力集中在模型上，从而可以大大提高开发者的工作效率。

应用系统功能框架结构的选择是系统规划中需要考虑的问题，可以选择基于 Java 开发平台或者是基于 . NET 开发平台上的多层框架结构及其相关的组件产品等，以此作为农业应用系统开发的基础。

（3）关键技术的选择与确定

总体框架设计除了要进行体系结构、框架结构的选型外，还要围绕输入方式和输出方式及功能实现等方面的关键技术进行规划。如条码技术、射频卡技术、GPS 定位技术等信息采集技术；页面免刷新的 Ajax 技术；有效整合各个子系统功能的 SOA 技术等。在应用系统规划时，务必要根据实际情况，选择关键技术并为之设计相应接口。

（4）数据管理策略

数据字典的建立和维护工作实际上贯穿于整个应用系统的开发过程，随着开发工作的深入要对数据字典进行不断的补充和修正，为此在规划中除了要做好数据字典的定义外，还要对数据管理策略进行探讨。包括数据管理的规程；数据字典的维护策略，即数据字典的具体维护工作是定期做还是随时做，数据字典的更新版本的出版周期；数据字典的建立方式，即数据字典的建立是手工方式还是自动方式，数据字典的建立可以全部采用手工方式建立在纸面或卡片上。自动方式是采用计算机数据字典系统，首先采用人机交互方式将所需的信息录入数据字典系统中，然后运用该系统完成数据字典的各项维护工作。

总之，数据管理工作是应用系统开发过程中的重要内容，必须予以充分的重视，并且要在总体规划中明确其地位和任务，只有这样才能保证信息的共享，发挥信息的资源作用。

（5）开发平台的选择

随着应用系统向大型化、复杂化发展，企业或组织对信息的灵活性要求越来越高，造成系统开发成本加大、风险增高。选择一种开发平台进行信息系统开发，不但方便快速而且具有非常好的稳定性、灵活性以及扩展性，从而大大缩短开发周期，降低开发难度。使用这种方式已经成为构建应用系统的方案之一。

2.6.3 系统数据库设计

数据库设计是在选定的数据库管理系统基础上建立数据库的过程。数据库设计除用户需求分析外，还包括概念结构设计、逻辑结构设计和物理结构设计三个阶段。

2.6.3.1 概念结构设计

概念模型（E-R 图）是对客观现实世界的第一层抽象，它不能在数据库中直接实现，只是用户与计算机之间的一个中介模型，它可以转换为计算机上某一 DBMS 支持的特定数据摸型。

（1）概念结构的概念

E-R 模型于 1976 年由 Perter Chen 提出，E-R 模型是进行数据库设计的工具，是数据库管理员与用户进行交流的理想模型。它将现实世界分解为实体、联系和属性，并用 E-R 图来描述它们。

①实体

客观存在并可相互区别的事物称为实体。实体可以是具体的人、事、物，也可以是抽象的概念或联系。

②属性

实体所具有的某一特性称为属性。一个实体可以由若干个属性来刻画。

③联系

现实世界中事物内部以及事物之间的联系在信息世界中反映为实体内部的联系和实体之间的联系。

一对一联系（1:1）。如果对于实体集 A 中的每一个实体，实体集 B 中至多有一个实体与之联系，反之亦然，则称实体集 A 与实体集 B 具有一对一联系，记为 1:1。

一对多联系（1:n）。如果对于实体集 A 中的每一个实体，实体集 B 中有 n 个实体（n≥1）与之联系，反之，对于实体集 B 中的每一个实体，实体集 A 中至多只有一个实体与之联系，则称实体集 A 与实体集 B 有一对多联系，记为 1:n。

多对多联系（m:n）。如果对于实体集 A 中的每一个实体，实体集 B 中有 n 个实体（n≥1）与之联系，反之，对于实体集 B 中的每一个实体，实体集 A 中也有 m 个实体（m≥1）与之联系，则称实体集 A 与实体集 B 具有多对多联系，记为 m:n。

（2）表示概念模型的实体——联系方法

该方法用 E－R 图来描述现实世界的概念模型。

E－R 图提供了表示实体、属性和联系的方法。

①实体

用矩形表示，矩形框内写明实体名。

②属性

用椭圆形表示，并用无向边将其与相应的实体连接起来。

③联系

用菱形表示，菱形框内写明联系名，并用无向边分别与有关实体连接起来，同时在无向边旁标上联系的类型（1∶1、1∶n 或 m∶n）。同时联系本身也是一种实体型，也可以有属性。如果一个联系具有属性，则这些属性也要用无向边与该联系连接起来。

2.6.3.2　逻辑结构设计

逻辑结构设计是将概念结构设计阶段完成的概念模型转换成能被选定的数据库管理系统（DBMS）支持的数据模型。数据模型可以由实体联系模型转换而来。

（1）E－R 模型转换为关系数据模型的规则

①每一实体集对应于一个关系模式，实体名作为关系名，实体的属性作为对应关系的属性。

②实体间的联系一般对应一个关系，联系名作为对应的关系名，不带有属性的联系可以去掉。

③实体和联系中关键字对应的属性在关系模式中仍作为关键字。

（2）数据模型的优化

数据库逻辑设计的结果不是唯一的。为了进一步提高数据库应用系统的性能，通常以规范化理论为指导，还应该适当地修改、调整数据模型的结构，这就是数据模型的优化。数据模型的优化方法为：

①确定数据依赖。

②对于各个关系模式之间的数据依赖进行极小化处理，消除冗余的联系。

③按照数据依赖的理论对关系模式逐一进行分析，考查是否存在部分函数依赖、传递函数依赖、多值依赖等，确定各关系模式分别属于第几范式。

④按照需求分析阶段得到的各种应用对数据处理的要求，分析对于这样的应用环境这些模式是否合适，确定是否要对它们进行合并或分解。

⑤对关系模式进行必要的分解。

（3）数据库表的设计

数据库表是数据在计算机中系统的具体展示形式。在计算机数据库系统中，数据库表一般分为基本表和中间表、临时表。在进行设计中，基本表应该具有如下性质：

①原子性

基本表中的字段是不可再分解的。

②原始性

基本表中的记录是原始数据（基础数据）的记录。

③演绎性

由基本表与代码表中的数据，可以派生出所有的输出数据。

④稳定性

基本表的结构是相对稳定的，表中的记录是要长期保存的。

理解基本表的性质后，在设计数据库时，就能将基本表与中间表和临时表区分开来。

中间表和临时表是存放统计数据的表，它是为数据仓库、输出报表或查询结果而设计的，有时它没有主键与外键（数据仓库除外）。中间表是程序员个人设计的，存放临时记录，为个人所用。基本表和中间表由 DBA 维护，临时表由程序员自己用程序自动维护。

无论是基本表还是中间表，在定义表结构的过程中，务必根据实际情况，详细定义每个属性的标识、含义、类型、长度、是否为主键、是否允许取空值和说明。另外，各个属性的命名规则必须事先规定，这样所有的开发人员才可以按照统一的标准规范进行数据表命名。数据表结构定义如表 2-2 所示。

表 2-2　数据表结构

标识	含义	类型	长度	是否主键	是否为空	说明
Baoxiudan	报修单号	nvarchar	18	Y	N	新增操作时自动生成

2.6.3.3　物理结构设计

数据库最终是要存储在物理设备上的。为一个给定的逻辑数据模型选取一个最适合应用环境的物理结构（存储结构与存取方法）的过程，就是数据库的物理设计。物理结构依赖于给定的 DBMS 和硬件系统，因此设计人员必须充分了解所用 DBMS 的内部特征，特别是存储结构和存取方法；充分了解应用环境，特别是应用的处理频率和响应时间要求；以及充分了解外存设备的特性。

数据库的物理设计通常分为两步：确定数据库的物理结构；对物理结构进行评价，评价的重点是时间和空间效率。在确定数据库的物理结构时，最重要的是设计数据的存取路径和确定数据的存放位置。

（1）设计数据的存取路径

在关系数据库中，选择存取路径主要是指确定如何建立索引。例如，应把哪些域作为次码建立次索引，建立单码索引还是组合索引，建立多少个为合适，是否建立聚集索引等。

（2）确定数据的存放位置

为了提高系统性能，数据应该根据应用情况将易变部分与稳定部分、经常存取部分和存取频率较低部分分开存放。

2.6.4　系统输入输出设计

输入输出设计是管理信息系统与用户的界面，一般而言，输入输出设计对于系统开发人员并不重要，但对用户来说，却显得尤为重要。

系统设计的过程和系统实施的过程恰好相反，并不是从输入设计到输出设计，而是从输出设计到输入设计，这是因为输出设计直接和用户需求相联系，设计的出发点应该是保证输出为用户服务，再根据输出所需信息进行输入设计。

2.6.4.1　系统输出设计

输出设计是管理信息系统应用中的重要环节，是用户与系统的重要的、直接的接口，用户所需的各种信息、报表，都要由系统输出完成。输出设计的任务是使管理信息系统输出满足用户需求的信息。

（1）输出设计的内容

①输出信息使用情况

信息的使用者、使用目的、信息量、输出周期、有效期、保管方法和输出份数。

②输出信息内容

输出项目、精度、信息形式（文字、数字）。

③输出格式

有表格、报告、图形等。

④输出设备和介质

输出的介质有打印纸、磁盘、磁带、光盘等。有关的设备有打印机、绘图仪、磁带机、磁盘机、光盘机等。可以根据需要和资源约束进行输出设备及介质的选择。

⑤输出类型的确定

输出有外部输出与内部输出之分。内部输出是指一个处理过程（或子系统）向另一个处理过程（或子系统）的输出。外部输出是指向计算机系统外的输出，如有关报表等。

（2）输出设计的方法

在系统设计阶段，设计人员应给出系统输出的说明，这个说明既是将来编程人员在软件开发中进行实际输出设计的依据，也是用户评价系统实用性的依据。因此，设计人员要能选择合适的输出方法，并以清楚的方式表达出来。输出方式主要有以下几种：

①表格信息

一般而言，表格信息是系统对各管理层的输出，以表格的形式提供给信息使用者，一般用来表示详细的信息。

②图形信息

信息系统用到的图形信息主要有直方图、圆饼图、曲线图、地图等。图形信息在表示事物的趋势、多方面的比较等方面有较大的优势，在进行各种类比分析中，起着数据报表所起不到的显著作用。表示方式直观，常为决策用户所喜爱。

③图标

图标也用来表示数据间的比例关系和比较情况。由于图标易于辨认，无须过多解释，在信息系统中的应用也日益广泛。

2.6.4.2 输入设计

输入界面是信息系统与用户之间交互的纽带，设计的任务是根据具体业务要求，确定适当的输入形式，使应用系统获取管理工作中产生的正确的信息。输入设计的目的是提高输入效率，减少输入错误。

输入设计首先要确定输入设备的类型和输入介质，目前常用的输入设备有以下几种：

（1）键盘

由数据录入员通过工作站录入，经拼写检查和可靠性验证后存入磁记录介质（如磁带、磁盘等）。

（2）光电阅读器

采用光笔读入光学标记条形码或用扫描仪录入纸上文字。光符号读入器适用于自选商场、借书等少量数据录入的场合。而纸上文字的扫描录入错误率高。另外，收、发料单，记账凭证若通过扫描之后难于存入对应的表。

（3）终端输入

终端一般是一台联网微机，操作人员直接通过键盘输入数据，终端可以在线方式与主机联系，并及时返回处理结果。

2.6.4.3 界面设计

用户界面是系统与用户之间的接口，也是控制和选择信息输入、输出的主要途径。用户界面设计应坚持友好、简便、实用、易于操作的原则，尽量避免过于烦琐和花哨。

（1）界面设计的内容

界面设计包括菜单方式、会话方式、操作提示方式以及操作权限管理方式等。

①菜单方式

菜单是信息系统功能选择操作的最常用方式。按目前软件所提出的菜单设计工具，菜单的形式可以是下拉式、弹出式的，也可以是按钮选择方式的（如 Windows 下所设计的菜单多属这种方式）。菜单选择的方式也可以是移动光标、选择数字（或字母）、鼠标驱动或直接用手在屏幕上选择等多种方式（甚至还可以是声音系统加电话键盘驱动的菜单选择方式）。

菜单设计时一般应安排在同一层菜单选择中功能尽可能多，而进入最终操作层次尽可能少（最好是二级左右）。一般功能选择性操作最好让用户一次就进入系统，只有在少数重要执行性操作时，才设计让用户选择后再确定一次的形式。例如，选择执行删除操作，系统尚未执行完毕前执行退出操作等等。

②会话管理方式

在所有的用户界面中，几乎毫无例外地会遇到有人机会话问题，最为常见的有：当用户操作错误时，系统向用户发出提示和警告性的信息；当系统执行用户操作指令遇到两种以上的可能时，系统提请用户进一步地说明；系统定量分析的结果通过屏幕向用户发出控制型的信息等等。这类会话通常的处理方式是让系统开发人员根据实际系统操作过程将会话语句写在程序中。

此外，还有双向式的会话，这类会话往往反映了一定的因果关系，它具有一定的内含。即前一次人机会话的结果决定了下一步系统将要执行的动作以及下一句问话的内容。对于这一种会话，我们常常将它们设计成数据文件中的一条条记录（一句话一个记录）。在系统运行时首先接收用户对第 i 句会话的回答，然后执行相应的判断处理。如果有必要，系统通过简单推理再从会话文件中调出相应内容的下一句会话，并显示在屏幕上，依此反复，直到最终问题得到满意的解决。这种会话管理方式的另一个好处就是方便、灵活。与程序不直接相关，如果想要改动会话内容，不需改变程序而只需改变会话文件中相应的记录即可。它的缺点是：一般分析和判断推理过程较为复杂，故一般只用于少数决策支持系统、专家系统或基于知识的分析推理系统中。

③提示方式与权限管理

为了操作使用方便，在系统设计时，常常把操作提示和要点同时显示在屏幕的旁边，以使用户操作方便，这是当前比较流行的用户界面设计方式。另一种操作提示设计方式则是将整个系统操作说明书全送入到系统文件之中，并设置系统运行状态指针。当系统运行操作时，指针随着系统运行状态来改变，当用户按"求助"键时，系统则立刻根据当前指针调出相应的操作说明。调出说明后还请求进一步详细说明的方式，可以通过标题来索引具体内容，也可以通过选择关键字方式来索引具体的内容。

（2）界面设计的目标

①简单性

界面尽可能简单、明了。

②可靠性

界面要具有良好的容错能力，并能够给出充分的提示性信息。

③易学习、易用性

由于用户的个人背景不同，对学习和使用的要求也不同，宜采用计算机为主导的对话方式，减少用户回答的难度。

为了方便用户，在必要的地方可以设置帮助功能，帮助用户了解系统功能、操作方式、运行状态、错误处理等各项内容。用户界面要与人的理解、记忆、通信、解决问题的方式等兼容。

④立即反馈性

一个良好的、效率高的输入界面应对用户所有输入都立即做出反馈，这个反馈响应时间也称为系统的延迟，取决于软硬件的性能和程序设计方案。响应时间在 1~2 秒的输入属于正常的对话方式，响应时间在 2~4 秒的输入属于松散的对话方式，响应时间在 4~15 秒的输入属于中等规模的延迟，一般用于需要时间长的检索与推理过程，如果响应时间超过 15 秒，用户会感到空闲，应尽量避免，实在无法避免应提示等待或给予并行的辅助对话。

2.6.5　系统流程设计

在获得了一个合理的模块划分即模块结构图以后，就可以进一步设计各模块的处理流程了，这是为程序员编写程序作准备，它是编程的依据。处理流程设计的任务是设计出所有模块和它们之间的相互关系（即联结方式），并具体地设计出每个模块内部的功能和处理过程，为程序员提供详细的技术资料。

2.6.5.1　IPO 图

IPO 图就是用来表述每个模块的输入、输出和数据加工的重要工具。在由系统分析阶段产生数据流图，经转换和优化形成系统模块结构图的过程中，产生大量的模块，开发者应为每个模块写一份说明。常用系统的 IPO 图的结构如图 2-10 所示。

IPO 图的主体是处理过程说明。为简明准确地描述模块的执行细节，可以采用问题分析图、控制流程图以及过程设计语言等工具进行描述。

IPO 图中的输入/输出来源或终止于相关模块、文件及系统外部项，并需在数据字典中描述。局部数据项是指本模块内部使用的数据，与系统的其他部分无关，仅由本模块定义、存储和使用。注释是对本模块有关问题做必要的说明。IPO 图是系统设计中一种重要的文档资料。

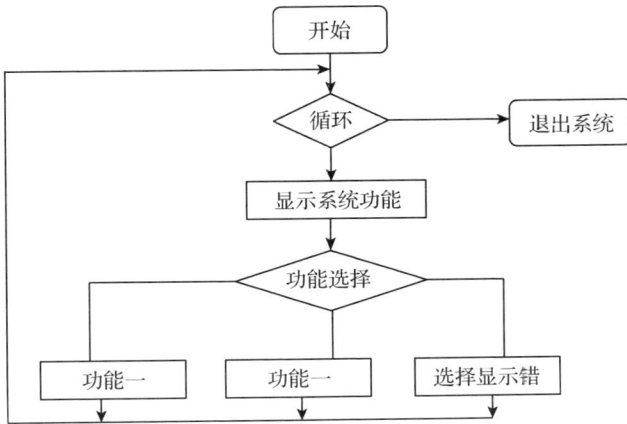

图 2-10　系统处理过程说明图

2.6.5.2　问题分析图

问题分析图由日立公司于 1979 年提出，是一种支持结构化程序设计的图形工具。问题分析图仅仅具有顺序、选择和循环三种基本成分，正好与结构化程序设计中的基本成分相对应。

问题分析图的独到之处在于：以问题分析图为基础，按照一个机械的变换规则就可编写计算机程序。问题分析图有着逻辑结构清晰，图形化、标准化与人们所熟悉的控制流程图比较相似等优点。更重要的是，它引导设计人员使用结构化程序设计方法，从而提高程序的质量。

2.6.5.3　过程设计语言

过程设计语言是一个笼统的名字，有许多种不同的过程设计语言。过程设计语言用于描述模块中算法和加工的具体细节，以便在开发人员之间比较精确地进行交流。过程设计语言的外层语法描述结构采用与一般编程语言类似的确定的关键字（如 IF－THEN－ELSE、WHILE－DO 等），内层语法描述操作可以采用任意的自然语句（如英语、汉语）。由于过程设计语言与程序很相似，也称为伪程序，或伪码。但它仅仅是对算法的一种措述，是不可执行的。

2.6.6　界面设计工具——Axure 原型设计

Axure 能让你快速的进行线框图和原型的设计，让相关人员对你的设计进行体验和验证，向用户进行演示、沟通交流以确认用户需求，并能自动生成规格说明文档。另外，Axure 还能让团队成员进行多人协同设计，并对设计进行方案版本控制管理。Axure 原型设计及和客户的交流方式发生了变革：可以进行更加高效的设计；可以体验动态的原型；可以获取更加清晰的交流想法。

2.6.6.1　Axure 的工作环境

Axure 的工作环境可进行可视化拖拉操作，可轻松快速创建带有注释的线框图。无需编程就可以在线框图中定义简单链接和高级交互。Axure 可一体化生成线框图、HTML 交互原型、规格说明 Word 文档。以下是对 Axure RP 工作环境的简要说明，如图 2-11 所示。

图 2-11　Axure RP 的工作环境

①主菜单和工具栏(Main Menu & Toolbar)

执行常用操作：如文件打开、保存、格式化控件、输出原型、输出规格等操作。

②页面导航板(Sitemap Pane)

对所设计的页面进行添加、删除、重命名和组织。

③控件面板(Widgets Pane)

该面板中有线框图控件和流程图控件，用这些控件进行线框图和流程图的设计。

④模块面板(Masters Pane)

模块是一种可以复用的特殊页面，在该面板中可进行模块的添加、删除、重命名和组织。

⑤线框图面板（Wireframe Pane）

在线框图面板中可以进行页面线框图的设计，线框图面板也就是进行页面设计的工作区。

⑥控件交互面板（Interactions Pane）

定义控件的交互，如：链接、弹出、动态显示和隐藏等。

⑦控件注释面板（Annotations Pane）

对控件进行注释定义和对控件的功能进行说明。

⑧页面交互和注释面板（Pages Notes & Page Interactions Pane）

添加和管理页面的注释和交互。

2.6.6.2　Axure 的主要操作

（1）线框图及其注释

页面导航面板（Sitemap）在绘制线框图或流程图之前，应该先思考界面框架，决定信息内容与层级。明确界面框架后，接下来就可以利用页面导航面板来定义所要设计的页面。页面导航面板是用于管理所设计的页面，可以添加、删除及对页面层次进行重新组织。

①页面的添加、删除、重命名

点击面板工具栏上的"Add Child Page"按钮可以添加一个页面，点击"Delete Page"按钮可以删除一个页面。右键单击选择"Rename Page"菜单项可对页面进行重命名，具体操作如图 2-12 所示。

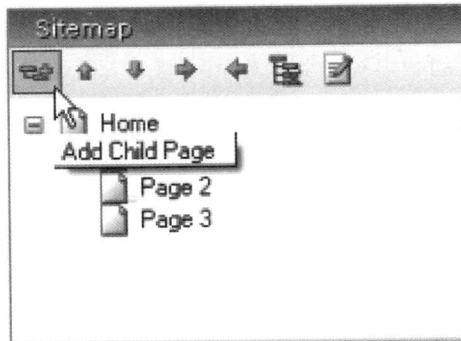

图 2-12　页面的添加、删除、重命名操作

②页面组织排序

在页面导航面板中，通过拖拉页面或点击工具栏上的排序按钮，可以上下移动页面的位置和重新组织页面的层次。

打开页面进行设计：在页面导航面板中，鼠标双击页面将会在线框面板中打开页面以进行线框图设计。

（2）控件

控件是用于设计线框图的用户界面元素。在控件面板中包含有常用的控件，如按钮、图片、文本框等，如图 2-13 所示。

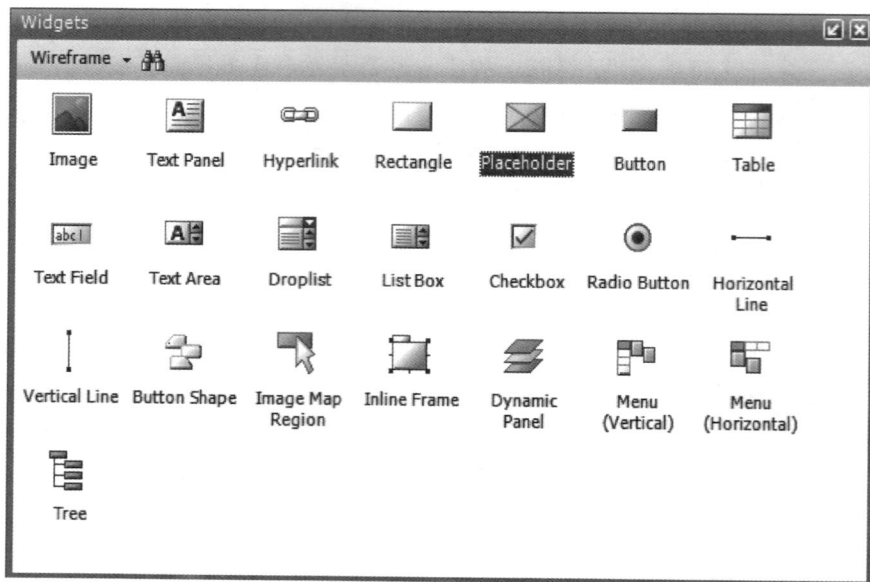

图 2-13　控件面板

①添加控件

从控件面板中拖动一个控件到线框图面板中，就可以添加一个控件。控件可以从一个线框图中被拷贝（Ctrl + C），然后粘贴（Ctrl + V）到另外一个线框图中。

②操作控件

添加控件后，在线框图中点选该控件，然后可以拖拉移动控件和改变控件的大小，还可以一次同时对多个控件进行选择、移动、改变尺寸。

另外，还可以组合、排序、对齐、分配和锁定控件。这些操作可通过控件右键菜单进行，也可在 Object 工具栏上的按钮进行。

③编辑控件风格和属性

有多种方法可以编辑控件的风格和属性：

第一，鼠标双击。鼠标双击某个控件，可以对控件的最常用属性进行编辑。例如，双击一个图片控件可以导入一张图片；双击一个下拉列表或列表框控件可以编辑列表项。

第二，工具栏。点击工具栏上的按钮可编辑控件的文本字体、背景色、边框等。

第三，右键菜单。控件右键菜单上可编辑控件的一些特定属性，不同控件这些属性也不同。

（3）基本交互设计

控件交互面板（图 2-14）用于定义线框图中控件的行为，包含定义简单的链接和复杂的 RIA 行为，所定义的交互都可以在将来生成的原型中进行操作执行。

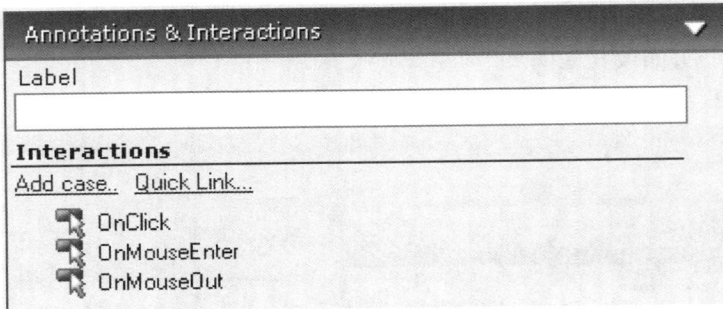

图 2-14　控件交互面板

在控件交互面板中可以定义控件的交互，交互事件（Events）、场景（Cases）和动作（Actions）组成。

用户操作界面时就会触发事件，如鼠标的 OnClick、OnMouseEnter 和 OnMouseOut；

每个事件可以包含多个场景，场景也就是事件触发后要满足的条件；

每个场景可执行多个动作，例如：打开链接、显示面板、隐藏面板、移动面板。

以下是 Axure RP 支持的事件。

①OnClick：鼠标点击；

②OnMouseEnter：鼠标的指针移动到对象上；

③OnMouseOut：鼠标的指针移动出对象外；

④OnFocus：鼠标的指针进入文字输入状态（获得焦点）；

⑤OnLostFocus：鼠标的指针离开文字输入状态（失去焦点）；

⑥OnPageLoad：页面或模块载入；

⑦大多对象只具备常见的三种触发事件：OnClick、OnMouseEnter 与 OnMouseOut，一些特殊的控件可触发的事件有些不同；

⑧按钮控件只有 OnClick；

⑨单选框和复选框则具有 OnFocus、OnLostFocus；

⑩文本框、文本域、下拉框、列表框则具有 OnKeyUp、OnFocus、OnLost-Focus；

⑪页面加载或模块被载入时则发生 OnPageLoad。

（4）定义链接

①首先，拖拉一个按钮控件到线框图中，并选择这个按钮；

②然后，在控件交互面板中鼠标双击"OnClick"这个事件，这时会出现"Interaction Case Properties"对话窗，在这个对话框中可以选择要执行的动作；

③在"Step 2"中，勾选"Open Link in Current Window"动作；

④在"Step 3"中，点击"Link"，在弹出的 Link Properties 对话框中可以选择要链接的页面或其他网页地址。

具体步骤如图 2-15 所示。

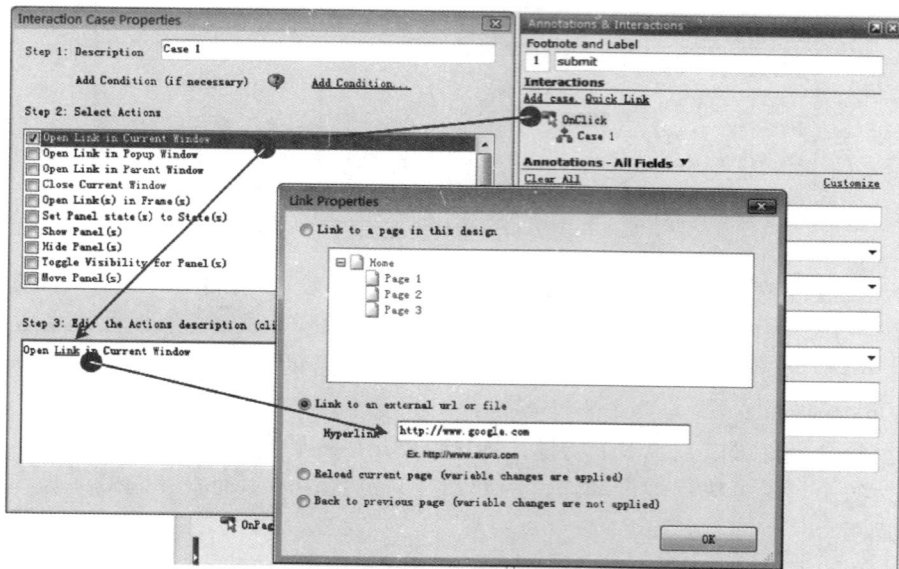

图 2-15　定义链接的步骤

（5）设置动作

除了简单的链接之外，Axure 还提供了许多丰富的动作，这些动作可以在任何触发事件的场景中执行，操作如图 2-16 所示。

2.6.7　系统设计报告

系统设计报告是系统设计阶段的主要成果，是新系统的物理模型也是系统实施的重要依据。系统设计报告需要经过系统开发团队的批准以及用户的认可，一旦得到认可，则成为系统实施阶段的工作依据。一份完整的系统设计报告主要包括以下内容：

①系统概述。

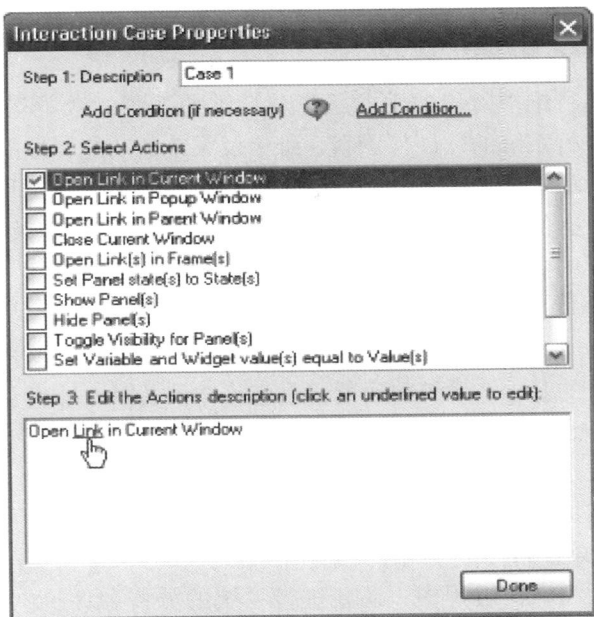

图 2-16　设置动作面板

②计算机系统配置方案。

③总体结构设计。

④代码设计。

⑤文件、数据库设计。

⑥输入输出设计。

⑦系统开发下一步工作计划。

2.7　系统运行与维护

应用系统运行维护的目标就是对信息系统的运行进行实时监控，记录其运行状态，进行必要的修改与扩充，以便信息系统真正符合管理决策的需要，为管理者和决策者服务。在系统中，管理和决策的主体是人，系统的任务是为管理和决策提供信息服务，它的核心工作应该以向企业或其他组织提供必要的信息为目标，以能够满足管理者和决策者的信息需求为标准，而机器本身的管理与维护工作只是这项工作的一小部分，只是提供了一种基本的保证，真正做到向管理人员提供信息还需要许多信息系统操作、数据收集、成果分析等工作。

2.7.1 运行维护的基本任务

信息系统运行维护阶段的主要任务包括维护系统的政策运行，记录系统的运行情况，进行系统的软硬件更新、维修及系统的功能、性能、效益评价。

（1）维护系统的正常运行

包括各种数据的收集和整理、数据的输入、数据的处理及处理结果的分发、计算机病毒的监测与清除、机房的管理等。

（2）记录系统的运行情况

在系统运行时，需要进行系统运行情况的记录，这是进行系统维护修改和系统分析评价的基础。系统的运行记录应该做到及时、准确、连续和完整。

（3）系统软硬件维护

在系统运行过程中，需要不断地进行系统的修改和维护，包括系统的硬件维护、软件维护。

（4）系统的分析和评价

在系统运行和维护过程中，还要进行系统的分析和评价，它是对已实施的管理信息系统的工作情况、技术性能、经济效益进行分析和评估。通过系统评价，可以总结优点和缺点，为系统的改善提供依据。

2.7.2 信息系统运行管理

信息系统的运行是长期的，要使每个操作计算机的人养成遵守管理制度的习惯。对运行中的异常情况要作好记录、及时报告，以便得到及时处理，否则可能酿成大问题，甚至出现灾难性故障。

信息系统中的数据是企业宝贵的资源，禁止以非正常方式修改系统中的任何数据。

数据备份是保证信息安全的重要措施，它能够保证系统发生故障后恢复到最近的时间界面上。重要的数据必须每天备份，可使用两套软盘，单日用A套软盘，双日用B套软盘。在需要对数据做重要修改之前，应该相应的备份，以保证系统数据的绝对安全。

2.7.3 信息系统运行日志

信息系统运行日志的内容应当包括：①时间、②操作人、③运行情况、④异常情况：发生时间、现象、处理人、处理过程、处理记录文件名、在场人员等；⑤值班人签字；⑥负责人签字。

系统运行日志主要为系统的运行情况提供历史资料，也可为查找系统故障提供线索，因此运行日志应当认真填写、妥善保存。

2.7.4　信息系统运行的档案管理

信息系统档案包括：①系统开发阶段的可行性分析报告；②系统说明书；③系统设计说明书；④程序清单；⑤测试报告；⑥用户手册；⑦操作说明；⑧评价报告；⑨运行日志；⑩维护日志等。

上述文档是信息系统的重要组成部分，要做好分类、归档工作，进行妥善、长期保存。档案的借阅必须要有严格的管理制度和必要的控制手段。

第3章 农业应用系统案例分析

3.1 农业应用系统建设情况

信息化是充分利用信息技术，开发利用信息资源，促进信息交流和知识共享，提高经济增长质量，推动经济社会发展转型的历史进程。20世纪90年代以来，信息技术不断创新，信息产业持续发展，信息网络广泛普及，信息化成为全球经济社会发展的显著特征，并逐步向一场全方位的社会变革演进。进入21世纪，信息化对经济社会发展的影响更加深刻。广泛应用、高度渗透的信息技术正孕育着新的重大突破。以信息化推进农业现代化，全面提升农业产业质量，促进农业可持续发展，是时代发展的必然要求。发展现代农业，就是要用现代物质条件装备农业，用现代科学技术改造农业，提高农业机械化和信息化水平，转变农业发展方式、提高农业发展质量。尤其是农业信息获取技术、农业信息处理技术和农业信息服务技术等现代信息技术在农业产业中的不断渗透，加快了传统农业向现代农业转变的进程。

农业应用系统的建设和应用是在农业领域充分利用信息技术的方法、手段和最新成果的过程，是实现农业信息化最直观有效的手段。具体讲就是在农业生产、流通、消费以及农村经济、社会、技术等各环节全面运用现代信息技术和智能工具，实现农业生产经营、农产品营销、农产品消费的科学化和智能化过程。近年来，我国农业应用系统建设快速发展，对于加快转变农业发展方式、发展现代农业起到了有力的推进作用。

3.1.1 农业应用系统建设的必要性

以现代信息技术改造传统农业，是促进现代农业快速发展的有效途径。当前，大力推进农业生产经营信息化，积极进行农业应用系统的开发建设，对于加快推动农业发展方式根本转变、促进现代农业发展具有重要的战略意义。

农业应用系统的开发建设是现代农业发展的必然选择。充分运用现代信息技术，对农业生产的各种要素实行数字化设计、智能化控制、精准化运行、科学化管理，必将大大提高我国农业的综合生产能力和国际竞争力。利用遥感技术，可以精确估测作物产量、及时监测自然灾害；运用专家咨询和诊断系统，可以及时为农民集成农业管理技术措施，开展动植物生产技术咨询、重大病虫害远程诊断和预测预报，彻底改变传统的农业技术推广方式，进而更新农业生产经营管理理念，实现信息化带动和推进农业现代化的目标。

农业应用系统的开发建设是促进城乡统筹发展的重要举措。推进农业信息化，可以有效消除城乡居民信息占有和利用的差别，缩小城乡"数字鸿沟"，促使城乡文明相互渗透；可以提升农业生产力水平，推动农业农村经济跨越式发展，促进城乡经济的良性互动发展；可以让农民享受到改革开放与发展的成果，逐步推进国家公共服务的均等化，为破除城乡"二元结构"壁垒、促进城乡统筹发展做出重大贡献。

农业信息化是转变农业农村经济发展方式的紧迫需要。目前，我国经济社会发展正处于重大转型期，转变农业农村经济发展方式任务十分艰巨。推进农业信息化，有助于推行现代农业技术和科学管理方法，从而有效地改造传统农业，将农业资源、生产要素、市场信息的运用提升到一个全新的水平。同时，推进农业信息化，可以创新农业发展体制和机制，提高农业生产经营的标准化、集约化、产业化及组织化水平，最终实现转变我国农业农村经济发展方式的战略目标。

农业应用系统的开发建设是培养新型农民的有效途径。培养造就一大批有文化、懂技术、会经营的新型农民，是新农村建设的一项重要内容，也是发展现代农业不可或缺的基础。加强农业信息服务，有助于农民及时掌握先进实用农业技术和市场信息，实行科学化生产经营；有助于实行农产品产销对接，促进农业增效、农民增收；有助于提高农民的整体素质，改变落后的思想观念，增强依法维权的能力，从而培养出大批适应时代要求、充当现代农业建设主力军的新型农民。

农业应用系统的开发建设是转变政府职能、提高工作效率的有力推手。利用现代信息技术，将有效促进政府职能转变和业务职责优化重组，大大提高管理能力与服务水平。例如，通过推行电子政务和建立健全生产经营监测系统，政府部门可以及时、准确地汇集、处理和分析农业生产运行动态和经济信息，并制定出科学的宏观决策和管理措施。国内外的成功经验都证明，在农业农村充分利用信息技术，并使其不断地向横向和纵向拓展，将切实转变政府职能，提高行政管理的效率。

3.1.2　农业应用系统建设方向

农业信息化包括农业生产、经营、管理、服务等多个环节的信息化，农业应用系统的建设深入到农业信息化的各个环节，决定了开发建设的方向，确定了服务的不同角度。

3.1.2.1　农业生产应用系统

农业生产信息化就是充分运用现代信息技术及设备设施装备农业，实现农业生产信息和知识的获取、处理、传播和利用，实现农业生产智能化、精准化，提高生产决策水平、农业生产效率的过程。从农业经济发展所包含的环节来看，农业生产是农业经济发展的基础，没有生产就没有交换、分配、流通和消费。正因为如此，农业生产信息化是农业信息化中最基础的部分，它是直接作用于并改造传统农业生产方式的重要部分，能够促进产量提高、品质提升、节本增效。农业生产应用系统建设包括以下几个主要部分：

农业生产数字化采集。即用现代信息技术和产品装备农业，如在农田、温室大棚、养殖场等装备无线传感器、探测头，及时准确采集和传输光、热、水、气、肥等环境因子信息，为生产决策和管理提供科学依据。

农业生产管理智能化。是指现代生物工程技术、农业工程技术、环境工程技术、信息技术和自动化技术应用于农业生产领域，根据动植物生长的最适宜生态条件由计算机智能系统发出指令，使有关系统、装置及设备有规律的运作，将温度、水分、肥料等诸因素综合调整到最佳状态，确保种养生产活动科学、有序、持续进行。

农业生产作业精准化。采用3S技术、专家系统等信息技术和人工智能技术，对耕地和作物长势进行定量实时诊断，根据土壤肥力和作物生长状况的空间差异，调节对作物的投入，实施定位定量的精准田间管理，或者根据动物个体状况和体重差异，调整饲料投喂量，实现精准配料、精确养殖等。

3.1.2.2　农业经营应用系统

农业经营信息化是指在农产品及生产资料的质量监管、仓储（保鲜）、运输、营销、市场交易、售后服务等环节，在因地制宜利用农业景观资源发展观光、休闲、旅游等农村服务事业时，使农民在农业功能拓展的新兴农业经营领域中获得更多收益，不断利用信息技术实现信息化的过程。农业经营应用系统建设主要包括以下几方面内容：

农产品质量监管。随着农产品供求的基本平衡、人民生活水平的不断提高和农产品国际贸易的快速发展，消费者对农产品质量安全的要求越来越高。2007—2015年中央1号文件连续提出要加强农业标准化和农产品质量安全工作，健全农产品标识和可追溯制度，强化农业投入品监管。农产品质量监管信息化就是通过建立从产地到市场的全程质量控制系统和追溯制度，以产品追溯条码为信息传递工具，对农产品产地环境、生产过程、产品检测、包装盒标识等关键环节进行电子监管和可追溯。2008年，农业部农垦系统已全面启动农垦农产品质量追溯项目建设工作，到2015年已有297家产业化龙头企业、规模企业建立可追溯系统。

农产品价格实时监测。农业产品价格是反映农产品供需最灵敏的信号，它关系到农业生产、农产品流通、农民收入水平以及整个社会经济生活的安定。农产品价格信息化就是借助网络平台搭建农产品价格查询系统，实现价格信息的发布、汇集、展示、查询等。农产品价格信息化可使农民及时快捷地了解到全国或地方各类农产品价格，有助于农民及时调整种养结构，提高适应市场的应变能力，也为政府适时精确掌握各种农产品销售情况提供客观依据，以缩短决策反应时间。如农业部网站，"全国农产品批发市场价格信息网"每日公布全国各地主要农产品批发市场的各种蔬菜价格、水果价格、粮油价格、水产品价格、禽蛋价格等，方便各方决策参考。

农产品供求对接。近年来，我国农产品市场频频出现局部供求失衡、部分农产品价格波动异常的现象，造成这一局面的原因很大程度上是由于市场信息不对称，供求双方不能及时对接，造成农业市场资源配置的低效率。农产品经营信息化要解决的一个重要问题就是实现将供求信息低成本、快捷地传达到买卖双方。目前，全国各地涌现了许多民营的农产品供求信息网，有些地区还利用手机短信向供求双方提供免费或低成本的信息发布功能，使供求双方第一时间获得供求信息，平衡地域间的农产品短缺或过剩。

交易方式电子化。农业经营信息化带动了交易方式的变革。传统的农产品及生产资料市场以现货、现金交易为主。随着农业电子商务的发展，电子支付将逐步取代传统的交易方式。电子支付具有多重优势，可以减少现金流动，降低交易成本，提高交易的安全性和方便性。

3.1.2.3　农业管理应用系统

农业管理是对农业生产、农业农村经济活动、农村公共事务管理等工作进行计划、组织、指挥、控制、协调和监督，使各项工作顺利达到预期目标的过程。农业管理信息化是指应用现代信息和通信技术，将农业管理和服务通过网络技术进行集成，以及对政府需要的和拥有的信息资源进行开发和管理的过程。

农业管理应用系统建设主要包括以下几个方面的内容：一是农业办公信息化，是指农业部门日常办公、行政审批、业务管理和为民服务的电子化、网络化，如数据库、视频会议等基础设施信息化，政府网站、在线审批与服务等行政管理的信息化。二是农业安全生产管理信息化，包括农业生产调度、农业防灾减灾、草原防火、渔政指挥、动物疫病防控信息化等。三是农业市场监管信息化，包括农产品市场监管信息化、农业生产资料市场监管信息化、农产品质量安全监管信息化等。四是农业资源管理信息化，包括土地资源、水资源、气候资源和农林生物种质资源管理信息化等。五是农村电子政务，包括村务公开、农村社会公共事业管理信息化。

农业管理应用系统具有以下特征：一是农业政府网站是农业管理信息化的重要平台。农业政府网站作为各级农业部门对外发布政务信息、提供在线办事服务和实现政民互动的平台，是各级农业电子政务的重要组成部分，是各级农业部门开展农业电子政务管理的重要载体。二是具有明显的行业性。我国农业涉及多个行业，每个行业的生产周期、工作流程、市场流通特点都不相同，农业管理的内容、采取的信息化手段也不相同，因此具有很强的行业性。三是具有多技术集成与多系统协同特点。农业管理信息化是跨区域、跨部门对农业生产和经济活动进行市场监管和宏观调控，这就决定了管理信息系统需要多项信息技术支撑和多个业务系统协同才能完成。四是农业管理信息化发展模式呈现多样化。目前我国农业管理信息化发展呈现出以农业核心业务、农业政府网站建设和农业政府网站＋核心业务为主线的 3 种发展模式，并且在政府网站功能逐步完善后，农业核心业务管理信息化逐渐成为各级农业部门建设的重点。

3.1.2.4 农业服务应用系统

农业服务信息化是农业社会化服务体系所从事活动的信息化，是对农业产前、产中、产后各环节服务信息化支持的过程，是利用现代信息技术及其网络为农业产、供、销提供信息化支持的过程，其主要特征是信息服务。

农业服务作为现代农业的重要内容，农业服务应用系统在推动现代农业发展中担当着重要的角色，也是建设现代农业的一个重要切入点。它有着丰富的内涵，至少包含以下几个方面的内容：

一是良种服务，即为广大农民提供粮食、畜禽、水产、苗木等优质高效种子种苗。二是农资服务，即为广大农民提供化肥、农药等农业生产物资服务，保证农民用上放心农资。三是农业技术服务，即发展以农业科研院所、农业企业、农业专业性服务组织为主要内容的新型农技服务体系，为广大农民提供高效适用种养模式和技术。四是培训服务，即培育新型农民，拓展农民增收致富道路。五是信息服务，即为广大农民及时提供国家的有关政策、市场行情以及先进高效种养技术等急需的信息服务。六是流通服务，即通过发展农产品批发市场、农产品超市等物流载体，为广大农民及时提供优质安全的农产品交流平台和服务。七是休闲服务，即满足人们回归自然、休闲娱乐和体验农耕文化需求，促进农民增收。八是保险服务，即对农民的种养产品实施政策性及商业性保险，减轻农民在灾害面前的经济损失，增强农业应对各种灾害的能力。

3.1.3　农业应用系统发展现状

3.1.3.1　党和国家十分重视农业信息化建设

农业现代化受到中央政府的高度重视，作为实现农业现代化重要途径的农业信息化也得到更多的关注。从历年中央 1 号文件的表述来看，对农业信息化的表述日渐具体，表明其发展环境也越来越成熟。2013 年 1 月《关于加快发展现代农业的若干意见》指出要加快用信息化手段推进现代农业建设，发展农业信息服务，重点开发信息采集、精准作业、农村远程数字化和可视化、气象预测预报、灾害预警等技术。2014 年 1 月《关于全面深化农村改革的若干意见》要求建设以农业物联网和精准装备为重点的农业全程信息化和机械化技术体系，加强农产品电子商务平台建设。

3.1.3.2　农业信息基础设施建设日趋完善

农业应用系统的建设和推广需要基础设施建设的支持，现阶段我国农业信息基础设施建设速度较快。

"乡乡能上网"完全实现。截至 2015 年年底，全国能上网的乡镇比例达到了 100%，其中能宽带上网的比例达到了 100%。同时，我国农村网民规模达到 1.25 亿，占整体网民的 27.3%，抽样调查显示，我国农村居民计算机的拥有量已上升为 10 台/百户，农村互联网应用水平显著提高。

"村村通电话"完全实现。截至 2015 年年底，全国 100% 的行政村和 100% 的 20 户以上自然村通电话。我国农村移动电话拥有量为 150 部/百户，农村移动通信水平稳步提升。

"广播电视村村通"基本实现。我国"广播电视村村通工程"取得显著进展，广播、电视人口综合覆盖率分别从 1997 年的 86.02% 和 87.68% 提高到 2015 年的 100%，人民群众收听收看广播电视节目难的问题基本解决。

3.1.3.3　农业农村信息采集渠道不断完善

截至 2015 年，农业部在全国农业系统建设了近千条信息采集渠道，自下而上涵盖了种植业、畜牧业、渔业、农垦、农机化、乡镇企业、农村经营管理、农业科教和农产品市场流通等主要行业和领域；部署信息采集点 1 万多个，建立了信息采集指标体系和报送制度，通过远程联网采集、报送农村各行业和领域的生产动态、供求变化、价格行情、科技教育、自然灾害、动物疫情、农民收入、质量安全和资源环境等信息。

3.1.3.4　农村基层信息服务组织体系日益完善

经过"十二五"的建设，"县有信息服务机构、乡有信息站、村有信息点"的格局基本形成。全国 100% 的省级农业部门设立了开展信息化工作的职能机构，100% 的地市级农业部门、95% 以上的县级农业部门设有信息化管理和服务机构，85%以上的乡镇成立了信息服务站，乡村信息服务站点逾 500 万个，农村信息员超过 100 万人。

3.1.3.5 农业应用系统渗透到现代农业发展的各个领域

（1）农业生产领域

在农业生产方面，农业应用系统已经渗透到各个产业及多个环节。

①种植业生产

突出表现是农情监测、精准施肥、智能灌溉、设施农业智能监控、病虫草害监测与防治信息化。

②畜牧业生产

依靠现代信息技术实现了畜禽育种及养殖、肉蛋奶生产、饲料生产、养殖场管理、畜禽舍环境控制等方面或环节的自动化、智能化、数字化，并建立了产品的可追溯体系。

③草原生产管理

实现了草原遥感监测、灾害预警、草种保护、防火应急指挥等信息化。

④兽医领域

依托 RFID 等技术，实现了动物标识及疫病可追溯，建立了数据庞大的动物源细菌耐药性监测数据库及兽医微生物菌种管理数据库，对兽药产品能够进行有效的评审、监管和追溯。

⑤渔业领域

利用遥感技术，使海洋生物资源与栖息环境地理信息监测、渔船实时监测、海洋灾害性事件监测等得以实现。

⑥农机领域

安装了 GPS 卫星导航模块的自动驾驶拖拉机，在喷洒农药、精准施肥、收割作业和插秧耕作等方面开始应用。

（2）农业经营领域

在农业经营方面，农产品电子商务、批发市场信息化建设以及休闲农业信息服务等取得了明显成效。

①农业电子商务

目前，我国已有农业网站 3 万多家，有相当一部分涉及农业电子商务。其中致力于为农民和企业提供网上营销服务的农业部"一站通"服务平台，用户注册和信息发布数量稳步增长。部分省（自治区、直辖市）围绕本地重点农产品，扶持和建立了一批专业化的特色网站和交易网络。

②批发市场信息化建设

全国大部分批发市场建立了以"信息中心、检测中心和结算中心"为主的信息化系统，不少批发市场建立了先进的农产品质量检测中心、现代电子监控系统、智能 IC 卡管理系统，基本实现了市场管理信息化和收费电子化。与批发市场信息化匹配的现代物流体系快速发展，订单农业、连锁经营、物流配送成为新型流通业态发展的重要方式。部分地区充分利用大型连锁超市和产地农民专业合作社快速发展的有利条件，积极推动鲜活农产品从产地直接进入超市，实行农超对接，有效地解决了农产品生产与销售脱节问题。

③休闲农业信息服务

一些地方还围绕本地资源特点，积极利用现代信息技术拓展农业的多功能性，推动生态、旅游、观光、休闲农业发展。

（3）农业管理领域

①"金农"工程项目建设实施

在农业管理方面，强化了电子政务建设，农业部门以实施"金农"工程为契机，大力推进信息资源共享、决策、服务和监管等方面的信息化。

②农业管理信息系统开发应用

开发了在线行政审批、草原监理、渔政指挥、动物疫病防控、农产品监测预警、农产品和生产资料市场监管、农业信息采集、应急指挥、视频会议、农机购置补贴、财务监管等农业管理信息系统，提升了农业部门在线行政办公、项目监管和面向公众在线办事服务的能力。

③市镇村基层管理平台延伸拓展

部分省（自治区、直辖市）把电子政务延伸到农村社区，开发、推广、使用市镇村管理系统，推动人口、土地、企业基础数据建设，利用信息化手段开展计生、社保、就业、征兵、选举、财务、救济、基础教育等业务，提高了管理水平。

（4）农业服务领域

在农业服务方面，信息化建设取得了较大的进步。

①信息服务平台建设

截至 2010 年，农业部先后搭建了 19 个省级、78 个地级和 344 个县级"三农"综合信息服务平台。农业部的"农机跨区作业服务直通车系统"，免费为农机跨区作业服务双方提供供需信息和配对平台，及时发布跨区作业信息，为农机手提供供需对接服务。

②信息服务模式创新

服务模式不断创新，涌现了浙江的农民信箱、吉林的 12316 新农村热线、上海的一站通等。

③信息服务主体多元

涉农组织和科研院所、涉农企业，参与农业服务信息化建设，做出了扎实贡献。

3.2 农业应用系统典型案例

3.2.1 农业物联网应用

农业物联网是指集成应用计算机与网络技术、传感器技术、无线通信技术、物品身份识别技术等以及农业专家智慧与知识平台，通过相关协议利用各种传感器及传感器网络实施农牧业生产和流通作业的现场底层数据智能采集；互联网、移动互联网的数据传输；通过云计算，实施知识库、智能推理等方法的数据处理之后，为生产者以及各种自动化、智能化、远程控制的生产设备提供决策服务的计算机网络系统。其作用是将以人力为中心、依赖于孤立机械的传统农业的生产模式转向以计算机智能处理为中心的生产模式。

物联网体系架构一般分为三层：感知层、网络层和应用层，如图 3-1 所示。感知层包括二维码标签和识读器、RFID 标签和读写器、摄像头、GPS、传感器、终端、传感器网络等，主要作用是识别物体身份，采集基础信息，相当人的感官。网络层包括通讯与互联网的融合网络、网络管理中心、信息中心和智能处理中心等。网络层将感知层获取的信息进行传递和处理，类似于人的神经中枢和大脑。应用层是物联网与行业专业技术的深度融合，与行业需求结合实现行业智能化服务。

目前我国农业物联网在五个环节应用成效明显：一是在农业资源的精细监测和调度方面，利用卫星搭载高精度感知设备，获取土壤墒情、水文等极

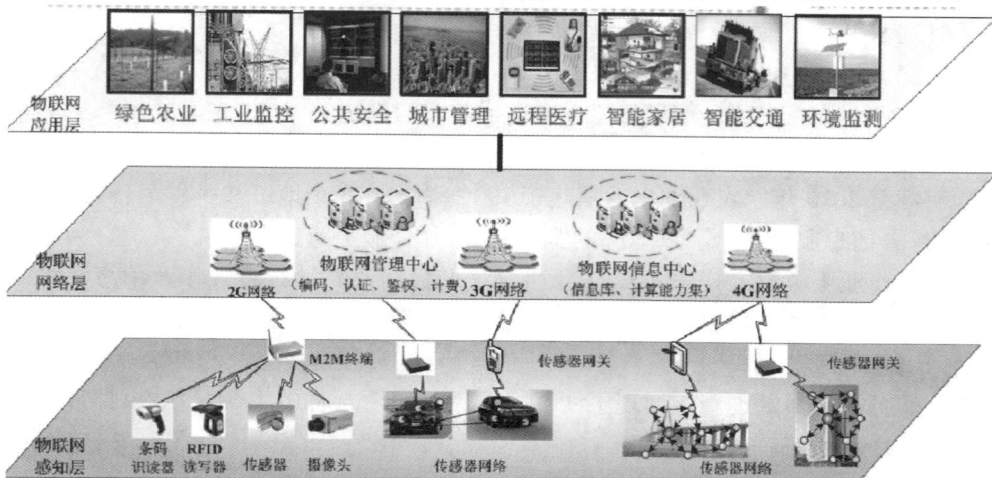

图 3-1　物联网体系架构图

为精细的农业资源信息，配合农业资源调度专家系统，实现科学决策；二是在农业生态环境的监测和管理方面，利用传感器感知技术、信息融合传输技术和互联网技术，构建农业生态环境监测网络，实现对农业生态环境的自动监测；三是在农业生产过程的精细管理方面，应用于大田种植、设施农业、果园生产、畜禽水产养殖作业，实现生产过程的智能化控制和科学化管理，提高资源利用率和劳动生产率；四是在农产品质量溯源方面，通过对农产品生产、流通、销售过程的全程信息感知、传输、融合和处理，实现农产品"从农田到餐桌"的全程追溯，为农产品质量安全保驾护航；五是在农产品物流方面，利用条码技术和射频识别技术实现产品信息的采集跟踪，有效提高农产品在仓储和货运中的效率，促进农产品电子商务发展。

3.2.1.1 物联网在温室大棚中的应用案例

图 3-2 给出了物联网在温室大棚中的应用案例。该系统可以实时远程获取温室大棚内部的空气温湿度、土壤水分与温度、二氧化碳浓度、光照强度及视频图像，通过模型分析，可以自动控制温室湿帘风机、喷淋滴灌、内外遮

图 3-2 物联网在温室大棚中的应用

阳、顶窗侧窗、加温补光等设备。同时，系统还可以通过手机、PDA、计算机等信息终端向管理者推送实时监测信息、报警信息，实现温室大棚信息化、智能化远程管理，充分发挥物联网技术在设施农业生产中的作用，保证温室大棚内环境最适宜作物生长，实现精细化的管理，为作物的高产、优质、高效、生态、安全创造条件，帮助客户提高效率、降低成本、增加收益。

系统的主要功能：

（1）数据采集

实时采集数据，根据设定的时间间隔采集空气温湿度、土壤温湿度、二氧化碳、光照等数据。

（2）数据存储

通过有线或无线网络将采集的数据上传到位于互联网的中央服务器上，永久保存，以备随时进行处理和查询。

（3）生产监控

互联网监测。用户随时随地通过手机或电脑可以观看到农业现场的实际影像，对农作物生长进程进行远程监控。

（4）统计分析

图形化报表。系统将采集到的数据通过直观的形式向用户展示时间分布状况和空间分布状况，提供日报、月报等历史报表。

（5）远程控制

互联网控制设备。用户在任何时间、任何地点通过任意能上网终端均可实现对农业现场各种设备的远程控制。

（6）生产决策

智能决策中心。根据用户预设的策略，系统自动侦查异常情况，并通过短信邮件等方式预警。例如在温度、湿度出现异常时，系统会立即通过手机短信或邮件等方式发送给用户，保证用户发现问题立即解决，不会因为自然环境的异常变化给农作物生长带来不利的影响。

3.2.1.2　基于物联网的小麦苗情诊断管理系统

为提高小麦生产调控管理水平，设计并实现了基于物联网技术的小麦苗情远程诊断管理系统。系统采用浏览器/服务器模式，通过远程监控节点（站点）动态数据计算，并进一步融合小麦生理生态特性和作物气象灾害指标分析，可对小麦生产过程和主要气象灾害进行精准监测、快速诊断，做出综合分析结果和生产管理调优方案，并以文字描述、现场图片与视频、数据表格多种方式输出，用户可通过 LED 电子显示屏、计算机及智能移动终端等多种设备，便捷、快速获得多源数据资源共享和决策支持服务。

小麦苗情管理与诊断系统基本原理是通过持续监测影响小麦生长的主要

因子(包括气象、土壤、作物等参数),并结合专家经验和建立的知识库、小麦关键指标体系以及历史数据分析,对小麦苗情和灾害进行远程诊断和管理。

系统的功能主要分为数据采集汇总、知识规范整理、智能诊断、用户管理、系统管理、应用帮助 6 个模块。系统总体功能示意图如图 3-3 所示。

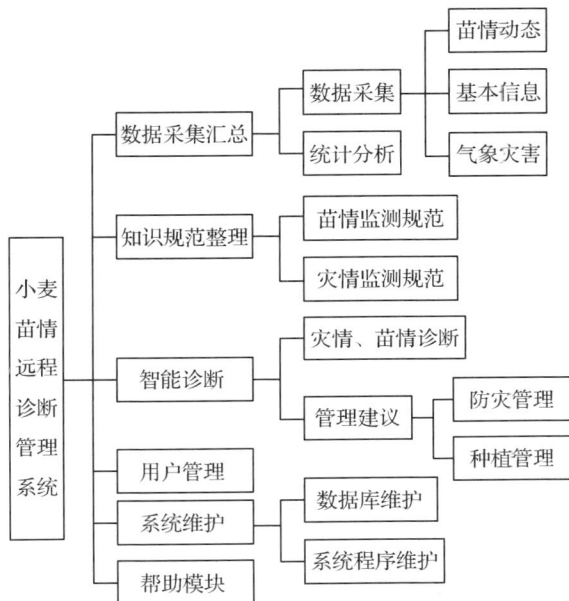

图 3-3　系统总体功能示意图

(1)数据采集汇总

数据采集汇总主要包括数据信息采集、汇总以及对汇总数据的统计分析。

具体而言,自动监测数据包括自动上传的传感器数据、图像和视频等动态数据。自动监测数据由布设在各地的无线远程监控站点(监控节点)采集得到。监控站点主要采用无线传感器网络(如 ZigBee)进行数据采集,也就是将大量传感器(温度、湿度等)以无线通信的方式形成自组织的网络系统,协作获取覆盖区域的数据信息,经由汇聚节点再发送给数据中心。在网络传输方面,因各地的网络通信条件不同,系统通过无线局域网(如 WiFi)、移动无线通信网(如 2G/3G)、无线传感器网络等多种网络技术进行异构融合,进一步提高了网络传输的安全性和广泛应用性,将采集的数据传输并存储到远程数据库服务器。大量田间生产现场的原始数据构成了小麦灾情诊断分析、气象灾害分析的基本数据来源。另外,系统提供的图像和视频信息,使用户可以获得更直观的现场实况,达到"眼见为实"的综合效果,结合影像资料可进一步判断验证作物群体特征、发育阶段、灾害受损等,是实现综合诊断分析的重要补充。

统计分析部分，是根据用户诊断与分析需求，对采集数据计算和数据挖掘，并以多种图表和文字形式输出。用户可计算选择时段内监测要素的极端值、平均值、累积值等，并以折线图、柱状图、饼状图等方式展示分析统计结果，便于总览变化趋势。同时，系统按照一定规范自动生成分析文档（如WORD 文档），为农业生产状况汇总上报提供了便捷。

（2）知识规范整理

知识规范整理内容包括小麦苗情监测规范和灾情监测规范。苗情监测规范是农业生产中划分苗类的重要依据，生产上通常把小麦苗情划分为一类苗、二类苗、三类苗及旺苗。苗类划分主要依据主茎叶龄、次生根数、群体茎蘖数、单株茎蘖和有效穗数等特征值。灾情监测规范主要汇总了包括气象数据的监测规范（如温度、降水、光照、土壤墒情、积温等）和气象灾害诊断规范（如霜冻、冻害、干热风、旱涝等）。

融合知识汇总，并结合现场监测数据、多年试验规律，针对东北春麦区、黄淮海和长江中下游冬麦区、西部春冬混合麦区不同品种，系统确立了小麦苗情诊断指标以及霜冻害、旱涝、干热风等气象灾害诊断指标。

（3）智能诊断

智能诊断模块是本系统的核心部分，本部分有机结合专家经验及现代农学的研究成果，得到苗情状况与环境因子、生理参数指标之间的规律，并根据该规律对小麦苗情和气象灾害进行诊断。具体过程是，通过对采集的数据进行处理和分析，将小麦生长适宜指标以及小麦当前生长状态比对相关知识规范和专家知识，推论得出小麦诊断结果，给出相应的专家建议、调优技术方案和灾害调控方法。

（4）用户管理

本系统用户共分为 3 种权限：即普通用户、专家管理用户及超级管理用户。其中超级管理用户负责分配专家管理用户的管理权限及浏览权限。基于系统提供的模板框架，不同地区站点专家（用户）负责管理本地区的诊断指标及知识规范的修改完善，同时可以浏览指定地区和站点的诊断结果。普通用户只可以进行结果查询和浏览，并可以将结果下载到本地，但是不具备编辑（修改）小麦相关参数、气象灾害指标、知识规范等的权限。

小麦苗情远程监控与诊断管理系统平台在基于物联网硬件监测系统的基础上，通过动态实时获取影响小麦苗情的关键参数，并融合专家知识、灾害指标等，进一步提高了小麦苗情和气象灾害快速诊断决策的精确性和动态性。

3.2.2　农产品质量安全追溯系统

我国的农产品追溯系统建设正处于起步阶段，已有的研究多集中在畜产品行业且只能追溯到生产企业，而蔬菜与畜产品在生产、包装、个体标识等方面又存在很大不同，且消费者需要了解与产品安全相关的用药、施肥和检测等信息。因此，目前国内的蔬菜质量安全追溯系统大多以各企业生产履历数据为基础，以条码为载体，利用数据库技术、网络技术、预警技术和条码技术，通过构建统一的追溯平台，实现对企业的安全生产管理和对消费者提供追溯。

　　本案例以实现高效生态农业示范园蔬菜质量安全为目标，以"标准化生产、标识化追溯"为突破口，以生产企业—超市为主要应用模式，以二维码为载体，构建了蔬菜质量安全追溯系统。通过在生产基地应用便携式农事信息采集系统，实现生产履历信息的快速采集与实时上传；通过在生产企业应用有机蔬菜安全生产管理系统，实现有机生产的产前提示、产中预警和产后检测；通过在配送中心应用农产品物流配送管理系统，实现车辆监控和物流调度，通过将供应链各环节数据汇集到园区管理部门，构建追溯平台数据库，实现上网、二维码扫描、短信和触摸屏等方式的追溯，从而保障蔬菜的产品质量。系统建设方案如图 3-4 所示。

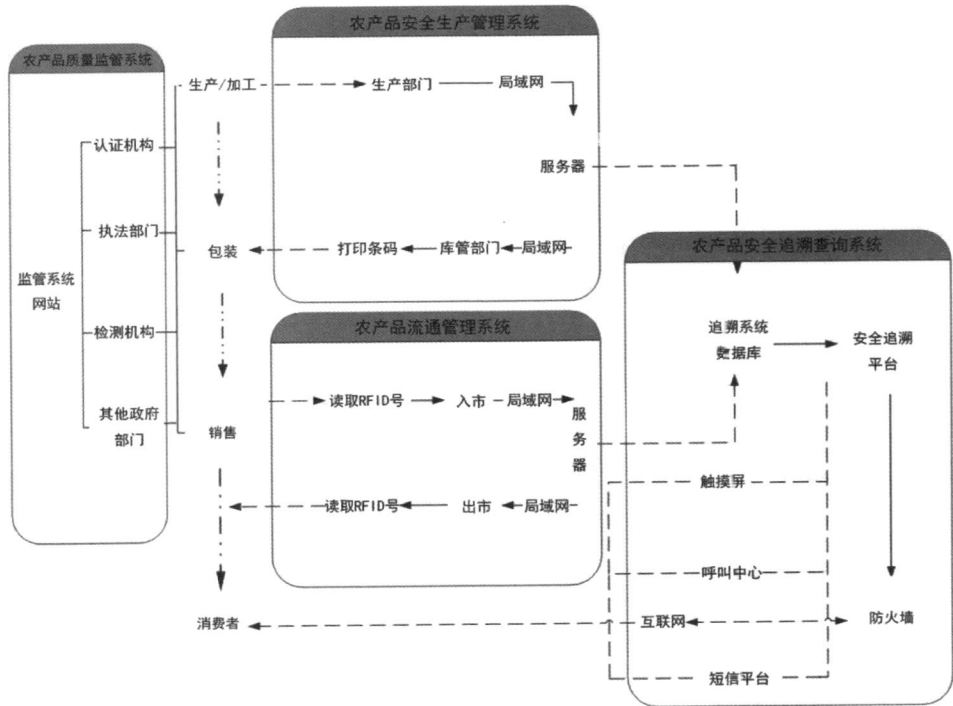

图 3-4　农产品质量安全追溯系统建设方案

农产品质量追溯体系根据供应链中生产、流通、销售、消费的不同环节，分别建立生产信息采集系统、安全生产管理系统、物流配送管理系统和质量溯源系统。

（1）追溯编码与标签

在分析蔬菜的个体属性、包装形式、生产方式基础上，对于蔬菜采用批次追溯编码方法，定义同一天收获的，来自于同一生产单元（地块或温室）、同一品种、同一等级的农产品为同一批次。

（2）便携式农事信息采集系统

以手机或 PDA 为载体，开发便携式农事信息采集系统，主要采集育苗信息、定植信息、施肥信息、防治病虫害信息、灌溉信息、收获信息等；采集系统与无公害蔬菜安全生产管理系统之间的数据传输采用有线和无线两种方式，有线采用 USB 口数据传输，无线采用 GSM 短信数据传输。

（3）安全生产管理系统

系统以农产品生产标准为基本框架，通过便携式农事信息采集设备、手工记录等方式采集产地环境信息和生产履历信息，将信息采集到数据库中，进行生产过程管理和操作预警；产品包装或出厂时，通过统一数据接口将数据传送到中心数据库，并通过条码打印机打印二维码，实现与流通环节的衔接。

（4）农产品物流配送管理系统

系统首先根据各个订货客户的城市远近或城市中的位置和道路交通状况以及送货地点的具体位置分配固定路线；然后根据具体路线上的商品特性及数量，由系统计算出需要的车辆、车辆上装载的商品、行车的先后顺序、司机等，选定最佳配送路线、配送频率和配送时间；配送车辆在配送途中可以利用 GPS 技术或者短信网关，随时反映车辆在途状况，配送中心也可以随时向司机发出指令。当出现配送车辆路途拥堵，或是某一种或几种商品需求压力加大的情况时，能在配送系统实时反映出来。根据配送车辆所在的位置，进行运力调配；配送结束后，客户进行到达签收，送货人员将相关信息通过短信网关发送至中心服务器。

（5）农产品质量安全追溯系统

系统以溯源中心数据库为基础，以网站、超市触摸屏、手机短信、手机扫描二维条码为手段，实现不同条件下的产品溯源。消费者可通过不同平台，扫描或输入产品追溯码，了解产品及供应链各阶段信息。

3.2.3 休闲农业信息服务平台

近年来，伴随全球农业的产业化发展，人们发现，现代农业不仅具有生产性功能，还具有改善生态环境质量，为人们提供观光、休闲、度假等多重功能。而随着人们收入的增加、闲暇时间的增多、生活节奏的加快以及竞争的日益激烈，人们更加渴望多样化的休闲方式，休闲农业因此应运而生。休闲农业也日益成为继旅游业兴起之后的朝阳产业，成为农业、农村和农民最亮的新的经济增长点。

"魅力城乡"由农业部乡镇企业局支持指导，旨在运用现代信息技术，服务休闲农业经营主体，方便城乡居民休闲消费，引领休闲消费新业态，全面推进休闲农业信息化水平，打造全国最权威、最有价值的休闲农业公共信息服务平台。网站首页如图 3-5 所示。

图 3-5　"魅力城乡"平台首页

资料来源：http：//www. 365960. com/

3. 2. 3. 1　平台的主要功能

平台的主要功能：一是强劲搜索，用户可以通过多和搜索检索功能，方便找到自己所需信息；二是电子地图，用户可以形象直观地获取相关位置服务及关联信息服务；三是全景漫游，360 度实景漫游，给消费者身临其境的体验；四是手机应用，通过短信、彩信、移动互联网、手机客户端软件随时随地地享受贴心服务；五是电子商务，可以通过网站、400 呼叫中心进行预定和交易；六是社区互动，消费者可以建立空间、发布游记、发起活动、寻找志同道合的驴友；七是跨平台使用，计算机、手机、语音电话等信息平台均可使用。

3. 2. 3. 2　平台的作用

平台的作用主要体现在以下三个方面：

游的开心：为消费者提供及时便捷的"农家乐、休闲农庄、休闲农业园区、民俗村、采摘、节庆"等综合信息，使农业休闲游更开心、更愉快。

吃的放心：为消费者提供农产品、名优特产、地方小吃、农家饭菜等权威信息服务和电子商务服务，让消费者吃的放心、买的安心。

闲的舒心：为消费者八小时以外的闲暇、退休后的银发时光、节假日的"发呆"时节，提供个性化创意服务。

3.2.3.3 平台提供的服务

（1）面向经营者提供的服务

①新闻资讯

通过互联网和手机，获取休闲农业新闻资讯和管理知识，提升经营管理水平，在经营中谋求商机。

②宣传推介

通过"魅力城乡"的网站、网店、全景漫游、电子地图定位标注、手机互联网等服务，全面展示城乡风采，面向全国推介经营项目，在竞争中抢占先机。

③预订促销

签约商家通过4000365960电话、网站或手机在线交易系统，享受预订促销服务，在发展中赢得生机。

（2）面向消费者提供的服务

①找得到

休闲农业消费者使用网站搜索、电子地图，手机短信、电子地图查询，拨打4000365960热线等多种方式，可以迅速找到休闲信息。

②买得到

通过网站、手机、4000365960电话，消费者可购买到安全、正宗、物美价廉的各地特色农产品。

③订得到

通过网络、电话、短信即可预订全国任何地方的休闲农业"吃、住、玩"产品，还可享受打折服务。

④"想"得到

根据用户需求策划独具特色的线路、向导服务，替用户着想，引导高品质农业休闲消费。

⑤"秀"得了

用户可以建立私人空间、发布游记、发起活动、寻找志同道合的驴友，尽情抒发情怀，大"秀"精彩旅程。

（3）面向管理者提供的服务

①科学管理

休闲农业管理者可以随时随地了解本地区休闲农业发展情况，科学管理指导休闲农业经营。

②整体宣传

依托"魅力城乡"建立本地个性化信息平台，整体推广宣传本地区休闲农业。

3.2.4　应急指挥管理系统

针对国内外高致病性疯牛病、禽流感等动物疫情蔓延趋势严重，世界范围内发生重大公共卫生事件逐年增多，动物疫情防控形势越发严峻的现状，为了最大程度地减轻突发动物疫情对畜牧业及公众健康造成的危害，保证经济持续稳定健康发展和人类身体健康安全，建立涵盖基本信息管理、防疫信息管理、疫病信息管理、疫情应急指挥等多项功能于一体的重大动物疫情应急指挥平台，可以实现数据共享、直观显示、部门协同、资源调度的自动化管理，提升畜禽疫病防控能力，为畜禽生产、疫病防控和应急指挥提供信息服务。

应急指挥管理系统能根据疫情实际发生位置在管理地图中清楚标记，系统可以根据范围内牲畜养殖量自动计算出该疫情的影响范围，在应急管理系统中清楚显示，为决策者提供最为直观的分析结果。可以跟踪定位各个运输救援单位的位置信息，实现统一调度指挥，最大限度地帮助决策者完成调度工作。

（1）固定信息查询

本功能提供固定信息查询功能，允许指挥人员在地图上任意查看重要位置的即时信息，使指挥人员能在第一时间清楚了解该区域的实际信息。

（2）疫情地点登记

一旦突发重大动物疫情，管理人员可以直接进行疫情登录，系统将自动同步指定区域的信息，全省或者一个县均可进行随意控制，及时发布数据状况，并可以在指挥过程中通过手机短信群发功能实现人员的统一调度。

（3）疫情区域自动分析

系统提供疫情区域自动分析模块，疫情地点一旦进行登录，系统的自动分析模块将会被自动触发，系统将根据疫点、疫区的实际情况迅速计算出影响范围，以醒目颜色标注在地图上(疫情监测分析见图3-6)，并根据存栏信息计算出扑杀及无害化处理费用、相关疫苗等应急物资投入费用，为决策提供最佳参考信息。

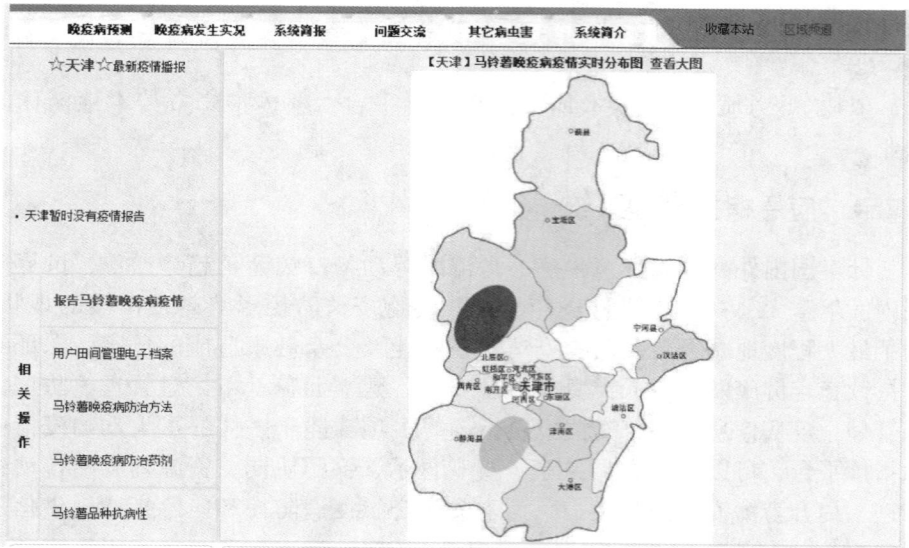

图 3-6　疫情监测分析

资料来源：http：//www.china-blight.net/index.php.

（4）专题对比分析

系统可将同类信息或类似信息进行对比分析，显示在地图上，决策者可清晰了解关注地区同类信息的分布情况，疫情状况，甚至生产状况。

（5）跟踪定位

系统可对应急指挥中各个应急物资运输车辆及人员等进行跟踪定位，使决策者随时掌握应急状态，使重大动物疫病防控更加科学、有效、准确、快速。

应急指挥管理系统实现了重大动物疫情和动物产品质量安全事件快速追踪。如果发生重大动物疫情、动物及其产品质量安全事件，就可以利用机构位置查询、动物疫病填报、疫点疫区划定与影响分析、扑杀动物统计、扑杀及无害化处理经费计算、紧急免疫动物统计及疫苗计算等功能及时准确管控疫病疫情，为疫病应急指挥工作提供重要参考，实现重大动物疫情有效管理，减少疫情损失，确保畜产品质量安全、可靠、放心。

3.2.5　三农综合信息服务平台

随着农业现代化水平、农民素质以及农村发展水平的提高，农民、居民及一般的社会消费者不再满足于生产技术和经营知识的一般指导，更需要得到科技、管理、市场、金融、法律、社会等多方面的信息及咨询服务。

为了让农民更加便捷地获得"三农"信息服务，农业部建设了三农综合信息服务平台（12316 中央平台），它是一个集 12316 热线电话、网站、电视节目、手机短彩信、移动客户端等于一体，多渠道、多形式、多媒体相结合的综合信息服务平台，包括"一门户、五系统"，即 12316 门户、监管平台、语音平台、短彩信平台、农民专业合作社经营管理系统和双向视频诊断系统。农业综合信息服务平台首页如图 3-7 所示。

图 3-7　12316 农业综合信息服务平台首页

资料来源：http：//12316. agri. gov. cn/

　　12316 是全国农业系统公益服务统一专用号码。农业部 12316 中央语音平台是全国 12316 的统领性、指导性、支撑性和枢纽性平台。中央语音平台的主要服务对象是：各省及相关市、县平台专家及工作人员。随着平台的不断发展，将逐步面向农业各行业用户、广大农民及社会公众开展服务。中央语音平台的服务内容初步确定为六类：①法规政策。主要是国家法律法规、中央政策、农业部规章、行业法规规章解读和咨询。②决策部署。主要是中央决策、农业部重大部署解读和咨询。③气象灾害。主要是重大自然灾害预警、预防建议、抗灾建议和灾后重建建议咨询。④病害疫情。主要是种植业、养殖业、水产业的病虫害、重大疫病预报及对策建议咨询。⑤食品安全。主要是影响农产品的重大农情事件、食品安全重大事件信息发布，分析以及对策建议咨询。⑥市场走势。主要是农产品市场趋势预测及对策、建议咨询。

　　目前，12316 服务已经基本覆盖全国农户，并在 11 个省（区、市）实现了数据对接和 3 个省（市）呼叫中心视频链接；短彩信平台已有 65 个司局和事业单位注册使用；"中国农民手机报（政务版）"通过该平台每周一、三、五向全国 5 万多农业行政管理者发送；农民专业合作社经营管理系统已有 8700 余家合作社注册使用；基于门户的实名注册用户系统已有 22 万实名用户注册使用；语音平台集成了农业部所有面向社会服务的热线。

作为"十二五"期间农业部农业信息化重点项目，该平台的建成使用，打造了契合农业行业需求的特色应用服务，为加强全国农业信息服务监管提供了手段和真实、及时的数据支撑，为农业部门自身业务工作的开展提供了便捷的信息技术手段，随着部省信息数据的有效对接，信息资源共享程度将会明显提高，将对构建全国"三农"服务云平台奠定坚实基础。同时，该平台的构建，使得以部级中央平台为支撑监管、省级平台为应用保障、县乡村级服务终端为延伸的全国 12316 农业综合信息服务平台体系初步形成，这既可为信息进村入户工程提供核心支撑，也可以及时了解农业生产经营过程中产生的热点问题和各种诉求，为各涉农主体灵活便捷地获取信息服务提供重要渠道。

3.2.6 精准农业案例

精准农业也叫精细农业或精确农业，有时也被称作数字农业，它是基于现代信息技术发展起来的一种新型现代农业生产形式和管理模式。精准农业的基本含义是利用遥感、卫星定位系统、地理信息系统等技术实时获取农田每一平方米或几平方米为一个小区的作物生产环境、生长状况和空间变异的大量时空变化信息，及时对农业进行管理，并对作物苗情、病虫害、墒情等的发生趋势，进行分析、模拟，为资源有效利用提供必要的空间信息。在获取上述信息的基础上，利用智能化专家系统、决策支持系统，按每一地块的具体情况做出决策，准确地进行精准播种、精准施肥、精准喷洒农药、精准灌溉、精准收获等精准作物生产管理。精准农业是未来农业发展的方向，是实现农业可持续发展的主要途径。

精准农业以农田信息采集及时空差异分析为基础，以决策支持技术为量化工具，以变量实施技术与装备为作业条件。因此，农田信息采集、分析决策、精准作业是精准农业技术体系的三大环节。精准农业的实施过程主要包括数据采集、差异分析、处方生成和控制实施几个部分。本节以江汉平原为例，探讨基于 GIS 的精准农业发展模式。

（1）环境分析与准备工作

环境分析主要阐述江汉平原适合在哪些作物种植上发展精准农业。江汉平原地形平坦开阔，水源充足，都有利于棉花、水稻的种植，并且棉花和水稻种植面积非常大，尤其以棉花为代表，从清代开始便是江汉平原的主要经济作物，棉花在江汉平原的种植规模之大全国罕见，有利于精准农业各项技术的开展。

准备工作主要包括土地平整、土壤翻耕以及相应发展现代化农业的基础设施建设。精准农业智能机械大部分都是大型机械，对道路的要求较高，因此农业机械的可进入性等问题都需要完备的基础设施来做保障。

（2）产量数据的获取与成图

作物产量是表明农民经济收益的重要标志，测量作物产量也是实施精准农业的基础工作。对地块内作物产量差异影响进行分析，从中找出发挥作物产量潜力的有效农业措施，实施精准农业即从这里开始。比较作物产量差异有不同的衡量单位标准，我们常用县市级、乡镇级、村组级、地块级等等。精准农业是以地块内的作物产量差异进行比较，可称之地块内级，地块内不同位置由于肥力不同等因素，可能造成产量差异较大，说明地块具有更大的产量潜力。

产量监测作业时，带有 DGPS 系统和产量监测装置的作物联合收割机进行收割作业，将有关数据处理采集储存、计算、显示，每天作业结束，驾驶员从监测器中取出数据卡。数据卡通过转换器与计算机连接，应用高级软件就可以对采集的数据进行处理。经过计算机处理绘制产量图或产量表格，作为制定农业生产措施的依据。

产量图是连续地记录进入谷物联合收割机粮箱内的谷物流量，同时与地块中的实际收获位置相结合的地块产量图，在图上以不同颜色显示不同的产量值，从不同颜色分布可以看出产量差异。在产量表格上可以看出经度、纬度、产量、含水量等一系列数据。

产量图的生成可以使用美国 CASE IH 公司产品配套的 AFS（Advanced Farming Systems）系统软件。该软件是一个典型的精准农业地理信息系统应用软件，它适用于所有 CASE IH 公司的精准农业装备，如收获机、播种机、喷药机等。使用 AFS 可以显示分析凯斯联合收割机在田间收获监测得到存入数据卡中的信息。绘出田间收获产量图、水分图和大地高程图，还可绘制出收获机的生产率图，能很方便地显示统计分析田间农作物收获的地理信息。

（3）农田其他信息获取与成图

农田其他信息包括土壤成份、土层厚度、土壤中氮磷钾及有机肥含量，以及作物苗情、病虫害的发展趋势。其中土壤成份和土壤中各种养分的含量都依赖于土壤化验与分析。另外当地历年来的气温、降雨、雷雨及大风风速也需要用来指导精准农业的决策与实施。

目前，江汉平原土壤化验方法还是采用细分土壤取样到化验室进行化验。土壤化验与分析的目的是找出土壤肥力与生产目标潜力之间的关系，找出土壤性质与作物产量的关系，挖掘作物生长最大潜力。

土壤化验与分析内容包括：土壤肥力、土壤类型及其他因素。土壤肥力要化验氮、磷、钾的含量；富营养物质钙、镁、硫的含量；微量元素硼、氯、铜、铁、锰、钼、锌等含量；土壤类型分析；土壤PH值的测定；土壤其他因素的测定分析，如：有机质含量、土壤中含砂量和黏土含量、土壤结构密度和多孔性、排水性能和排灌系统、耕层深度、耕作制度等。对化验结果与产量测定联系一起进行全面、综合分析，找出影响产量潜力的因素，为制定农业技术措施提供科学数据依据。要求土壤取样分析数据必须准确，否则、精准农业就没有实际意义。

取样间隔时间视具体情况确定，应考虑土壤类型、土壤营养水平、灌溉条件、轮作制度等，如果土壤肥力水平高，取样间隔时间可长一些，如果土壤肥力水平低，每二年应取样化验一次。在每年的春、秋季取样为好，夏季土壤状况变化大，不易取样化验。每年取样应在几日内完成，而且每年都在同一季节内取样。每次取样位置应相同，进行连续性分析，找出变化规律。不同耕作制度的取样方法不同，犁耕地，在耕层取样；免翻地分层取样。为使取样具有准确的代表性，取样应避免在地边、靠近沙石公路旁、狭窄的地带取样。

土壤取样时必须定位取样，取样方法可视情况而定。取样程序如下：①准备取土样工具和容器；②定点取样，装袋贴上标签；③化验准备，混合均匀；④化验记录，存储数据；⑤绘制土壤分层图。

（4）决策支持系统生成作物管理处方图

在获取了农田信息并成图入库后，可对图中各方面信息进行对比，分析产出不足的原因，提出解决办法，这就是决策支持系统需要完成的工作。南京农业大学农业部作物生长调控重点开放实验室研发的小麦管理智能决策支持系统，成功运用知识工程和信息技术原理。下面介绍建立江汉平原的小麦生长决策模型。

系统应用元级控制、模式匹配等策略，采用产生式规则表达专家知识、逆向推理机制进行推理。建立了知识库（KB）、模型库（MB）、数据库（DB）、推理机（IE）和人机界面。系统以windows为应用平台、综合运用推理、预测、解释等机制帮助用户设计栽培管理方案，解答栽培技术问题以及动态调控小麦的生育进程。系统基于小麦生长模型，将模型的预测功能与专家系统的逻辑推理相结合，增加了指导生产的准确性和科学性。

（5）实施变量投入

在固态肥施用方面，电控机械无级变速器变量施肥工作比较可靠，成本比较低，如有必要在江汉平原甚至可以采用手控变量施肥机方案，尽量在保证施肥准确性的情况下降低技术使用成本。在液态肥施用方面，江汉平原可以使用单片机控制步进电机驱动的变量投入技术。

值得一提的是我国首台具有自主知识产权的基于 GPS 的智能变量播种、施肥、旋耕机研制成功标志着我国在变量投入方面已经迈出了一步。该复合机在上海交通大学机动学院研制成功，并在上海市松江柳新农场投入使用。该机集合了 2~3 台机器的功能，收割、播种、施肥可同步进行，适用于小麦、水稻、大豆、油菜等多种作物，并且操作简便，通过一个电脑触摸屏，就可实现精准耕作。它能借助 GPS 确定农机的位置，而后根据地理信息系统，了解这块土地的详细资料，如历年的产量情况、土壤养分情况、酸碱度等。只要通过一个电脑触摸屏，就可实现精准施肥等操作。基于 GPS 的智能变量播种、施肥、旋耕复合机，能够用电子信息技术对农田土壤状况进行科学分析，然后根据数据分析结果科学合理地进行精准变量施肥、播种，能够大大节省种子化肥的用量，减少农业投入，增加种植效益，保护环境。

3.2.7　农业电子商务

农业是典型的传统行业，具有地域性强、季节性强、产品的标准化程度低、生产者分散且素质较低等特点，具有较大的自然风险和市场风险。电子商务是通过电子数据传输技术开展的商务活动，能够消除传统商务活动中信息传递与交流的时空障碍。发展农业电子商务，将有效推动农业产业化的步伐，促进农村经济发展，最终实现地球村来降低传统的农业交易方式。

中国农产品促销平台由我国农业部信息中心主办的国家农业电子商务网站平台以商务服务为主，是对农业部政务网站中国农业信息网（www. agri. gov. cn）的有力补充。旨在为我国农业和农村商务活动提供"权威、高效、便捷"的一站式网络服务平台，强化农村市场信息服务，促进亿万农民上网致富，推动千万涉农企业上网商务，推进社会主义新农村建设，加快农村经济和城乡协调发展。

中国农业信息网商务版现设有供求、价格、企业、资讯、技术、致富、物流、专题、展会等多个板块，为广大涉农企业用户、合作社、农资销售用户提供丰富、专业、权威的农业信息。中国农业信息网商务版首页如图 3-8 所示。

网站具有如下优势：

权威性、公信力。中国农业农产品促销平台是由农业部主办的中国唯一的官方农业电子商务平台。作为一个国家级的农村电子商务平台，中国农业信息网商务版有很强的公信力和权威性。

海量的信息资源。农业部信息中心长期从事农业信息服务，拥有庞大的数据库和信息体系、强大的农业专家团队和市场预测分析技术，为用户提供可定制的、实用的、专业的、准确的信息。

图 3-8　中国农产品促销平台首页

资料来源：http://cxpt.agri.gov.cn/

完善的服务体系。农业部信息中心以中国农业信息网商务版为门户，积极组织村级三农信息综合服务站，利用先进的信息技术、通过电子商务等现代手段、真正实现线上线下相结合，为广大会员提供信息、技术、销售、金融、管理五大服务，实现一个全面的综合服务平台。

专业的策划团队。随着我国互联网事业的快速发展，越来越多的企业和个人开始注重网络营销，而网络营销最重要的就是策划，商务版的精英团队针对不同的需求、市场及自身情况，量身定做适合客户的营销方案，并集合商务版的优势开展全方位的合作，为客户打开电子商务的大门。

3.3　农业应用系统发展趋势

加快农业信息化建设，充分利用信息技术改造传统农业，对农业生产的各种要素实行数字化设计、智能化控制、精准化运行、科学化管理是加快转变农业发展方式，实现农业现代化的必然选择，也确定了农业应用系统建设的方向。伴随着信息技术的快速发展和现代农业建设对农业信息技术需求的不断增大，农业应用系统未来发展将呈现以下几大趋势：

3.3.1　数字化、智能化将为现代农业发展贡献更多的力量

现代农业将使信息技术越来越融入到测土配方施肥、畜禽水产养殖、节水灌溉、农机调度等农业生产管理过程，全面提高农业综合生产能力。如：精确农业，通过地理信息系统对地理数据和绘图进行分析和管理；利用全球

定位系统对地理数据进行定位及定义；利用变量投入技术（VRT）开发精准、特定的投入应用；利用遥感识别功能和田间监控技术对作物生长进行记录等。

3.3.2　物联网技术将驱动现代农业经营全程网络化、信息化

目前，物联网技术作为新一代信息技术的重要组成部分，受到政府、企业和科研机构的青睐。物联网的核心和基础仍然是互联网，是在互联网基础上延伸和扩展到任何物体与物体之间，进行信息交换和通信。物联网被称为世界信息产业发展的第三次浪潮。

随着生活水平的提高，消费者对农产品质量安全的要求已经不仅仅满足于产地和品牌，需要对其质量安全从"田间到餐桌"全程掌控，即对产前农作物品种选用或养殖产品的雏苗，产中生长过程，产后加工和包装，流通环节的冷藏和运输等信息全程记录。

3.3.3　电子政务迅速推进将进一步强化现代农业管理

"十三五"期间将加快利用互联网技术，克服条块分割、信息孤岛，加快实现中央与地方互联互通，推动农业电子政务公共服务延伸到乡村。农业电子政务系统的应用和推广，将进一步促进政府职能转变，增强决策和管理能力，提升办公效率和服务水平。

3.3.4　网络化、多媒体化将空前满足现代农业对信息及服务的需求

"十三五"期间，农业信息服务的网络化和多媒体化得到较快发展。网络化将有利于不同地域的生产者、经营者、消费者低成本共享信息技术和信息服务，有利于让农民及时、全面、详细获取个性化信息服务，有利于改变贫困农村经济被边缘化的现状。

信息服务多媒体化，通过计算机或其他电子手段传递文本、图形、声音、动画和视频信息的组合。可以将十分复杂的农业技术，以较为简单、易懂、易学的方式表现出来，同时传播速度快、覆盖面广、形象逼真。如，病虫害远程诊断系统，利用网络医院、远程培训、视频会诊等应用系统，为农民提供专门技术指导病虫害防治。展望未来，传统上门求教预约服务的方式，将被多媒体技术提供的个性化技术指导和培训取代。

第4章 门头沟区网格化物业 管理信息系统

实施网格化管理是提高城市管理效能的重要举措，是改善城市生产，生活环境，提升城市品位的有效途径。物业管理工作是事关千家万户的基础性民生工程，是城市管理的重要组成部分。因此，必须在物业管理上实现精细化，将管理覆盖到每一个环节，控制到每一个细节，规范到每一项操作，精确到每一项数据。物业管理行业的一个特点是所管理事物的繁杂、琐细、大量的基础资料、繁杂的统计以及各项资源的管理。传统的人工管理方式难以应付。目前物业信息管理的主要方式是基于文本、表格等介质的手工处理。总的来说，缺乏系统、规范的信息管理手段。有必要建设一个物业精细化管理信息平台，引进城市网格化管理理念，实现城市物业管理工作规范化、系统化、程序化，提高信息处理的速度和准确性，能够及时、准确、有效地查询和修改各个城市物业情况。

4.1 项目概述

4.1.1 项目背景

随着现代信息技术研究和应用的不断深入，空间网格与 GIS 和空间信息技术相结合，逐步形成了城市及社区的网格化管理。借用空间网格，将管理对象按照一定的标准划分成若干网格单元，利用现代信息技术和各网格单元间的协调机制，使各个网格单元之间能有效地进行信息交流，透明地共享系统的各种资源，已经被应用于城区管理、市场监管、治安巡逻、环卫等多个领域。

城市网格化管理模式是一个新兴概念，它是基于城市电子政务专网和城市基础地理信息系统，运用 3S 技术、地理编码技术和移动信息技术，以数字城市技术为依托，通过建设网格化城市管理平台，实现市、区、专业工作部门和网格监督员四级联动的管理模式和信息资源共享系统，基本流程如图 4-1 所示。

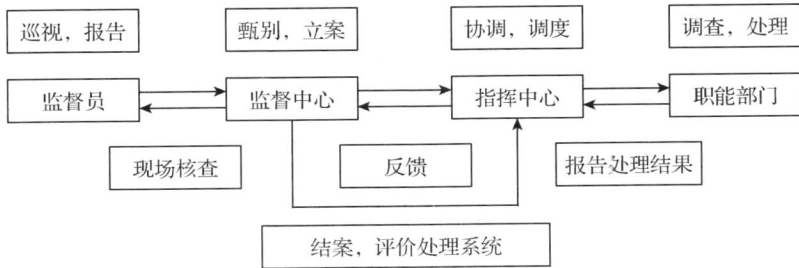

图 4-1 城市网格化管理基本流程

与传统城市管理模式相比，网格化城市管理模式的特征主要体现在：

（1）数字化管理

网格化城市管理模式与现代信息技术的联系空前紧密，3S 技术、海量数据存储技术、移动通信技术、中间件技术等共同奠定了网格化城市管理模式的技术基础，即便是处于模式最终端的"城管通"，也凝结了现代数字技术的结晶。在网格化城市管理模式框架内，科学技术与现代管理理念有机地合为一体，实现了工具理性与社会理性的高度统一，并最终共同为管理实践服务。

（2）闭环式管理

网格化城市管理模式建立了监管分离的两极城市管理体制，监督中心既负责信号输入，也负责评价结果，对整个管理系统起到全面控制功能，同时，社会公众的意见构成了监督评价体系的一部分，各个城市管理部门的工作成效得到了有效监督，管理系统实现了闭环控制。

（3）精细化管理

精细管理的核心思想是通过管理的细化和深化，明确各环节的关键控制点，建立合理、高效、不断优化的业务流程。精细管理是现代管理的发展方向和本质要求，网格化城市管理模式正是一种精细化的管理。例如，北京市东城区将所有城市部件分为 6 大类 56 种 168 339 个，每个部件小到井盖、路灯、邮筒、果皮箱、行道树，大到停车场、工地、立交桥、电话亭、公厕，全都有自己的身份代码，每个监督员对自己管理区域内的城市部件的数量、位置、所属社区、管理部门都能脱口而出，新模式下问题处理时间已精确到秒。这充分说明，网格化城市管理模式摆脱了传统城市管理粗放、滞后的缺点，向精细化方向不断发展。

（4）动态化管理

网格化城市管理模式有网格化城市管理信息平台作为技术支撑，实现了信息的实时更新和动态监控。单元网格内一旦某一城市部件出现问题，会在第一时间被发现，第一时间被解决，第一时间被反馈，第一时间被检验。城市管理工作的主动性大大增强，实现了准确、及时的动态化管理。

总之，网格化服务管理平台的建设可以缩减上报问题等中间环节和管理层级，缩短处理和解决问题的时间，在城市管理上实现了从"开环"式管理到闭环式管理的转变，通过体制变革、流程再造，使得管理过程更具可控性。同时，网格化管理模式建立健全了城市管理的长效机制，实现管理组织的扁平化，解决了城市管理中的"政府失灵"问题。

4.1.2 可行性分析

4.1.2.1 技术可行性分析

（1）"3S"及其集成技术

地理信息系统是一种采集、存储、管理、分析、显示与应用地理信息的计算机系统，是分析与处理海量城市地理数据的通用技术。通过对地理信息系统技术的应用可以做到对城市部件管理的"一目了然"，实现了图文一体化的协同工作环境。全球定位系统是一种以空间为基础的导航系统，可为各类用户提供高精度的三维位置、三维速度和时间信息。遥感技术能及时提供准确、综合和大范围内进行动态监测的各种资源与环境数据，利用航空遥感技术，可以获得城市遥感图像信息，实现城市管理信息可视化。

（2）分布式数据库及分布式计算技术

分布式数据库是由相互关联的数据库组成的系统，它是物理上分散在若干台互相连接着的计算机上，而逻辑上完整统一的数据库。它的物理数据库在地理位置上分布在多个数据库管理系统的计算机网络中，对于每一用户来说，他所看到的是一个统一的概念模式。用于城市管理的数据位于不同地区、不同部门的系统或者数据库中，因此城市网格化管理系统需要用分布式计算技术来构建异构的分布式数据库。

（3）网格及网格计算技术

互联网把各地的计算机连接起来，网格则把各种信息资源连接起来。而网格计算则是把计算机和信息资源都连接起来。在网格计算中，资源是分布的，资源及其提供者也是分布的。在城市的网格化管理中，各种计算资源和信息资源异构的分布在不同地区和不同的部门，网格和网格计算技术对信息处理一体化、信息资源共享与协同工作将起到重要作用。

（4）构件与构件库技术

构件是被用来构造软件可复用的软件组成成分，可被用来构造其他软件，它可以是被封装的对象类、类树、功能模块、软件构架、分析件、设计模式等。应用构件技术可以有效地提高软件开发的质量和效率。构件库是把一组功能和结构有联系的一组构件组织在一起形成的有机的系统，可以对组件进行查询、管理、编辑等，类似于数据库管理系统。城市网格化管理系统有许多结构和功能差异很大的子系统，需要用到不同的数据库和软件系统，因此在系统开发过程中构件和构件库技术的使用将大大提高系统的开发效率。

（5）中间件技术

中间件是位于平台与应用系统之间的具有标准的协议与接口的通用服务，它是一个通用的软件层，利用该软件层提供的 API，可以开发出具有良好通信能力和可扩展性的分布式软件管理框架，用于在客户机和服务器之间传送数据、协调客户和服务器之间的作业调度、实现客户机和服务器之间的无障碍通信。通信是城市网格化管理系统中最重要最基本的功能，通过大量的通信来协调和完成各种空间事务处理，为此要借助中间件技术来统一管理、调度异构软件协同运行，减少关键任务切换，提高运行效率。

（6）地理编码技术

地理编码是基于空间定位技术的一种编码方法，它提供了一种把描述成地址的地理位置信息转换成可以被用于 GIS 系统的地理坐标的方式。在城市网格化管理系统中用到许多不同部门和类型的数据，地理编码技术对于这些信息资源的集成和融合具有重要的作用。

另外，城市网格化管理系统中还涉及到 Agent 技术、互操作技术、移动通信技术、安全机制等方面的其他技术。当前，在信息技术飞速发展的大环境下，计算机软硬件技术的更新完全有可能也有能力使新的管理技术适用于网格化管理。

4.1.2.2　操作可行性分析

系统可以采用 B/S 结构即浏览器和服务器结构。在这种结构下，用户工作界面通过浏览器来实现，极少部分事务逻辑在前端（Browser）实现，主要事务逻辑在服务器端（Server）实现，形成三层架构。这样就大大简化了客户端电脑载荷，减轻了系统维护与升级的成本和工作量，降低了用户的总体成本（TCO）。以目前的技术看，局域网建立 B/S 结构的网络应用，并通过 Internet/Intranet 模式下数据库应用，相对易于把握，成本也是较低的。B/S 结构是一次到位开发，能实现不同人员，从不同地点，以不同的接入方式（比如 LAN、WAN、Internet/Intranet 等）访问和操作共同的数据库；它能有效地保护数据平台和管理访问权限，服务器数据库也很安全。

4.1.3　系统战略规划

通过建设网格化管理平台，在各乡镇推广网格化管理机制，可以使乡镇工作人员的管理单元更加细化，职责更为明晰。具有显著的战略意义，有如下体现：

（1）管理更加精细化和规范化

一是对街道、社区、基础网格的管理职责更加明确，管理对象更加细化，如市容市貌管理，一般以主要街道和主要场所为主，实施网格化后延伸到每条路、每个角落，每个事件，甚至到每个部件，达到精细化管理的水平。二是在管理机制上，不仅具有一整套规范统一的管理标准和流程，而且发起、安排、评价、管理四个步骤形成一个闭环，从而提升了管理的能力和水平，将过去传统、被动、定性和分散的管理，转变为今天现代、主动、定量和系统的管理。

（2）管理人员的工作能力提升

网格化管理相比以往的管理模式对于管理人员来说，责任心、业务能力要求更高，通过明晰岗位职责，并加强督查考评，提高了他们的自觉性，增强了干好工作的事业心和责任感。当好一名网格管理员，必须对网格的人、地、事、物、情了如指掌；学习各方面的业务知识，提高发现问题、解决问题的能力；还要深入群众、善于和群众沟通，得到他们的支持，了解他们的需求，有针对性地开展好为民服务。在平时工作中，由于职责所在，迫使他们加强学习各项政策，开动脑筋、主动靠前，变"处理单一业务"为"解决各种难题"，直接面对各种矛盾和复杂问题，使网格管理员的业务能力和工作水平得到较快的提高。

（3）经济效益增长

网格长总监由原村镇协管员转入，网格管理员由其他部门抽调，人员总数至少不会增加。目前尚无成本数据支持，但考虑网格管理员定期巡视、问题精确定位及快速传递，部件维修重置费、部门处理成本及协调成本有较大改善，估计该模式的累计节约金额在几年内完全有可能超过项目投资额。

（4）服务效果提升

权责清晰化和流程规范化解决了城市管理职责不清、多头管理等问题，管理对象数字化和信息处理网络化则大大加快了问题处置速度和整个系统的响应速度，网格管理员深入大街小巷也促进了政府与社区居民的良性互动，在一定程度上实现了城市管理的高效、敏捷、精确运作与全覆盖，市民满意度亦有较大幅度的提升。

4.2 系统需求分析

4.2.1 需求调查

在系统建设之前，通过实地走访调研北京市网格建设现状和用户需求，将北京市门头沟区军庄镇列为门头沟区网格化服务管理的试点镇，并于2013年6月开始探索实施网格化管理服务工作。在实施过程中，军庄镇以现有资源为基础，通过完善惠民为民基础设施，组建专项服务队伍等方式，把物业式服务融入到网格化管理中，逐步打造"网格化管理，物业式服务"的农村管理新格局。

北京市门头沟区军庄镇下辖8个行政村及2个居委会，2008年户籍人口11 408人，其中非农业户口7911人，农业人口3497人。在网格化服务管理工作中根据当地地理地貌、人口居住地等情况，把地区分成若干个网格，使得镇干部、派出所民警、村委会工作人员、服务队伍分别置身于每个网格负责该网格社会管理服务事宜，通过网格化管理工作及时化解矛盾、做好服务、密切党群关系，提升管理服务水平，从而有效提高地区管理效率。军庄镇为使网格化工作顺利推进，制定了《军庄镇关于推进网格化社会服务管理体系建设实施方案》，明确各职能部门在各工作阶段的主要任务。

在通过不断走访调研之后，确定当地物业管理公司的一般管理流程，其中包括事件发生，事件上报，事件决策，事件处理四个部分。从中我们可以看出，物业管理公司的流程在事件发生以及事件结束两个环节上没有形成很好的反馈机制，事件在未开始时没有强有力的巡查机制来避免不必要的事件发生，在事件处理完毕后没有相对应的处理结果评价机制。同时，对于事件决策这一环节而言，决策过程不规范，没有形成流程化，系统化的问题处理机制，容易造成后续处理工作开展不顺，继而影响处理的结果。

在明确了物业管理上的相关需求后，我们提出具有针对性的网格化管理理念对物业管理上的种种问题进行优化和解决。最终形成以工作流为核心的物业网格化管理方法，从事件的上报，处理到反馈都做出了合理的调控。

对于事件上报来讲，作为事件发起的第一环节，其动作可纳入发起工作流这一网格化管理环节。相比于事件上报，发起工作流具有规范的流程性，从而保障了事件在传达过程中的高效性，准确性。对于事件处理环节而言，其动作本身包含两部分内容，第一是事件的处理建议；第二是事件的处理过程。这两部分共同构成了事件的处理环节，缺一不可。我们将其纳入安排工作流这一环节，包括了对事件的决策和处理，物业公司在通过网格化管理平台了解到事件后，通过网格管理员与物业公司经理的决策，下达了事件的处理建议，最近区域内的物业员工在收到处理意见后则赶赴现场对事件进行勘察和处理。这一环节保证了行动的高效性，一方面体现在快速的流程化处理意见的下达；另一方面则体现在了网格化管理对于突发事件的快速反应能力上，通过划分网格化区域，相关区域人员对本区域有着全面深入的了解，那么在工作执行的过程中将更加快速，高效。事件反馈作为事件处理的最终环节，其意义不亚于事件发起。事件反馈在于对事件处理结果给出评价意见，评价意见的好坏表明事件处理的结果是否得当，并为下一次工作的开展积累经验，我们将事件反馈纳入评价工作流这一环节，以此构成整个管理环节的全部流程。

此外，在调研中发现，门头沟区军庄镇军庄村根据实际工作推进情况，在顺利完成部件普查、信息梳理、部门资源整合的前提下，成立了一个村镇级网络化中心，并召集多名网格管理员共同建立一支标准化的网络监督组织。网格管理人员在各自分配的网格范围内检查，一旦发现问题立即发起工作流，物业公司经理对反馈的信息进行核实鉴别后，根据工作流情况派遣相关的物业公司工作人员到现场进行处理，事毕，网格管理员对处理结果进行评价。网格长总监负责网格管理员的工作进度，并对所有工作流进行统一管理。

4.2.2 业务需求分析

门头沟军庄镇网格化管理模式的工作流程可以充分并有效的体现精细化城市物业管理系统的流程。进行网络化物业管理的过程中，要将工作流进行分类。根据工作流的属性问题可将其分为水电运维，治安秩序等八种。而整个操作流程又分为发起工作流、安排工作流、评价工作流以及管理工作流等步骤。

（1）发起工作流

用户在对工作流进行筛选、过滤、分类后开始发起工作流，等待物业公司对工作流进行具体安排。

（2）安排工作流

物业公司以收到的工作流情况为基础，派遣物业公司工作人员到相应的事件发生区域进行处理，对于无法处理的事件交由网格管理中心处理。

（3）评价工作流

网格管理员负责对工作流的处理结果进行评价，评价完毕后，将评价情况通过网格化物业管理系统在第一时间内发布，由网格长总监核查。

（4）管理工作流

网格长总监在接收到网格管理员的评价信息后，通过网格化物业管理系统，对整体工作流进行核查管理。

4.2.2.1 基本信息管理

员工信息管理。员工信息管理包括员工信息数据库的建立，修改，查询等内容，即对员工信息可以进行录入，查询，修改，删除等操作。此外，在员工信息管理中，还需要设定不同的角色，设定角色的意义在于通过为每一位用户赋予不同的角色信息以保障每位用户拥有不同的权限。

工作场所信息管理。工作场所信息管理包括工作场所的设置，修改，查询等，包括对工作场所信息可以进行录入，查询，修改等操作。

4.2.2.2　工作流管理

工作流管理主要是用来管理工作流的全部流程，其中包括对发起工作流，安排工作流，评价工作流的管理。在发起工作流中，包括对工作流类别，发起时间，选择工作场所，工作描述等内容进行操作。在安排工作流中，不仅可以查看待安排的工作流信息，同时可以通过对安排工作人员，安排日期，工作描述等内容进行操作进行工作流安排。在评价工作流中，可以查看带评价的工作流，并可填写相关评价意见来实现工作流评价。同时，管理工作流提供了对完成或未完成工作流的查询及删除操作。

4.2.2.3　信息发布管理

网格化物业管理系统中，信息发布是关键。要求管理员可以及时发布新闻，公告，应急预案，规章制度等，并可对已发布的新闻通知进行编辑，删除等操作。

4.2.3　用户分析

网格化管理的方式是通过结合对人员和事件的综合管理形成一套完整的闭环式管理理念，所以，针对用户的需求分析必须满足包含对人员和事件的管理方式的分析的基础之上进行。

4.2.3.1　角色配置

对于人员调配分析而言，人员结构的合理划分保障了系统既不会出现事件处理不及时，响应时间过长等问题，亦不会出现人员冗余过剩，资源利用率低等不利于系统长期运行稳定的问题，对此，本系统设置了以下几种角色配置：

（1）超级管理员

对于网格化物业管理系统而言，超级管理员拥有最高权限，可以查看全部系统功能，并且拥有对系统数据的增删改的操作权限。在系统的实际运行过程中，超级管理员的角色并不会分配给该系统使用者，这样做有效规避了单一使用者的权限过大所带来的一系列问题，只有在系统运行过程中系统本身出现问题时，作为系统维护人员的开发人员才会使用到超级管理员权限。

（2）网格管理员

网格管理员角色的设置意义在于对不同地块的网格化场所，网格化流程实施的管理和监督。对于军庄村的实际情况而言，设置三到四名网格管理员将足够满足对全村的网格化管理。每一位网格管理员负责一片区域，并实现对该区域内出现的各种问题的监管。

（3）物业公司经理

作为一个面向物业管理的平台，物业公司经理这一角色设置履行了对物业公司执行物业管理内容时的监管权限，其中包括对物业公司员工信息的管理，以及执行网格化管理流程，形成与网格管理员的相互配合，同时也起到相互监督的作用。

（4）网格长总监

网格长总监的权限略低于超级管理员，相比于其他角色，网格长总监拥有对后台的管理权限，所以网格长总监默认设置为一名。在所有角色中，网格长总监要起到维护系统正常运行，管理各类角色信息的重要作用。

4.2.3.2 权限分析

在网格化物业管理信息系统中，根据操作权限的不同，可以将角色确定为授权人员、一般人员和系统管理员；而授权人员又可细分为网格管理员、物业公司经理、网格长总监三种权限类型操作人员，如图4-2所示。

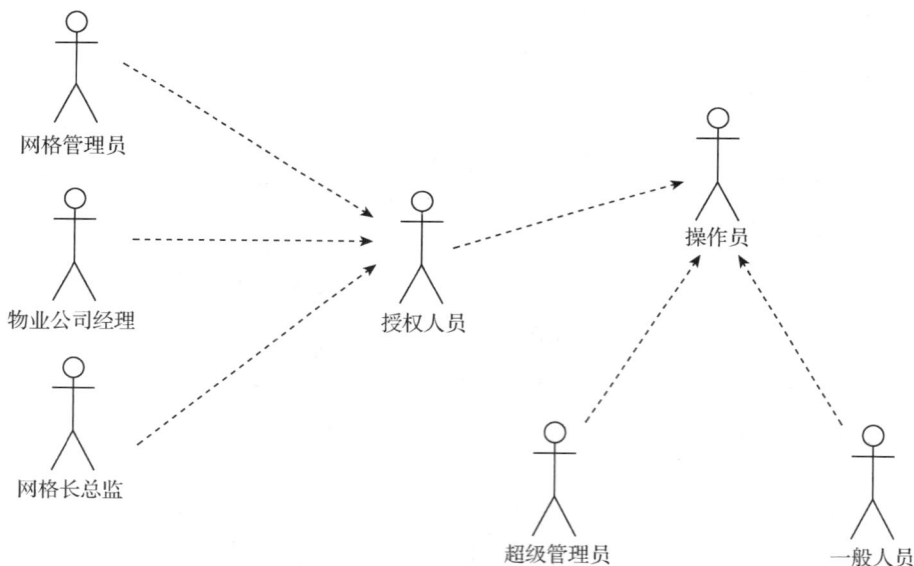

图4-2 网格化物业管理系统角色用例

4.2.3.3 用例图

系统总体用例图。在网格化物业管理信息系统中，角色通过登录系统使用系统中的所有业务，如图4-3所示，该图可以简略地描述出整个系统的业务流程。

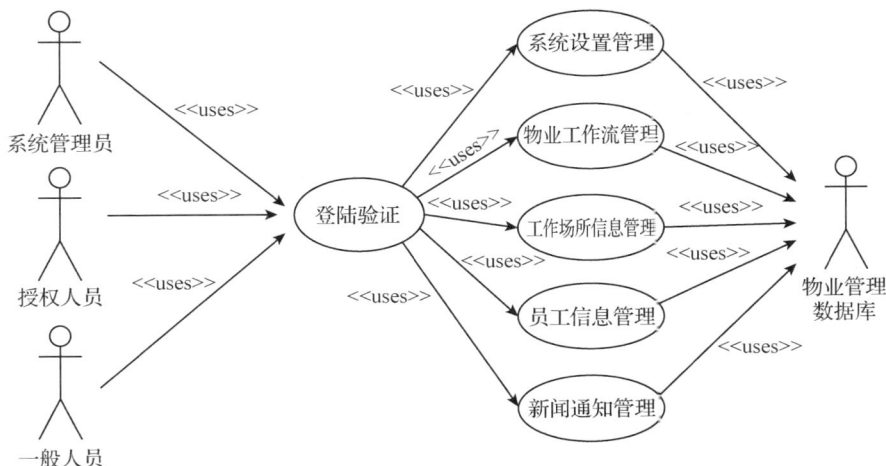

图 4-3　网格化物业管理用例图

4.2.4　功能需求

（1）系统应用范围

综合考虑人口数量、人员构成、地理位置等要素，平台能够将辖区划分为若干个网格单元，每个单元网格为一个基本管理单位，由一名或多名网格管理员对网格内村镇部件、村镇事件问题实施全程监控、管理。

（2）数据可及时上传

运用计算机网络技术搭配物业网格人员管理办法，将村容维护、水电运维、治安维护、护林防火、公用设施维护、社区服务、监控室 24 小时值班等多种物业信息集成到一个平台，并且可以根据管理需求增加或者删除场所及功能信息，实时发布实时新闻、公告、相关政策法规及规章制度、应急预案 4 类事件，纳入城市管理信息平台进行动态管理，分门别类地建立相应的数据库，赋予功能代码，明确各自的名称、位置、基本状况、归属主体和责任单位。村镇部件一旦损坏或者出现问题时，通过信息平台能在第一时间找到责任主体，进行维修维护。当发生村镇事件问题时，能及时调集有关力量、启动相关预案，及时处置。

（3）角色管理权限分明

网格化管理模式需要建立由网格管理员发现问题后传递到物业精细化管理信息平台上发起工作流，再由物业公司相关部门和责任单位及时解决（安排工作流），最后由网格管理员或网格总监进行巡查并反馈到平台上，实现环形的工作流程，从而形成由发现、安排、分配、巡查及评价五个管理环节有机衔接的闭合系统。

超级管理员：包括对通知与公告，系统设置，工作流管理，工作场所管理，员工个人信息管理，新闻通知管理等六大模块的全部权限。

网格管理员：包括对通知与公告模块，工作流管理模块以及工作场所管理模块的管理权限。其中在通知与公告模块包括对界面的布局设定权限；在工作流管理模块包括物业工作流管理、发起工作流、评价工作流、管理工作流、删除评价信息、确认评价工作流、评价工作流界面等权限；在工作场所管理模块包括对删除工作场所、添加工作场所、修改工作场所等权限。

物业公司经理：包括对通知与公告模块，员工个人信息管理模块，工作流管理模块的管理权限。其中在通知与公告模块包括对界面的布局设定权限；在员工个人信息管理模块包括对删除员工信息、添加员工信息、编辑员工信息等权限；在工作流管理模块包括对确认安排工作流、物业工作流管理、安排工作流、管理工作流、安排工作流界面、待安排工作流界面管理的权限。

网格长总监：包括通知与公告模块，系统设置模块，工作流管理模块，工作场所管理模块四个模块的管理权限。其中在通知与公告模块包括对界面的布局设定权限；在系统设置模块包括角色管理、用户管理、设定用户角色等权限；在工作流管理模块包括对待评价工作流信息、确认安排工作流、物业工作流管理、发起工作流、安排工作流、评价工作流、管理工作流等权限；在工作场所管理模块包括对删除工作场所、添加工作场所信息、修改工作场所信息等权限。

（4）业务管理成环

将村容、环卫、社区服务、水电维护、绿化、基础设施维护、治安维护等问题发现后及时分配到物业公司各专业管理部门，以及镇、村、街道的管理资源和执法力量当中。由直接责任部门或牵头协调部门，最终落实到相应管理环节中。网格化管理模式各管理环节之间需要相互衔接、环环相扣、界面清晰、相互制约，从而确保责任落地，提高管理效率。

4.2.5 非功能需求

实现需求包括对平台界面的需求分析，以及对平台应用环境的软硬件需求分析。对于平台界面首先应当以实用、操作便捷为首要目的。考虑到平台的实际操作人员不具备较高的计算机操作水平，平台界面应具备人性化的操作方式。界面在内容上应当设计得简洁明朗，风格统一，保障平台操作风格的完整性和连贯性。同时，作为一个管理平台，平台界面的颜色搭配上应当采用非高饱和度的背景颜色，可以按照功能设计对背景颜色进行区域划分，使操作人员在对平台使用时一目了然，有利于高效、快捷的管理工作。

关于平台建设的外部环境，通过多次调研确认，军庄镇现有一个网格化管理中心，同时也是当地的物业管理中心，该中心对于军庄村的网格划分具有明确的规定，并且对网格管理员的权责和人数也具备明确的规定，其上设置网格长一名。经过多次同物业及网格化管理中心沟通，确定该平台硬性要求必须满足可部署在网格化管理中心，并在人员划分上符合军庄镇实际情况。

4.3　结构化系统分析

4.3.1　业务流程分析

　　平台总体业务流程部分主要描述平台建成后，能够提供"闭环式"物业精细化服务流程。试点镇物业精细化管理信息平台参考目前最新的 MVC 系统开发模式，最终为了提供一个灵活敏捷的应用平台，便于工作流的自动化和应用系统的整合。提供高性能和易扩展的流程引擎支持复杂的流程处理和人工处理模式，而且支持特定流程需求增加和定义。

　　对于试点镇物业精细化管理信息平台而言，核心的业务过程可以包括三个环节，而重点核心业务流程是在于工作流的发起与分配，如图 4-4 所示。

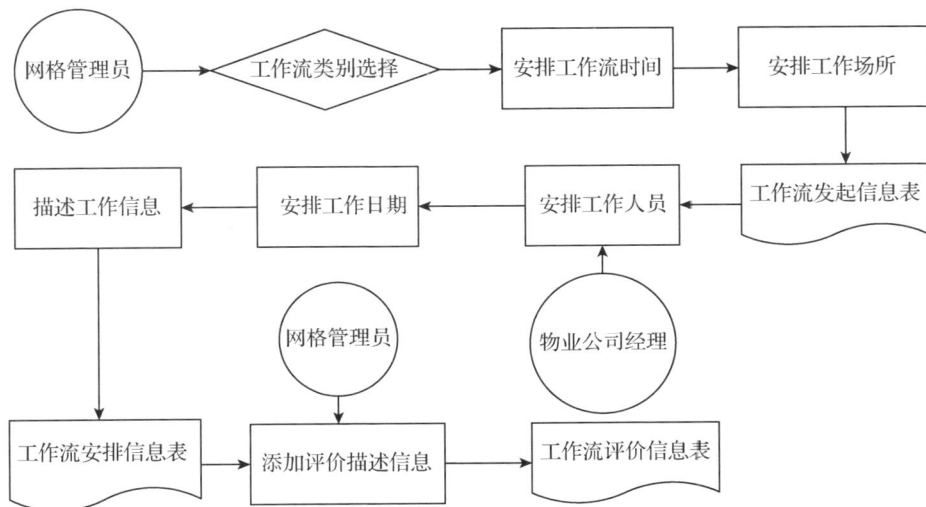

图 4-4　系统总体业务流图

　　发起工作流：由用户发起一个工作流，工作流的内容可以是街道清扫类、公厕清扫类、水电运维类、治安秩序类、护林防火类、公共设施类、孤寡老人服务类、及监控室值班类。

　　安排工作流：网格管理员发起一个工作流后，由物业公司经理来安排这项工作由谁来做，安排工作流。

评价工作流：工作流完成后，由网格管理员来检查发起的工作流是否完成及完成情况，并根据完成情况进行评价。

4.3.2 数据流程分析

数据流程如图 4-5 所示，第一个过程是形成"发起工作流信息表"，标记为 1.0，通过添加工作流类别，添加时间，添加工作场所地点，其结果是形成一个数据流：发起工作流信息表转存至工作流发起表单。第二个过程是形成"安排工作流信息表"，标记为 2.0，通过安排工作人员，添加描述，添加工作日期，以及调用工作流发起表单，其结果是形成 1 个数据流：安排工作流信息表转存至工作流安排表单。第三个过程是形成"工作流评价信息表，并查看工作流评价信息表"，标记为 3.0，通过添加工作流评价，以及调用工作流安排表单，其结果是形成一个工作流：工作流评价信息表转存至工作流评价表单。

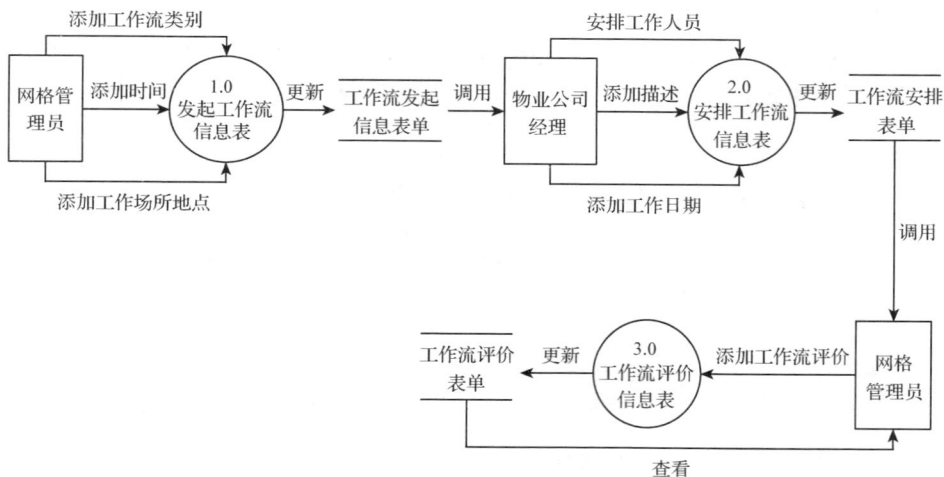

图 4-5 系统数据流图

4.4 系统设计

4.4.1 系统总体架构设计

系统总体功能框架图如图 4-6 所示：

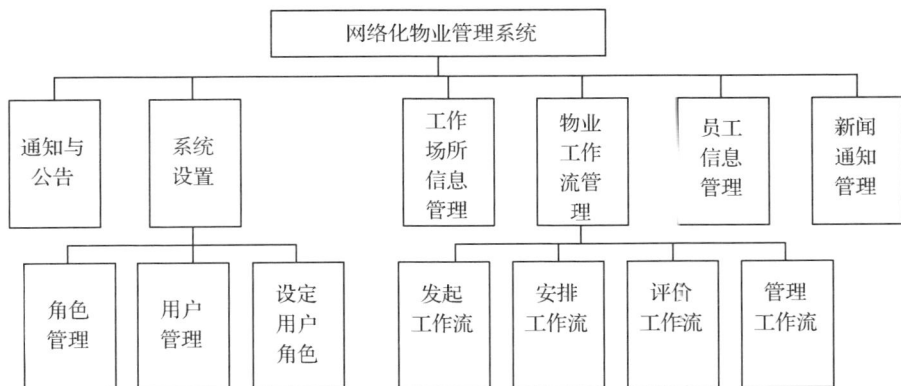

图 4-6 网格化物业管理系统功能结构

4.4.2 平台功能设计

4.4.2.1 通知与公告模块

该模块包含：新闻、公告、应急预案、规章制度四个子模块。新闻模块能够查看实时发生的新闻；公告显示相关政策法规；应急预案指面对突发事件如自然灾害、重特大事故、环境公害及人为破坏的应急管理、指挥、救援计划等；规章制度指单位制定的组织劳动过程和进行劳动管理的规则和制度的总和。

4.4.2.2 系统设置模块

包含：角色管理、用户管理、设定用户角色三个子模块。

①角色管理

能够添加、删除或修改用户的权限。

②用户管理

能够添加、删除或者修改某一人员，添加人员时要填写相关的身份认证信息。

③设定用户角色

对新添加的或者已有的人员分配权限。

4.4.2.3 物业工作流管理模块

包含：发起工作流、安排工作流、评价工作流、管理工作流。

①发起工作流

如遇到道路、街坊路卫生清扫维护信息，公共厕所卫生清扫、垃圾收集外运信息，水电运行信息，治安秩序维护信息，护林防火信息，公共设施维护信息，孤寡老人居家服务信息，监控室 24 小时值班信息等信息，网格管理员将发起工作流。

②安排工作流

物业公司经理收到网格管理员发起的工作流，根据工作内容，合理指派相关人员展开相应工作。

③评价工作流

物业公司人员工作完成后或进行中，网格管理人员将对其进行检查或考核，最后形成评价填入系统。

④管理工作流

可分类查看已经进行完毕或正在进行的工作流，了解工作内容及完成情况。

4.4.2.4　工作场所信息管理模块

因网格化场所区域相对较大，不易明确工作地点，仍需对工作地点进行细化及管理，在工作场所信息管理模块，可添加、删除、修改工作场所的相关信息。

4.4.2.5　员工信息管理模块

在员工信息管理模块，能够查看物业公司的所有员工及其工作类别信息等，可以对员工进行添加、删除及修改操作，添加及修改能够对员工的基础信息及工作类别进行添加和修改。

4.4.2.6　新闻通知管理模块

该模块可对通知与公告模块中的信息进行添加、删除、修改。

4.4.3　数据库设计

4.4.3.1　数据库概念结构设计

依托平台业务流程分析以及系统功能框架，根据功能需求设计数据库。数据库应具备存放员工信息，角色信息，工作流信息，工作场所信息，服务种类信息等五大类数据，其中员工信息还包括员工种类数据，工作流信息数据包括工作种类数据，除此之外，数据库需要存储有关新闻通知等数据。根据数据库中需要存放的字段，将数据库大致分为用户、新闻、工作流、员工、角色、地点、街道、菜单、工作类型等实体以及添加、发起、完成、发布等联系。具体的数据库 E－R 图如图4-7所示。

4.4.3.2　数据库逻辑结构设计

为了消除实体键属性的冗余，将数据模型进行进一步的优化，我们将数据库的概念结构模型，即 E－R 图转换为数据库的关系模型，并明确实体与联系的属性以及数据依赖，将数据库的概念结构模型转化为关系模型，如下所示：

菜单表(菜单编号，菜单名称，类别，功能地址，父菜单，菜单顺序)

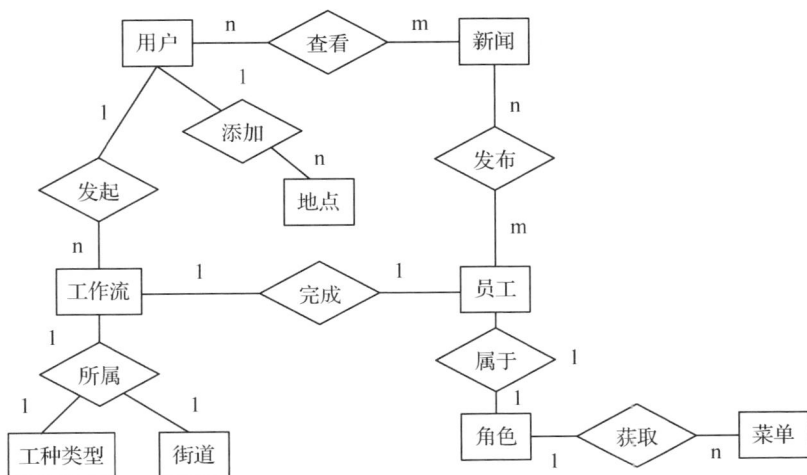

图 4-7　网格化物业管理 E－R 图

新闻信息表（新闻编号，新闻标题，新闻日期，新闻内容，新闻类别，新闻简介）

角色表（角色编号，角色名称）

角色菜单表（角色编号，菜单编号）

用户信息表（用户编号，用户密码，用户名称，用户邮箱，用户性别，用户电话，用户部门，用户职位，用户单位，用户角色）

地点信息表（地点编号，地点名称，地点类别，地点描述）

工作种类表（工作种类编号，工作名称）

员工信息表（员工编号，员工名称，员工性别，员工工作种类编号，员工出生日期）

街道信息表（街道编号，街道名称，街道描述）

工作流表（工作流编号，提交工作流编号，提交工作流日期，提交工作流描述，地点，工作种类，安排工作者，安排工作日期，工作描述，工作流状态，工作评价，工作人员编号）

4.4.3.3　数据库物理结构设计

数据库的存储结构不同与一般文件的存储结构。因为数据库中的数据是彼此有联系的，数据也是结构化的。因此数据库的存储结构不仅仅涉及每种记录型的数据如何存储，而且要使数据存储符合各种记录型之间的关系。因此，对于网格化物业管理系统来说，将存储记录设计成为与概念记录一一对应的关系，并按照工作流的记录顺序，将与每一个工作流相关的记录组成一个顺序组织的文件。这样的数据库存储结构简单，且不会浪费空间。

数据库表结构的确定是数据库物理结构设计的重要组成部分。因此，根据数据库的关系以及数据存储的实际情况，设计表结构如表 4-1 ~ 表 4-10 所示。

表 4-1　菜单表（dbo. Menus）

字段名称	字段类型	长度	描述
id	int	10	ID
spanname	nvarchar	50	菜单名称
type	int	5	类别
ahref	nvarchar	100	功能地址
parentid	int	10	父菜单
orderofMenu	int	10	菜单顺序
liclass	nvarchar	10	liclass
iclass	nvarchar	50	iclass

表 4-2　新闻信息表（dbo. Mnews）

字段名称	字段类型	长度	描述
newsid	int	10	新闻编号
newsTitle	nvarchar	100	新闻标题
newsDate	date	10	新闻日期
newsContent	nvarchar	2000	新闻内容
newsType	nvarchar	50	新闻类别
newsIntro	nvarchar	100	新闻简介

表 4-3　角色与菜单绑定表（dbo. MrollMenus）

字段名称	字段类型	长度	描述
Rollid	int	10	角色
Menusid	int	10	菜单

表 4-4　角色名称表（dbo. MRolls）

字段名称	字段类型	长度	描述
id	int	10	ID
rname	nvarchar	50	角色名称

表 4-5　用户信息表（dbo. Musers）

字段名称	字段类型	长度	描述
id	int	10	ID
userPWD	nvarchar	50	用户密码
userName	nvarchar	50	用户名称
userEmail	nvarchar	50	用户邮箱
userGender	nvarchar	5	用户性别
userCellPhone	nvarchar	20	用户电话
userPartment	nvarchar	50	用户部门
userPasition	nvarchar	50	用户职位
userCompany	nvarchar	60	用户单位
userRollid	int	10	用户角色

表 4-6　地点信息表（dbo. Places）

字段名称	字段类型	长度	描述
Placeid	int	10	地点
PlaceName	nvarchar	50	地点名称
PlaceTypeid	int	10	地点类别
PlaceDescribe	nvarchar	500	地点描述

表 4-7　工作种类表（dbo. ServeTypes）

字段名称	字段类型	长度	描述
typeid	int	10	工作种类编号
typeName	nvarchar	50	工作名称

表 4-8　员工信息表（dbo. Staffs）

字段名称	字段类型	长度	描述
Staffid	int	10	员工编号
StaffName	nvarchar	50	员工名称
StaffGender	nvarchar	5	员工性别
StaffTypeid	int	10	员工工作种类编号
StaffBirth	date	10	员工出生日期

表 4-9　街道信息表（dbo. Streets）

字段名称	字段类型	长度	描述
Streetid	int	10	街道编号
StreetName	nvarchar	50	街道名称
StreetDescribe	nvarchar	1000	街道描述

表 4-10　工作流信息表（dbo. WorkFlows）

字段名称	字段类型	长度	描述
id	int	10	工作流编号
Proposerid	int	20	提交工作流编号
ProposeDate	date	10	提交工作流日期
ProposeDescribe	nvarchar	500	提交工作流描述
Placeid	int	50	地点
ServeTypeid	int	20	工作种类
Arrangerid	int	20	安排工作者
ArrangeDate	date	10	安排工作日期
JobDescribe	nvarchar	500	工作描述
WorkFlowState	nvarchar	10	工作流状态
WorkValuate	nvarchar	500	工作评价
Staffsid	nvarchar	100	工作人员

4.4.4　平台主要界面设计

4.4.4.1　系统设置功能模块

系统设置是管理员进行后台操作中的一个重要组成部分。然而，为了用户操作方便，系统直接在前台界面中设计了"系统设置"按钮，管理员点击该按钮则可以直接进入后台，对用户信息、用户角色进行操作管理。对于普通的用户或者物业经理等，则没有进入后台的权限，"系统设置"对于他们来说只是灰色按钮。在进行用户信息管理时，管理员可以添加、删除和修改用户信息，并为他们赋予一定的功能权限，如图4-8所示。

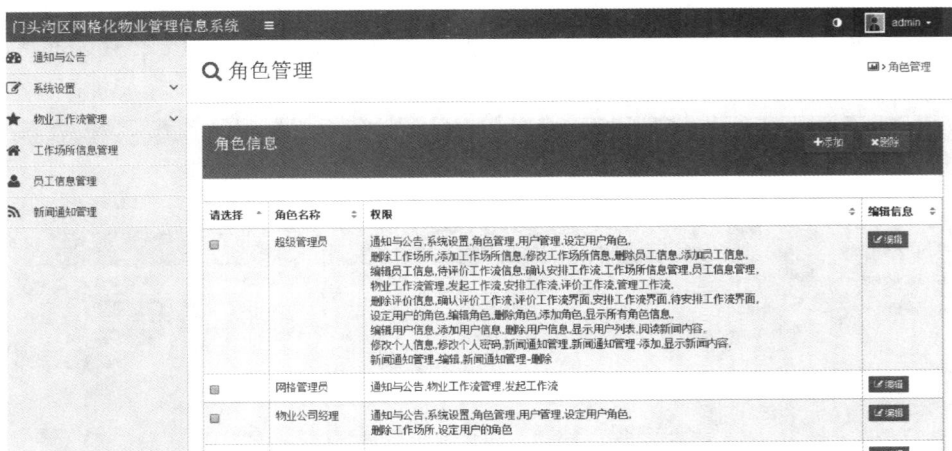

图 4-8 角色管理界面

4.4.4.2 物业工作流管理功能模块

物业工作流管理包括发起工作流、安排工作流、评价工作流和管理工作流四个主要任务。对于点击"发起工作流"，主要是用户进行操作的。用户通过确定工作流类别，包括保洁、维修、安保等，并下拉选择安排工作的日期以及安排工作场所，来方便员工及时、正确、有效的完成工作任务。此外，对于对工作流的描述并不是发起工作流的必要选项，如果用户有特殊要求，都可以在工作流描述中进行说明，如图 4-9 所示。

图 4-9 发起工作流界面

对于安排工作流，基本上是由物业经理执行的。当物业经理受到来自工作流的提醒后，他可以在规定的时间内进行工作流安排。页面上将显示用户发起的工作流列表，包括发起人、工作类别、安排时间、安排的地点以及工作流的简要描述。物业经理需要逐条对工作流进行安排。安排后的工作流，状态会发生变化，变为已安排等。工作流按照工作流编号进行排列，如图4-10所示。

图4-10　工作流查询界面

物业经理点击安排工作流按钮，进入安排工作流程后。可以根据工作任务，选择相应工种的员工去完成工作流，并且对工作日期进行安排，如图4-11所示。

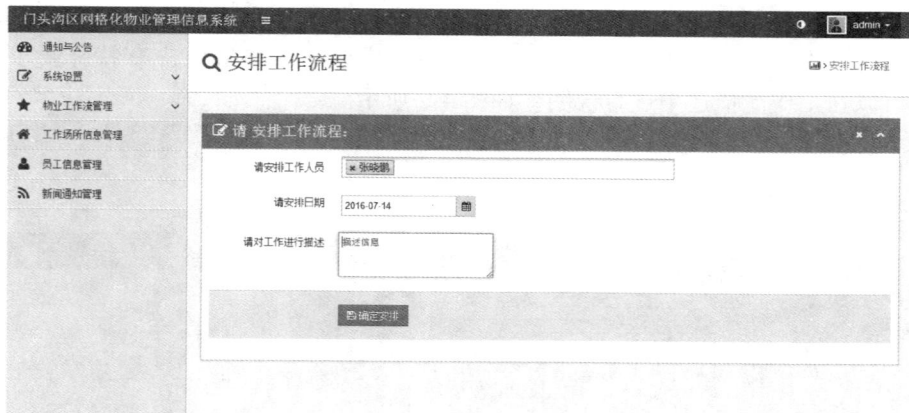

图4-11　安排工作流界面

对于评价工作流来说，只有完成了评价工作流，才算完成了网格化物业管理系统的闭环操作。评价工作流操作依然由发起工作流的用户进行。待工作流任务完成后，用户进入平台对工作流进行评价，评价之前可以看到工作流的基本信息，此外还包括工作流的安排者、工作日期、工作人员信息，用户可以通过点击"评价工作流"按钮对发起的工作流进行评价（图4-12）。

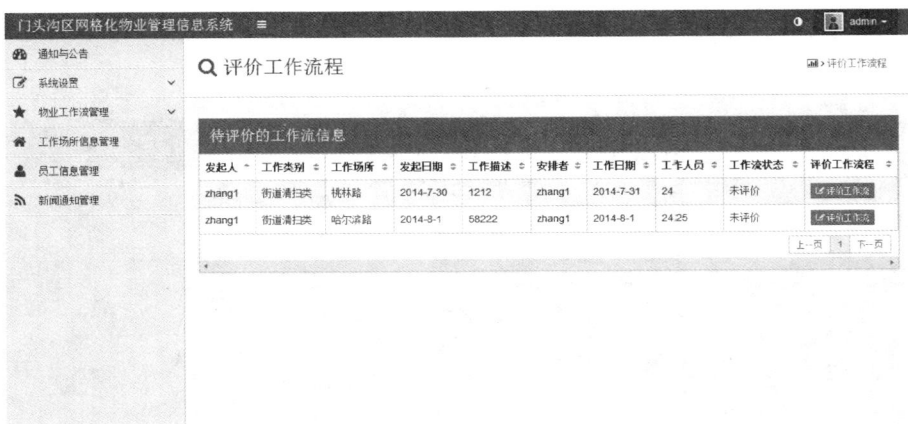

图 4-12　查询评价工作流界面

为了用户评价方便，评价工作流采取简单描述的方式进行。用户进入评价工作流界面后，只需要简单填写工作任务反馈给完成工作的员工以及网格长和物业经理即可，如图 4-13 所示。

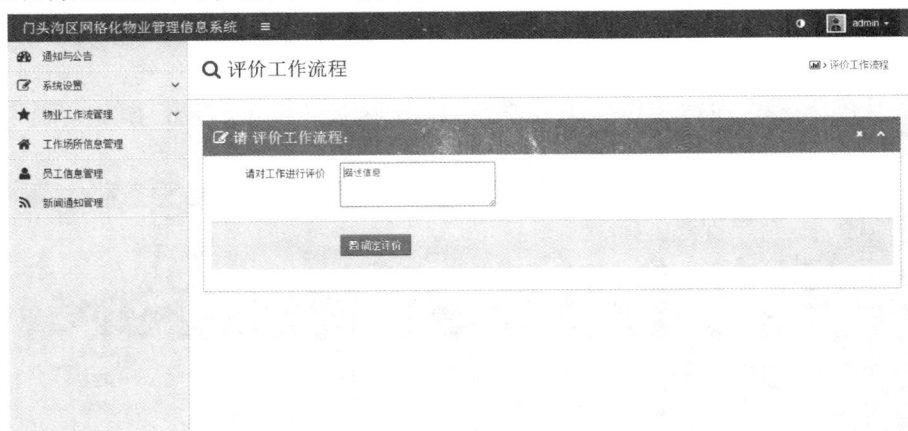

图 4-13　评价工作流界面

对于管理工作流，主要是为物业经理、网格长总监等管理人员进行统计分析所用的。通过管理工作流，管理者可以看到近期所完成的、未安排的工作流等。在管理工作流界面，可以显示每一条工作流的发起人、工作类别、工作场所、发起日期、工作描述、安排者、工作日期、工作人员、工作流状态和工作评价等，如图 4-14 所示。

图 4-14　管理工作流界面

4.4.4.3　工作场所信息管理功能模块

工作场所是网格化管理的重要组成部分，也就是一个个的"网格"，因此对于工作场所的管理是非常重要的。工作场所的管理属于后台部分，主要是由网格长总监执行的。网格长总监可以按照网格管辖区域对所服务的一个个工作场所进行划分，并进行简单的描述，然后才可以根据工作场所分配网格长、物业经理。通过工作场所管理界面，网格长总监可以进行添加、删除、编辑工作场所信息的操作，如图 4-15 所示。

图 4-15　工作场所界面

当网格长总监点击添加按钮时，可以进入添加工作流界面进行操作，添加工作流需要输入的信息包括工作场所名称、工作场所种类(即街道清扫类、家政类、维修类、安保类等)以及关于工作场所的详细的描述信息，包括具体

的地址等，才能确定添加了新的工作场所，根据场所分配工作人员，如图4-16
所示。

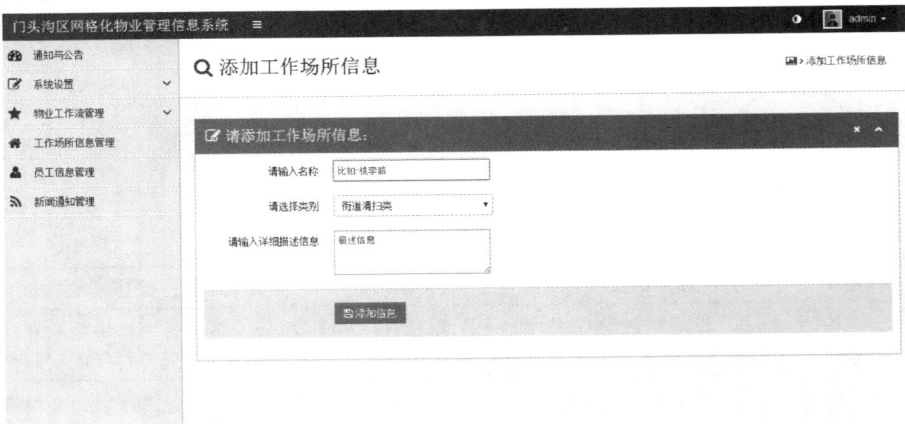

图 4-16　添加工作场所界面

4. 4. 4. 4　员工信息管理功能模块

员工信息管理界面主要是为物业经理服务的，物业经理需要对员工信息
进行记录和管理。员工列表主要显示员工姓名、性别、工作类别、出生年月
以及联系方式等详细信息。当员工情况发生变动时，物业经理需要对员工进
行添加、删除以及信息修改，特别是工作类别的信息一定要输入正确，明确
员工的工种才可以正确安排员工完成工作流任务，一个员工只能属于一个工
种，但一个工种可以由多个员工承担，如图 4-17 所示。

图 4-17　员工信息界面

4.5 系统测试

4.5.1 系统流程测试

对于业务流程的测试就是按照系统分析说明书的业务流程，检查本系统所完成的业务流程是否正确，如表4-11所示。

表4-11 业务流程测试描述

测试项目	测试用例	测试结果	操作流程
发起工作流	在下拉菜单中选取发起工作流	显示工作流类别，工作日期，工作场所及工作描述	在下拉菜单中选取发起工作流，点击确认发起
安排工作流	在下拉菜单中选取安排工作流	显示发起人，工作类别，工作场所，发起日期，工作流状态	在下拉菜单点击要安排工作流
评价工作流	在下拉菜单中选取评价工作流	显示发起人，工作类别，工作场所，发起日期，工作流状态，安排者，工作人员	在下拉菜单点击评价工作人员
管理工作流	在下拉菜单中选取管理工作流	显示发起人，工作类别，工作场所，发起日期，工作流状态，安排者，工作人员，工作评价	在下拉菜单点击管理工作流

对于数据流的测试主要是查看数据是否可以正常的显示、存储，在测试过程中主要测试了以下几个数据流。

（1）发起工作流数据是否正常显示

网格管理员点击发起工作流，通过输入工作流类别、工作日期、工作场所及工作描述，点击确认发起，在安排工作流界面中出现待安排的工作流信息，数据结果显示正确。

（2）安排工作流数据是否正常显示

物业公司经理点击安排工作流，选择一条待安排工作流，输入安排工作人员、安排日期、工作描述，点击确认安排。在评价工作流界面中出现该条信息，数据结果显示正确。

（3）评价工作流数据是否正常显示

网格管理员点击评价工作流，选择一条待评价的工作流信息，输入评价信息，点击确认评价，该条工作流显示在管理工作流中，数据结果显示正确。

4.5.2 系统功能测试

在系统开发完成后，需要对系统进行测试，功能测试主要包括各个模块以及窗口所完成的功能是否准确，数据是否正确，操作是否简洁方便。简要的模块测试如表 4-12 ~ 表 4-15 所示。

表 4-12 登录模块测试描述

测试项目	测试用例	测试结果	操作流程
用户登录	用户名：admin 正确密码：admin 输入密码：admin	登录成功	在网站首页的登录框上登录
用户登录	用户名：admin 正确密码：admin 输入密码：123	错误提示："登录失败"	在网站首页的登录框上登录

表 4-13 工作流管理测试描述

测试项目	测试用例	测试结果	操作流程
多选工作流	点击多选按钮	在列表中实现多选	在管理工作流中的列表左侧的多选安钮
批量删除工作流信息	点击"删除"	提示："删除成功!"	在管理工作流中点击"删除"

表 4-14 工作场所管理测试描述

测试项目	测试用例	测试结果	操作流程
添加工作场所信息	输入相关信息	添加成功，在菜单列表中	在工作场所信息管理中点击"信息添加"
删除工作场所信息	点击"删除"	提示："删除成功!"	在列表的相关操作中点击"删除"
编辑现有工作场所信息	点击"编辑"	编辑成功，转回列表页面	在菜单列表的相关操作中点击"编辑"
多选工作流	点击多选按钮	在列表中实现多选	在管理工作流中的列表左侧的多选按钮

表 4-15 员工信息管理测试描述

测试项目	测试用例	测试结果	操作流程
添加员工信息	输入相关信息	添加成功，在菜单列表中	在员工信息管理中点击"信息添加"
删除员工信息	点击"删除"	提示："删除成功!"	在列表的相关操作中点击"删除"
编辑现有员工信息	点击"编辑"	编辑成功，转回列表页面	在菜单列表的相关操作中点击"编辑'
多选员工信息项	点击多选按钮	在列表中实现多选	在员工信息管理的列表左侧的多选按钮

第5章 设施蔬菜病虫害知识库

农业信息化已经成为农业现代化的重要内容和标志。蔬菜作为经济作物在我国农民收入中占有较大比重。在传统蔬菜病虫害知识库中，由于缺少专业的技术指导从而导致病虫害防治的滞后和不足，为了较好地实现防治目标，可以在传统蔬菜病虫害防治方式的基础上，结合新的信息技术实现蔬菜病虫害防治技术的发展。

农业病虫害知识库是将信息技术与农业技术相结合，在病虫害的综合防治中指导农民在田间科学防治病虫害，提高广大农民和基层农业技术人员的科学技术水平，实现农业可持续发展。它可以作为农业现代化的载体，把农业专家多年积累的知识和经验，通过计算机技术，为广大农民群众提供各类实用的农业知识和新的技术成果，这对提高农业人员的农业科技水平，农业自主创新能力，实现农业快速发展有特别重要的作用。

鉴于这种情况，我们根据蔬菜病虫害诊断和防治的内容，利用数据库技术、网络技术等信息新技术，提取病虫害防治的知识和经验，开发一个更适合于普通菜农使用的、便于维护和不断扩充知识库的设施蔬菜病虫害知识库。

5.1 项目概况

5.1.1 项目背景

在设施蔬菜种植过程中，病虫害是造成蔬菜生产损失的重要原因，蔬菜病虫害分科属共有上千种，因此蔬菜的病虫害防治贯穿蔬菜的整个生长过程，如何指导菜农及时、有效、正确地找到解决方法是非常重要的问题。所以建立设施蔬菜病虫害知识系统对确保设施蔬菜生产高产、优质、高效十分必要。

农业专家系统是结合农业特点发展起来的一门新技术，它将信息技术和农业技术结合，在栽培和植保领域比较成功的解决了蔬菜病虫害的综合防治等问题。知识库是蔬菜病虫害防治专家系统的重要组成部分，系统运行过程中所需要的知识都是由知识库来提供的，构造高教、完善的知识库将会对整个蔬菜病虫害防治专家系统性能的提高起到非常重要的作用。

项目在充分分析基层用户需求的基础上，运用专家总结出来的经验作为分析判断的基础和原则，完成了蔬菜病虫害防治系统知识库的设计。系统需要在详细分析蔬菜病虫害诊断领域知识特点的基础上，提出了适合该领域的知识分类及知识表示方法，针对蔬菜病虫害诊断知识特点，利用 SQL Server 为工具创建蔬菜病虫害防治知识库。系统采用 B/S 结构，主要由蔬菜管理、病虫害管理等模块构成，集成了多种常见蔬菜的病虫害防治技术。

　　系统可实现多种蔬菜的病虫害的文字、图片等多种媒体方式的信息存储、添加、删除、修改和查询，为蔬菜病虫害防治专家构建设施蔬菜病虫害知识库，收录常见蔬菜的各种病虫害特征图片及相应文字说明，方便农民通过图片特征快速判断病虫害和诊治方法。这样就使得原本较为复杂的人机对话，一下子变得方便、简单，使广大农村蔬菜种植人员应用设施蔬菜病虫害知识库变成现实，有利于提高农民对蔬菜病虫害的预测和防治水平，做到早发现、适时防治，减少蔬菜病虫害带来的损失，加速蔬菜病虫害管理的规范化、标准化进程。

5.1.2　可行性分析

5.1.2.1　技术可行性

　　运用 ASP. NET 开发技术和 C#编程语言。ASP. NET 是微软的新一代技术平台，是基于标准的，联通的，适应变化的，稳定的和高性能的。C#综合了 VB 简单的可视化操作和 C＋＋的高运行效率，以其强大的操作能力、优雅的语法风格、创新的语言特性和便捷的面向组件编程的支持成为 ASP. NET 开发的首选语言。同时，ASP. NET 框架为 C#提供了一个强大的、易用的、逻辑结构一致的程序设计环境。同时，公共语言运行时为 C#程序语言提供了一个托管的运行时环境，使程序比以往更加稳定、安全。

5.1.2.2　操作可行性

　　北京市植保站已收集整理了丰富的蔬菜病虫害资料，即包含各种蔬菜在种植过程中会遇到的病虫害种类和其典型症状，以及传播特性等，并通过专家咨询法，为建立相关的设施蔬菜病虫害知识库奠定坚实基础。

5.2　需求分析

5.2.1　用户分析

　　系统将用户分为普通用户、管理员、和专家管理员三类。

　　(1)普通用户

　　普通用户不需要注册信息，可以直接登录系统，查看蔬菜在不同生育期的病虫害知识库详细信息。

（2）管理员

登录用户名、密码后方可进入后台，管理设施蔬菜病虫害知识库的添加、删除、修改和系统的维护。

（3）专家管理员

对新添加的蔬菜信息和病虫害信息进行审核。

5.2.2　业务分析

设施蔬菜病虫害知识库主要包括以下几条业务：

（1）蔬菜种类的查询和添加

用户通过蔬菜大类，查询蔬菜种类以及相关的种类介绍，蔬菜种类查询是病虫害查询的基础；管理员可以通过后台添加蔬菜，并按照大类、种类、种类介绍等规则，完善蔬菜基本信息库。

（2）蔬菜种类生育期的分类

蔬菜在不同的生育期可能发生的病虫害是不同的，用户在查询了蔬菜种类之后，需要继续查询蔬菜的不同生育期，才可以进一步确定在该生育期内蔬菜有可能获得的病虫害。

（3）蔬菜病虫害的查询

蔬菜病虫害的查询是知识库的关键，根据知识库中存储的病虫害信息，用户可以通过确定蔬菜的种类、生育期，进而确定蔬菜在不同生育期可能发生的病虫害，并了解病虫害的发病规律、相关症状、症状图片、防治方法等。

（4）蔬菜病虫害的添加和审核

为了完善设施蔬菜病虫害知识库，经过一段时间的经验积累后，管理员可以针对蔬菜的种类和某一生育期，添加其余的病虫害。然而，病虫害的添加必须要有一定的科学依据，因此，在添加完病虫害信息后，需要有专家对管理员添加的病虫害进行审核，确定有此病虫害则可以通过添加。

（5）用户管理

专家是专家知识库的重要组成部分，管理员需要对专家的信息进行管理，主要包括分配专家用户和专家权限。

5.2.3　功能分析

①设施蔬菜病虫害知识库利用病虫害防治知识，模拟人类思维，应用计算机和现代信息网络，通过农业网站向人们提供设施蔬菜病虫害的诊断方法、防治措施，提高人们对各种病虫害的认识和了解，找出解决问题的依据和办法，早发现、早防治，降低防治成本。

②设施蔬菜病虫害知识库将蔬菜进行分类，可以分为食用菌类、豆类、葱蒜类、香辛类、绿叶菜类、根菜类、茄果类、草本水果类、食用鲜花类 9 个种类。

③构建设施蔬菜病虫害知识库，可以用多媒体的方式针对不同生育期的病虫害对其详细信息、分类、发病症状、病害原因、发病规律、防治方法等一一列举。

5.3　数据信息分类获取

在设施蔬菜病虫害知识库的开发过程中，信息获取是中心和主要任务，并且需要在使用过程中不断修改、扩充和完善，此项工作贯穿着系统的整个开发和维护过程。

5.3.1　信息获取方式和来源

5.3.1.1　信息获取方式

设施蔬菜病虫害知识库主要采用传统的、可靠的人工信息获取方式。即知识工程师作为农业领域专家和计算机系统之间的中介人，与领域专家交谈、讨论，提问一系列问题，还有从图书资料或通过其他途径整理、总结各种知识，对其进行归纳总结、抽取，然后分类组织来建造知识库。

本系统知识库是在领域专家的指导下，面向设施蔬菜种植管理全过程，立足本地化、特色化原则和无公害标准化生产规范，搜集整理了当地蔬菜专家、技术员的经验和蔬菜花卉系多位蔬菜专家的科研成果、知识、经验和数据，为知识库的构建奠定了基础。

5.3.1.2　信息获取来源

①公开出版图书

对国内外公开出版的专著、教材、历史文献和科技成果进行了归纳、整理，将其中的相关知识提取出来，系统化、简洁化和规范化，形成经验性和判断性知识。如《蔬菜病虫害防治实用手册》《蔬菜病虫害防治技术》《蔬菜病虫害防治彩色图册》《蔬菜病虫害防治原色生态图谱》等。本知识来源的优点是：知识全面、技术手段可靠、术语规范、知识获取容易。

②专家经验

通过虚心向农业专家请教，针对某些关键技术与专家开展深入讨论，参与领域专家的科学研究工作等直接接触方式，获取领域专家在长期实践中积累的经验知识、科研成果。根据他们的建议完善修改已获取的知识。本知识来源的优点是：知识新颖、经验知识丰富、实用性强。

③实践经验

开发小组通过与当地技术员座谈，与当地菜农交流，蔬菜大棚参观考察，实地获取适宜本地实际的正确的试验数据和技术资料。不断对知识源进行补充、修改，以便更符合实际情况。然后按照系统规范，对领域知识进行初步整理，之后提交专家进行修改和完善。

④网络

Internet 传输知识和信息的速度快，信息容量大，覆盖面大。但是网络上的知识可靠性比较差，必须对知识进行严格的分析与评判，确保获取的知识的正确性。

系统在进行设施蔬菜病虫害知识库知识获取时，根据不同获取方式的优缺点，有重点、有选择的进行获取。其中书籍是知识获取的主要参考和依据。知识库中病虫害特征图片基本都是通过中国蔬菜病虫害原色图谱中获得的，专家主要负责对已经获取的知识进行进一步的分析、判断、提炼和整理；其他实践经验以及网络主要作为新知识和信息的来源，作适当的补充。

图 5-1 系统知识获取流程图所示的是本系统的知识获取流程图，显示了系统进行知识获取的方法步骤。

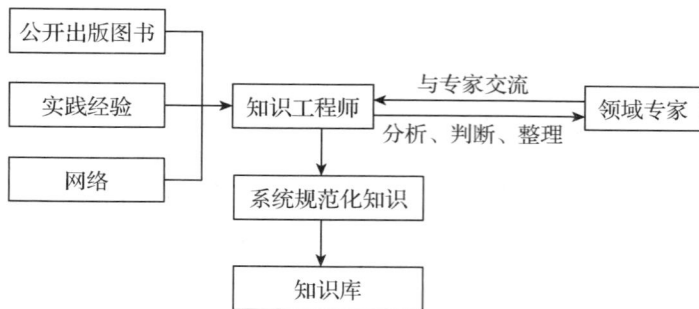

图 5-1　系统知识获取流程图

其中，知识工程师为开发团队主要负责知识收集整理的人员，主要负责将蔬菜防治专家的经验知识获取并转换成计算机可以识别和处理的知识。他们能够利用多种方式和技巧把蔬菜病虫害防治专家头脑中的知识挖掘出来，并按照一定的组织方式，将这些信息存贮到计算机中。领域专家指的是蔬菜病虫害识别与防治方面的专家，如学校植物蔬菜系的博士和研究员们。

知识获取是一个不断循环往复的过程，从知识工程师的角度来说，需要采用合适的工作方式，在较短的时间内进行大量细致的挖掘、归纳以及整理工作。

蔬菜病虫害数据库系统涉及的知识内容多，类型复杂，每一类蔬菜有多个品种，每一个蔬菜品种又包含多种病虫害，不同的生育期又有多种症状特点，为了使开发出来的诊断系统能面向生产，面向广大菜农、技术人员和科技人员使用，我们通过调查农民普遍种植的品种，在总结领域专家的实际知识、经验及研究成果基础上，将蔬菜进行分类，可以分为茄果类、豆类、葱蒜类、绿叶菜类、根菜类、草本水果类、食用鲜花类、食用菌类、香辛类九个大类。并按不同蔬菜大类的蔬菜品种的不同生育期病虫害相关信息进行整理，建立健全的设施蔬菜病虫害知识库。

5.3.2　设施蔬菜大类信息

根据各种资料的研究，我们将蔬菜分为九个大类，如表 5-1 所示。

表 5-1　设施蔬菜大类信息表

大类名称	大类简介	包含种类	生育期
茄果类	茄果类蔬菜性喜温暖，不耐霜雪，以夏季露地栽培为主。茄果类的发育，受光周期的影响很小，为中光性植物。如果温度适宜，一年四季均可开花结果	番茄、辣椒、茄子、黄瓜、南瓜、冬瓜、西瓜、西葫芦	发棵期、开花坐果期、结果期
豆类	豆类蔬菜为豆科。豆类多为自花授粉作物，但蚕豆有较高的异花授粉率，可达 32.9%，菜豆不同品种间也有 0.2% ～ 10% 的异花授粉率，多花菜豆大多进行异花授粉，只有个别情况下进行自花授粉	豆角、豇豆	缓苗发棵期、抽蔓期、开花坐果期、成熟期
葱蒜类	葱蒜类蔬菜，在分类学上都是属于百合科葱属的多年生草本植物，并具有一种特殊的气味，根为须状根。其叶身多为扁平的斜条形，或圆筒形，叶脉平行，叶鞘呈闭合状，基部与茎盘相连，有的叶鞘部分肥厚，多数抱合为球形	韭菜	营养生长盛期、采收期
香辛类	香辛类蔬菜，包括葱、姜、辣椒、大蒜等，大多为调味品	香菜、茴香菜	缓苗蹲苗期、叶丛生长期、采收期
绿叶菜类	绿叶菜类是一类主要以鲜嫩的绿叶、叶柄和嫩茎为产品的速生蔬菜。多数绿叶菜根系较浅，生长期短，单位面积上株数较多，因此对土壤和水肥条件的要求较高	油菜、生菜、菠菜、有机小白菜、菜花、圆白菜	缓苗期、生长期、采收期
根菜类	以肥大的肉质直根为食用器官的蔬菜植物，称为根菜类蔬菜（豆类除外）。根菜类蔬菜都原产于温带，多为半耐寒性的二年生植物，在低温长日照条件下发育快。一般于秋季冷凉季节形成肥大的肉质根，次春抽薹开花结实	萝卜、甜菜	叶片生长旺盛期、肉质根生长盛期、成熟期

（续）

大类名称	大类简介	包含种类	生育期
草本水果类	草本，是一类植物的总称。人们通常将草本植物称作"草"	草莓	花芽分化期现蕾期、开花和结果期、拉秧期
食用鲜花类	食用鲜花类利用花的叶或花朵直接食用。如百合、菊花脑、黄花菜可以食用	菊花、玫瑰	幼苗期、感光期、采收期
食用菌类	食用菌是一类可供食用的大型真菌，在分类学上属于真菌门、担子菌纲。与一般植物性蔬菜相比，食用菌具有蛋白质含量较高，含氨基酸和维生素的种类较多等特点	平菇、猴头菇、黑木耳、金针菇	发菌期、出菇期、采收期

我们通过信息收集，将蔬菜分为九个大类，蔬菜大类的大类描述信息、生育期分类等可以进行详细查询，每个蔬菜大类对应蔬菜的种类如下：

①茄果类：番茄、辣椒、茄子、黄瓜、南瓜、冬瓜、西瓜、西葫芦。

②豆类：豆角、豇豆。

③葱蒜类：韭菜。

④绿叶菜类：油菜、生菜、菠菜、小白菜、菜花、圆白菜。

⑤根菜类：萝卜、甜菜。

⑥草本水果类：草莓。

⑦食用鲜花类：菊花、玫瑰。

⑧食用菌类：平菇、猴头菇、黑木耳、金针菇。

⑨香辛类：香菜、茴香菜。

5.3.3 蔬菜种类信息

表5-2 茄果类蔬菜种类表

蔬菜品种	种类描述
番茄	别名西红柿、洋柿子。全体生黏质腺毛，有强烈气味。茎易倒伏。叶羽状复叶或羽状深裂，小叶极不规则，大小不等，边缘有不规则锯齿或裂片
茄子	茄子，别称"茄"，是为数不多的紫色蔬菜之一，也是餐桌上十分常见的家常蔬菜。江浙人称为落苏，两广人称为矮瓜，是茄科茄属一年生草本植物，热带为多年生
辣椒	辣椒，为一年或有限多年生草本植物。果实通常呈圆锥形或长圆形，未成熟时呈绿色，成熟后变成鲜红色、绿色或紫色，以红色最为常见
黄瓜	黄瓜，葫芦科黄瓜属植物。也称胡瓜、青瓜。果实颜色呈油绿或翠绿，表面有柔软的小刺

（续）

蔬菜品种	种类描述
南瓜	南瓜、饭瓜、番南瓜，山东地区称作番瓜，东北地区称作倭瓜。河北地区有称作北瓜。可食用，有橘黄色和青色两种，外形呈扁圆或不规则葫芦形状，未成熟果实皮脆肉质致密，可配菜、做馅，成熟果实甜面，可熬粥
冬瓜	冬瓜，为一年生草本植物，茎上有卷须，能爬蔓，叶子大，开黄花。果实球形或长圆柱形，表面有毛和白粉，皮深绿色或浅绿色，是普通蔬菜。皮和种子可入药
西瓜	西瓜是一种双子叶开花植物，植株形状像藤蔓，叶子呈羽毛状。它所结出的果实是瓠果，为葫芦科瓜类所特有的一种肉质果，是由 3 个心皮具有侧膜胎座的下位子房发育而成的假果。西瓜主要的食用部分为发达的胎座
西葫芦	西葫芦，别名占瓜、茄瓜、熊（雄）瓜、白瓜、窝瓜、小瓜、番瓜、角瓜、荀瓜等。西葫芦为一年生蔓生草本，有矮生、半蔓生、蔓生三大品系。多数品种主蔓优势明显。营养丰富，含有多种维生素

如表 5-2 所示，以茄果类蔬菜种类表为例，每个蔬菜大类所对应的蔬菜品种，对蔬菜进行详细的描述，并对重要的信息记录其内容的出处。蔬菜基本信息的搜集为设施蔬菜病虫害知识库的建立提供了理论基础。

5.3.4　设施蔬菜病虫害信息

5.3.4.1　蔬菜病虫害的分类

蔬菜病虫害是一个复杂而庞大的病系。不同的蔬菜在不同生育期易发生的病虫害不同。不同蔬菜的病虫害有不同的症状特点（包括病征和病状）、发病规律等。防治方法包括优良种子的选择、农药防治、无公害防治等；因此，要根据蔬菜生育期和蔬菜病虫害对其分类。

5.3.4.2　设施蔬菜病虫害信息的表示

通过对蔬菜病虫害领域知识的分析和归类，一般采用关系数据库的二维表进行组织和管理，它的优点是知识表示清晰明确、易于理解、可读性好等，同时知识之间通过主键字段联系，条理简单，增加了知识的模块性，使系统知识的扩充、更新非常方便。

如表 5-3 番茄病虫害信息表所示，搜索蔬菜病虫害的信息，包括病虫害名称、简介、症状图片、症状描述、发病期、防治方法等。

表 5-3　番茄病虫害信息表

名称	简介	症状图片	症状描述	发病期	防治方法
番茄病毒病	田间症状有多种，花叶型、条斑型、卷叶型等		花叶型，叶片上出现黄绿相间或深浅相间斑驳，叶脉透明，叶略有皱缩，植株略矮；蕨叶型，植株不同程度矮化，由上部叶片开始全部或部分变成线状，中、下部叶片向上微卷，花冠变为巨花；条斑型，可发生在叶、茎、果上，在叶片上为茶褐色的斑点或云纹，在茎蔓上为黑褐色条形斑块，斑块不深入茎、果内部	幼苗期	1. 种子消毒；2. 轮作倒茬净化土地；3. 采用配方施肥等多项健身栽培技术，增强寄主抗病力
番茄早疫病	又称为"轮纹病"，各地普遍发生，是危害番茄的重要病害之一		主要危害叶片，也可危害幼苗、茎和果实。幼苗染病，在茎基部产生暗褐色病斑，稍凹陷有轮纹。成株期叶片被害，多从植株下部叶片向上发展，初呈水浸状暗绿色病斑，扩大后呈圆形或不规则形的轮纹斑，边缘多具浅绿色或黄色的晕环，中部呈同心轮纹	幼苗期	1. 选择抗病品种；2. 注意轮作；3. 种子的处理；4. 药剂防治
番茄晚疫病	番茄晚疫病是番茄上重要病害之一		菌丝丝状，分隔，初无色透明，后变褐色，寄生于寄主组织内。病菌危害叶片多从气孔或直接穿透表皮侵入，而块茎则多通过伤口、皮孔、芽眼，侵入后其潜育期的长短取决于病菌的致病力、寄主的感病性及环境条件，在叶片上一般为 2～7 天，块茎上则需 1 个月左右	全生育期	1. 选用抗病品种；2. 条件许可时可与非茄科蔬菜实行 3～4 年轮作；3. 培育无病壮苗；4. 清洁田园
番茄灰霉病	番茄灰霉病是番茄上危害较重且常见的病害，各菜区都发生		茎、叶、花、果均可危害，但主要危害果实，通常以青果发病较重。茎染病时开始呈水浸状小点，后扩展为长圆形或不规则形，浅褐色，湿度大时病斑表面生有灰色霉层（病菌分生孢子及分生孢子梗），严重时致病部以上茎叶枯死导致枯萎病	开花坐果期	1. 苗期：定植前选择无病苗移栽；2. 初花期：第 1 穗果开花时，进行预防

（续）

名称	简介	症状图片	症状描述	发病期	防治方法
番茄叶霉病	在番茄的叶茎花果实上，都会出现的症状		叶片发病，初期叶片正面出现黄绿色、边缘不明显的斑点，叶背面出现灰白色霉层，后霉层变为淡褐至深褐色；湿度大时，叶片表面病斑也可长出霉层	幼苗期、开花坐果期	1. 合理轮作；2. 种子消毒；3. 高温闷棚；4. 加强棚室管理；5. 选用抗病品种，严把育苗关
番茄猝倒病	危害的真菌终极腐霉，属于鞭毛菌亚门类型的真菌		终极腐霉引发的番茄猝倒病主要发生在育苗盘中或土耕或反季节栽培幼苗的茎基部；病部初呈水渍状，后缢缩，引起幼苗猝倒枯死，有时种子刚发芽或未出土幼苗即染病，腐烂在土内，造成缺苗，严重的成片死亡，湿度大时病苗上或病苗附近的土面上长出白色絮状霉层，即腐霉菌菌丝体	幼苗期、开花坐果期	选用无滴膜盖棚室，改善光照条件，增加光照强度，以利光合作用提高幼苗抗病力

5.4　结构化系统分析

5.4.1　业务流程分析

5.4.1.1　前台业务流程图

如图 5-2 所示，设施蔬菜病虫害知识库为了用户使用方便，用户无需登录可直接进入设施蔬菜病虫害知识库进行浏览、查询。用户进入系统平台可以查询蔬菜大类和蔬菜种类信息和不同生育期蔬菜病虫害信息。数据库为用户的浏览提供数据支撑。

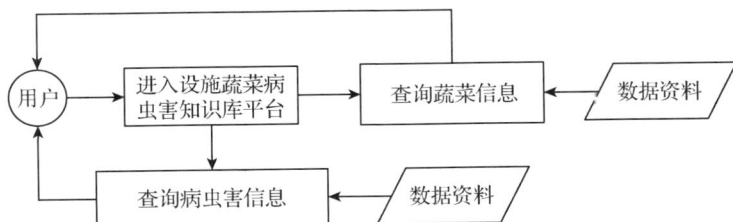

图 5-2　系统前台业务流程图

5.4.1.2 系统后台业务流程图

设施蔬菜病虫害知识库后台因安全考虑，后台系统需要用户进行登录，用户根据不同的角色分为管理员和专家。用户登录系统后，系统自动确认其权限，根据不同的权限，登录后可选择进行信息管理，包括用户信息的管理和蔬菜病虫害数据信息的修改、增加、删除等操作。系统后台业务流程图如图 5-3 所示。

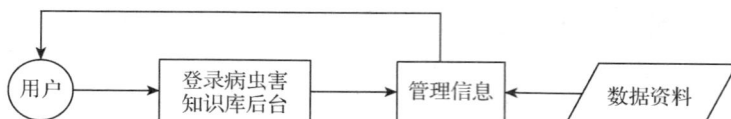

图 5-3 系统后台业务流程图

5.4.2 数据流程分析

5.4.2.1 数据流程图

设施蔬菜病虫害知识库前台与后台的顶层数据流程图如图 5-4 和图 5-5 所示，表示了设施蔬菜病虫害知识库与外部实体之间的信息输入、输出关系，即标定了系统与外界的界面。

系统前台主要用于展示和查询，后台主要是信息管理，分为用户信息管理、蔬菜信息管理和病虫害信息管理，为设施蔬菜病虫害知识库平台提供主要数据支持。图 5-6 至图 5-8 是后台顶层数据流程图的第一级分解，该图实际上是把图 5-5 中"信息管理"的处理功能进行细化，初步分解用户管理、蔬菜信息管理和病虫害信息管理三个子功能。在功能分解的同时，得到了相应的数据存储(如用户信息，蔬菜情况，病虫害信息等)和数据流。用户可直接进入设施蔬菜病虫害知识库平台，进行信息查询和知识学习。

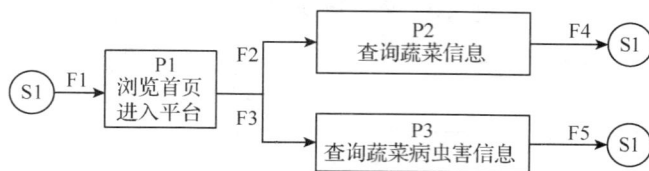

图 5-4 前台顶层数据流程图

图 5-5 后台顶层数据流程图

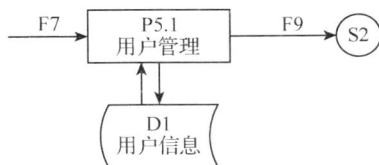

图 5-6　后台用户管理一级数据流程图

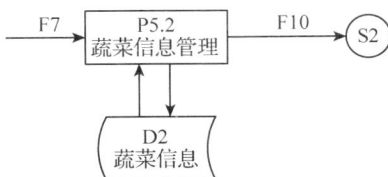

图 5-7　后台蔬菜信息管理一级数据流程图

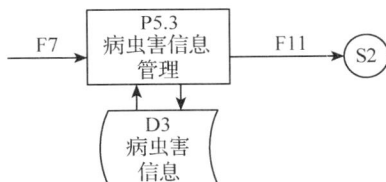

图 5-8　后台病虫害信息管理一级数据流程图

　　管理员和领域专家通过验证，登录系统后，可以进行密码修改，将修改后的信息存入用户信息管理表中，然后将结果返回给用户进行确认和审核。管理员能对用户信息、蔬菜和病虫害基本信息进行修改和删除，并且可以添加新的蔬菜种类和新的蔬菜病虫害信息。授权专家可以对新添加的蔬菜和病虫害信息进行审核。

5.4.2.2　数据字典

　　（1）数据流定义

　　数据流编号：F1

　　数据流名称：展示信息数据

　　简述：用户提供浏览首页

　　数据流来源：用户选择

　　数据流去向：跳转显示

　　数据流组成：数据链接

　　数据流编号：F2

　　数据流名称：蔬菜大类信息数据

　　简述：描述当前蔬菜信息

数据流来源：用户选择

数据流去向：接收数据

数据流组成：蔬菜大类信息

数据流编号：F3

数据流名称：蔬菜信息数据

简述：选择蔬菜大类种类信息查询病虫害

数据流来源：用户选择

数据流去向：接收数据

数据流组成：蔬菜大类信息 + 蔬菜种类信息

数据流编号：F4

数据流名称：蔬菜种类信息数据

简述：描述当前蔬菜类别的种类信息

数据流来源：蔬菜信息

数据流去向：输出显示

数据流组成：蔬菜种类信息

数据流编号：F5

数据流名称：蔬菜病虫害信息数据

简述：显示当前种类蔬菜不同生育期的病虫害

数据流来源：病虫害信息

数据流去向：输出显示

数据流组成：蔬菜不同生育期病虫害信息

数据流编号：F6

数据流名称：登录信息数据

简述：管理员或授权专家提供的个人身份信息

数据流来源：用户输入

数据流去向：系统登录验证

数据流组成：用户名 + 密码 + 验证码

数据流编号：F7

数据流名称：权限登录数据

简述：带有权限的用户个人身份信息

数据流来源：登录验证

数据流去向：带有权限的系统操作

数据流组成：用户名＋权限值

数据流编号：F8

数据流名称：特殊用户返回数据

简述：不同权限用户操作后的返回数据信息

数据流来源：系统处理

数据流去向：输出显示

数据流组成：用户信息＋蔬菜信息＋病虫害信息

数据流编号：F9

数据流名称：更新用户数据

简述：特殊用户修改后的个人身份信息

数据流来源：登录验证

数据流去向：用户信息存储

数据流组成：用户名＋密码

数据流编号：F10

数据流名称：管理蔬菜信息数据

简述：增加、删除和修改当前蔬菜信息

数据流来源：蔬菜信息

数据流去向：蔬菜信息存储

数据流组成：蔬菜基本信息

数据流编号：F11

数据流名称：管理病虫害信息数据

简述：增加、删除和修改当前病虫害信息

数据流来源：病虫害信息

数据流去向：病虫害信息数据存储

数据流组成：病虫害基本信息

（2）处理逻辑定义

处理逻辑编号：P1

处理逻辑名称：浏览首页

简述：普通用户直接浏览首页进入平台

输入的数据流：用户选择

处理描述：根据用户选择，跳转到相应链接界面

输出的数据流：链接信息数据

处理逻辑编号：P2

处理逻辑名称：蔬菜信息查询

简述：根据用户的操作进行信息查询

输入的数据流：蔬菜大类信息数据

处理描述：根据用户选择的蔬菜大类，显示该大类包含的蔬菜种类信息

输出的数据流：查询结果数据

处理逻辑编号：P3

处理逻辑名称：病虫害信息查询

简述：根据用户的操作进行信息查询

输入的数据流：蔬菜大类信息数据＋蔬菜种类信息数据

处理描述：根据用户蔬菜，显示该蔬菜种类不同生育期的病虫害信息

输出的数据流：查询结果数据

处理逻辑编号：P4

处理逻辑名称：系统登录

简述：提供个人身份信息登录系统

输入的数据流：个人身份信息数据

处理描述：根据提供的个人身份信息，验证属于管理员或是授权专家

输出的数据流：权限登录数据

处理逻辑编号：P5

处理逻辑名称：信息管理

简述：根据权限允许的操作进行信息管理

输入的数据流：权限登录数据

处理描述：根据登录时的验证，执行管理员或是授权专家的操作

输出的数据流：信息数据

处理逻辑编号：P5.1

处理逻辑名称：用户管理

简述：管理员对用户信息进行管理

输入的数据流：权限登录数据

处理描述：添加新用户信息，或者对原有用户信息进行修改、删除

输出的数据流：更新后用户信息数据

处理逻辑编号：P5. 2

处理逻辑名称：蔬菜信息管理

简述：管理员或授权专家对蔬菜信息进行管理

输入的数据流：权限登录数据

处理描述：添加新蔬菜信息，或者对原有蔬菜信息进行修改、删除；授
权专家对新添信息进行审核

输出的数据流：更新后蔬菜信息数据

处理逻辑编号：P5. 3

处理逻辑名称：病虫害信息管理

简述：管理员或授权专家对病虫害信息进行管理

输入的数据流：权限登录数据

处理描述：添加新病虫害信息，或者对原有蔬菜信息进行修改、删除；
授权专家对新添信息进行审核

输出的数据流：更新后病虫害信息数据

（3）数据存储定义

数据存储编号：D1

数据存储名称：用户信息管理

简述：存储系统所有用户的基本信息

输入的数据流：用户身份信息数据

输出的数据流：用户身份信息数据

组成：用户名、年龄、身份（所属基地）、性别、用户编号、密码

存取方式：字节存取

数据存储编号：D2

数据存储名称：蔬菜信息数据

简述：不同大类、不同种类蔬菜信息

输入的数据流：蔬菜信息数据

输出的数据流：蔬菜信息数据

组成：蔬菜大类、蔬菜种类

存取方式：字节存取

数据存储编号：D3

数据存储名称：病虫害信息数据

简述：不同种类不同生育期蔬菜病虫害数据信息

输入的数据流：蔬菜大类、蔬菜种类、各大类蔬菜生育期数据

输出的数据流：病虫害数据

组成：各大类蔬菜生育期数据、病虫害数据

存取方式：字节存取

5.5 数据库设计

前面已经进行了系统需求分析，即数据库的需求分析，根据数据字典、全系统中数据项、数据流和数据存储的描述，确定了设施蔬菜病虫害知识库的处理对象、任务、目标和功能。

所有用户均可通过系统平台，查询各个蔬菜类别包含的蔬菜种类信息，选择某一种类蔬菜，查询该蔬菜不同生育期的病虫害信息。其中蔬菜病虫害信息除了要包含病虫害名称、简介、症状、发病规律、防治方法等文本信息，还需要病虫害的症状图片，用于直观展示。

（1）需求分析

需求收集和分析，得到用数据字典描述的数据需求，用数据流图描述的处理需求。设施蔬菜病虫害知识库的建立，需要了解系统使用对象，对用户所需功能需求进行分析，了解知识库建立所需要的数据信息。

（2）概念结构设计

对需求进行综合、归纳与抽象，形成一个独立于具体 DBMS 的概念模型（用 E－R 图表示），E－R 图的表示可以更加直观的看出各项数据之间的对应关系。例如，蔬菜大类和蔬菜品种之间属于包含的关系，一个蔬菜大类对应 n 个蔬菜品种。

（3）逻辑结构设计

将概念结构转换为某个 DBMS 所支持的数据模型（例如关系模型），并对其进行优化。在逻辑结构设计中，将个数据量进行详细的描述。例如，病虫害基本信息表（病虫害编号、病虫害名称、简介、症状、发病规律、防治方法、图片、其他），将各种数据信息进行综合整理。

（4）物理结构设计

为逻辑数据模型选取一个最合适应用环境的物理结构（包括存储结构和存

数方法)。

（5）数据库实施

运用 DBMS 提供的数据语言(例如 SQL)及其宿主语言(例如 C)，根据逻辑设计和物理设计的结果建立数据库，编制与调试应用程序，组织数据入库，并进行试运行。

（6）数据库运行与维护

数据库应用系统经过试运行后即可投入正式运行。在数据库系统运行过程中必须不断地对其进行评价、调整与修改

5.5.1　数据库需求分析

数据库设计的第一个阶段，也是非常重要的一个阶段是数据库需求分析。在这个阶段主要是收集建设设施蔬菜病虫害知识库的基本数据以及数据处理的流程，为以后进一步设计打下基础。需求分析主要解决两个问题：内容要求、数据要求

5.5.1.1　数据库内容要求

内容要求：调查设施蔬菜病虫害知识库用户所需要的查询数据，决定在数据库中存储什么数据。

设施蔬菜病虫害知识库建设的初衷就是为了方便农民能够更加清晰、系统的分析与辨别蔬菜在每个生育阶段所出现的病虫害情况，做到早发现早预防。在数据建设时，主要围绕病虫害知识库的建设。我们知道蔬菜有很多的大类，首先我们应查询资料，建设蔬菜的大类，设施蔬菜病虫害知识库将蔬菜分为九个大类，将蔬菜大类确定完成后，建设蔬菜的种类，即每个蔬菜大类所对应的蔬菜的种类。例如，豆类：菜豆、豇豆。然后是每个蔬菜在不同的生育期所对应的病虫害的相关信息。包括：病虫害详细信息、分类、发病症状、病害原因、发病规律、防治方法、图片信息。

5.5.1.2　数据库处理要求

处理要求：调查设施蔬菜病虫害知识库用户要求对数据进行什么方式的查询，理清数据库中各种数据之间的关系。

设施蔬菜病虫害知识库所面向的对象是农民，首先应对农民进行调查研究，农民的知识水平有限，如果系统的操作过于复杂，反而不适合农民使用，所以在建设系统时，操作一定要简便。农民进入系统，点击蔬菜大类，会出现 9 个蔬菜大类，点击相应的蔬菜大类，查找需要查询的蔬菜，点击就会看到蔬菜在不同生育期所出现的病虫害，再点击详细信息，就可以查询到该蔬菜的病虫害详细信息。在介绍病虫害的信息时，只有文字的描述，不便于农民的理解，我们应该结合文字，增加图片，两者相对应的方式，更加适合农

民使用。

解决这两个问题的时候，程序编制人员需要向设施蔬菜病虫害知识库用户详细调查，保证信息收集的完整性，如果最后系统不符合使用者的要求，则有可能后面所有的工作都将白费。

在数据库分析后，我们应对数据进行处理。

①数据项

包括名称、含义、类型、取值范围、长度以及和其他数据项之间的逻辑关系。

②数据结构

若干个数据项的有意义的集合，包括名称、含义以及组成数据结构的数据项。

③数据流

指数据库中数据的处理过程，包括输入、处理和输出。

5.5.2 概念结构设计

将数据库需求分析得到的用户需求抽象为信息结构或概念模型的过程就是概念结构设计。在概念设计过程中，引入了 E-R 模型图的概念。E-R 模型图，就是用图解的方法描述蔬菜病虫害知识库的中蔬菜与蔬菜、蔬菜与生育期、蔬菜与病虫害、生育期与病虫害之间的联系以及它们的一些性质。现实世界中任何可以明确识别的事件和事物都称之为实体。实体与实体之间可以存在某种联系。例如，蔬菜和病虫害都是实体，而一种蔬菜对应多种病虫害属于实体与实体之间的联系。

在 E-R 模型图中，实体用矩形框表示，实体的属性用圆角框表示，它们之间的联系用菱形框表示，在实体和联系之间用一条直线连接起来，这条直线带有"1""N"或"M"等值，用来表示联系的性质，即表示实体之间的联系是一对一、一对多或多对多等关系。例如，在蔬菜病虫害知识库数据库建设中，一种蔬菜大类对应多种蔬菜种类，蔬菜大类与蔬菜种类之间属于包含的关系，即蔬菜大类包含蔬菜种类，蔬菜大类为"1"，而对应关系中，蔬菜种类为"N"。

设施蔬菜病虫害知识库中，普通用户查询蔬菜病虫害信息，管理员和授权专家管理蔬菜病虫害信息，所以用户主要是调用数据库中蔬菜和病虫害的信息数据，用户作为一个实体，本身与蔬菜和病虫害这两个实体无直接关系。在此主要分析蔬菜与病虫害之间关系。

蔬菜不同类别有不同生育期划分标准，不同类别包含多个蔬菜种类，不同种类易患病虫害也不相同，所以，抽象出四个实体进行关联，分别是蔬菜大类、生育期、种类和病虫害。

　　蔬菜病虫害关系数据库的实体联系模型如图 5-9 所示。蔬菜的一个大类包含多个蔬菜种类，它们的关系是 $1:n$。一类蔬菜划分有多个生育期，它们的关系是 $1:m$；一种蔬菜可能患多种病虫害，它们之间的关系是 $1:m$。

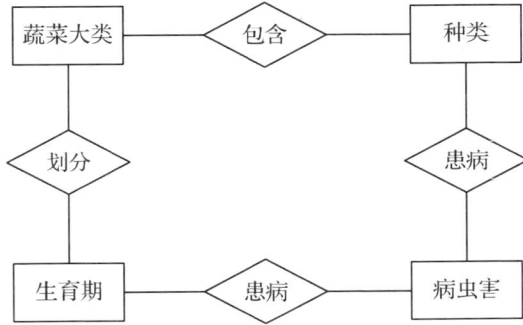

图 5-9　设施蔬菜病虫害知识库 E－R 图

5.5.3　逻辑结构设计

　　将图 5-9 系统 E－R 图所示 E－R 模型转换为关系模式，根据关系模式设计数据库的基本结构。根据蔬菜不同种类及生育期和病虫害之间的关系，用相互关联的关系数据库表结构来表示。E－R 图的转换包括实体与实体属性的转换和实体之间关系的转换。包括实体蔬菜大类、蔬菜种类、生育期和病虫害。因为蔬菜种类、生育期和病虫害相互关联，所以必须将"联系"单独转换为一个关系模式。

　　管理员和授权专家两种不同用户有不同权限，管理员新添加的蔬菜病虫害信息必须经专家审核后才能存入数据库，所以还需要一个临时的病虫害基本信息表作为过渡。

　　通过优化，消除数据冗余，E－R 图转换为关系模式，用数据库关系表来表示，包括蔬菜大类表、蔬菜种类表、蔬菜生育期表、病虫害基本信息表、病虫害基本信息临时表、蔬菜易发病虫害表、用户角色表、功能表和用户信息表九个关系表。

　　数据库关系模型定义如下：

　　蔬菜大类表(大类编号、大类名称、其他)

　　蔬菜种类表(种类编号、种类名称、种类描述、种类图片、大类编号)

　　蔬菜生育期表(生育期编号、生育期名称、大类编号)

　　病虫害基本信息表(病虫害编号、病虫害名称、简介、症状、发病规律、防治方法、图片、其他)

病虫害基本信息临时表(病虫害编号、病虫害名称、简介、症状、发病规律、防治方法、图片、审核状态、提交时间、审核时间、审核者、反馈信息)

蔬菜易发病虫害表(动态 id、病虫害编号、蔬菜种类编号、发病生育期编号)

用户角色表(角色编号、角色名称、角色描述、功能编号)

用户功能表(功能编号、功能描述)

用户信息表(用户编号、角色编号、用户姓名、单位、用户联系方式、邮箱、用户密码、用户状态)

5.5.4 物理结构设计

5.5.4.1 数据存放位置

设施蔬菜病虫害知识库包含大量的图片数据,对于图片的处理有两种方式:

①图片以二进制形式直接存储在数据库表中。

②图片以文件形式保存在硬盘,在数据库表中用型字段保存该图片的路径和文件名。

直接存入数据库中会使图片管理和维护非常方便,但不便于修改编辑;当把图片保存在硬盘时,修改和编辑较容易,但安全性就比较差。所以如果是少量图片,适合放在数据库中管理,而对于大图片文件,则适合存储在硬盘。

设施蔬菜病虫害知识库使用 SOL Serever 数据库存储图片。考虑知识库的结构特点,需要存放大量的病虫害图谱信息,因此选择将图片存放到硬盘指定的目录下,将图片的相对存储路径和说明信息存储到数据库表中。

5.5.4.2 数据存储分配

在初始状态,需要对数据字段长度赋予合理的默认值。这些参数值将影响存取时间和存储空间的分配,在物理设计时就要根据应用环境确定这些参数值,以使系统性能最优。

5.5.4.3 数据库表设计

根据农业作物分类学的特点,将作物物种一层层分类,组织成树形结构,再利用数据库表中的主键和外部键进行相互关联。对知识的分类整理,使系统的检索效率提高。查用表时,根据用户选择的蔬菜类别、种类和生育期与数据表上所记载的编号进行比较,逐次查对,便可检索出该蔬菜不同生育期的病虫害相关信息。

(1)关系表的命名规范

①表名命名规范

表名的命名全部以大写英文单词、单词缩写、拼音简写、下划线构成,蔬菜信息表关系表名称全部采用"VEG_"开头,代表该关系表属于系统需用到的"蔬菜"基本信息。蔬菜病虫害数据库关系表名称全部采用"Pest_"开头,代表该关系表与"病虫害"相关。用户管理的关系表采用"User_"开头,代表该关系表属于"用户"信息模块。下划线后面的单词或单词缩写是关系表名称,拼音的缩写的含义基本上说明了该表的主要用途。

②字段名命名规范

字段名全部采用小写英文单词、单词缩写、拼音简写、下划线构成,单词或缩写含义即代表该字段含义。带有"_id"后缀的表示该字段是其对应名称的编号。带有"_name"后缀的表示该字段是其对应名称的含义。

(2)数据库表设计

蔬菜大类表、蔬菜种类表、蔬菜生育期表、病虫害基本信息表、病虫害基本信息临时表、蔬菜易发病虫害表、用户角色表、功能表和用户信息表具体结构设计如下(表5-4~表5-12)。

表 5-4　VEG_ class 蔬菜大类表

字段名称	描述	主/外键	字段类型	字段长度	允许为空
class_ id	大类编号	主	char	2	否
class_ name	大类名称		char	14	否
else	其他		varchar	50	是

表 5-5　VEG_ type 蔬菜种类表

字段名称	描述	主/外键	字段类型	字段长度	允许为空
type_ id	种类编号	主	char	4	否
type_ name	种类名称		char	14	否
type_ describe	种类描述		varchar	100	是
type_ picture	种类图片		nvarchar	20	否
class_ id	大类编号	外	char	2	否

表 5-6　VEG_ growth 蔬菜生育期表

字段名称	描述	主/外键	字段类型	字段长度	允许为空
growth_ id	生育期编号	主	char	4	否
growth_ name	生育期名称		char	14	否
class_ id	大类编号	外	char	2	否

表 5-7　Pest_ Info 病虫害基本信息表

字段名称	描述	主/外键	字段类型	字段长度	可为空值
pest_ id	病虫害编号	主	char	5	否
pest_ name	病虫害名称		varchar	50	否
intro	简介		ntext	16	是
symptom	症状		ntext	16	是
rule	发病规律		ntext	16	是
measure	防治方法		ntext	16	是
pic	图片		varchar	100	是
else	其他		ntext	16	是

表 5-8　Pest_ newInfo 病虫害基本信息临时表

字段名称	描述	主/外键	字段类型	字段长度	可为空值
pest_ id	病虫害编号	主	char	5	否
pest_ name	病虫害名称		varchar	50	否
intro	简介		ntext	16	是
symptom	症状		ntext	16	是
rule	发病规律		ntext	16	是
measure	防治方法		ntext	16	是
pic	图片		varchar	100	是
state	审核状态		int	4	否
time1	提交时间		datetime	8	否
time2	审核时间		datetime	8	是
user_ id	审核者	外	int	4	是
feedback	反馈信息		nvarchar	200	是

表 5-9　VEG_ Pest 蔬菜易发病虫害表

字段名称	描述	主/外键	字段类型	字段长度	可为空值
dynamic_ id	动态 ID	主	char	9	否
pest_ id	病虫害编号	外	char	5	否
type_ id	蔬菜种类编号	外	char	4	否
growth_ id	发病生育期编号	外	varchar	30	否

表 5-10　User_role 用户角色表

字段名称	描述	主/外键	字段类型	字段长度	可为空值
role_id	角色编号	主	int	4	否
role_name	角色名称		char	10	否
role_describe	角色描述		varchar	50	是
FUN_id	功能编号	外	int	4	否

表 5-11　User_FUN 用户功能表

字段名称	描述	主/外键	字段类型	字段长度	可为空值
FUN_id	功能编号	主	int	4	否
FUN_describe	功能描述		char	2	否

表 5-12　User_Info 用户信息表

字段名称	描述	主/外键	字段类型	字段长度	可为空值
user_id	用户编号	主	int	4	否
user_name	用户姓名		char	8	否
role_id	角色编号	外	char	2	否
user_company	单位		varchar	50	否
user_phone	用户联系方式		varchar	50	否
user_email	邮箱		varchar	50	是
user_password	用户密码		varchar	10	是
user_state	用户状态		int	1	否

5.5.5　数据库实施运行与维护

5.5.5.1　创建数据库

（1）创建数据库

使用 sql server management studio 创建数据库。或者使用 transact-sql 语言创建数据库。

sql server 2000 可直接使用 sql server management studio 对数据库进行修改或删除，操作简单方便，所以数据库实施的基本操作主要通过 sql server management studio 实现。

（2）分离与附加数据库

如果做好的数据库下次还要继续做的话就要分离与附加数据库。

①分离数据库

（a）打开 sql server management studio 并连接到数据库。

（b）在窗口中展开数据库实例下的数据库项。

（c）选中需要分离的数据库，并右击。

（d）在弹出的菜单中选择任务——分离。

②附加数据库

（a）打开 sql server management studio 并连接到数据库。

（b）选中数据库，并右击。

（c）在弹出菜单中选择附加数据库。

（d）点击添加打开指定数据库文件，点击确定。

（e）设置完毕，附加成功查看将会出现被附加数据库。

5.5.5.2 创建数据表

（1）使用 sql server management studio 创建数据表

①选择要创建表的数据库。

②在数据库中展开表，右击弹出新建表。

（2）修改删除数据表

利用 sql server management studio 修改或删除表的方法。选择对应表点击右键直接修改或删除。

5.5.5.3 添加表数据

在表中添加数据有很多方法，比如：手工添加法即在数据表结构创建好后，直接向表中逐条添加数据；使用 sql 语句；或者直接导入 excel 文件信息。本系统数据量庞大，用 excel 文件导入最为便捷，但需要提前整理好信息，保证字段信息一一对应。

5.5.5.4 更新数据

随着时间发展，新型设施蔬菜种类或者病虫害出现，将会不断产生新的数据信息，数据库处于不断更新状态。同时，设施蔬菜病虫害知识库的使用不断普及，冗余数据信息也会越来越多，需要及时删除。系统管理员负责数据库安全运行与维护，将不断更新数据，保证系统高效运行。

5.6 系统设计

5.6.1 架构设计

由于 B/S 结构的优越性，设施蔬菜病虫害知识库采用"Web 浏览器/Web 服务器/数据库系统"三层分布结构设计，如图 5-10 所示。其中 Web 浏览器为用户层，主要提供各种用户界面，它要求尽可能的简单，使最终用户不需要进行任何培训就能方便地访问信息；Web 服务层为应用层，也就是常说的中间层，所有的应用系统、应用逻辑、控制都在这一层，系统的复杂性也主要体现在应用层；数据库系统为数据层，存储大量的数据信息和数据逻辑，所有与数据有关的安全、完整性控制、数据的一致性、并发操作等都是在第 3 层完成。

图 5-10　设施蔬菜病虫害知识库体系结构

①用户层是用户见到的系统。从用户的角度看，设施农业信息平台是可以通过 Internet 访问的一个 Web 站点，可以通过各种方式浏览用户关心的设施蔬菜病虫害知识库信息。

②服务层对用户提供高质量的服务，包括信息查询、数据分析等。服务层建立在数据层之上，并支持用户层。

③数据层是系统的核心。数据的实用性、完整性、精确性、动态更新能力等从根本上决定了本系统的价值。

5.6.2　功能架构设计

系统根据设施蔬菜病虫害发生特性和管理防治特点，运用软件工程的思想，采用模块化的设计方法来设计系统功能模块。本知识库系统分为前台和后台，前台主要用于展示和设施蔬菜病虫害知识查询，无需登录可直接浏览。后台主要用于管理，包括安全管理、用户管理和数据管理三大功能。其中，数据管理是核心部分，包括设施蔬菜基本信息管理、病虫害基础信息添加、病虫害基础信息管理和新添设施蔬菜病虫害信息审核四大功能。其功能结构如图 5-11 设施蔬菜病虫害知识库功能结构所示。

从系统功能结构图中，可以看出，系统的设计充分考虑到了用户的体验，本系统的用户主要为农民，所以在建设初就考虑到要便于操作的特点，用户不需要登录就可以使用本系统，扩大了用户的适用范围，做到了服务于农民的特点。后台的操作，主要是对设施蔬菜病虫害信息进行及时的更新，对于错误的信息进行及时修改，使病虫害信息的参考准确性更高。

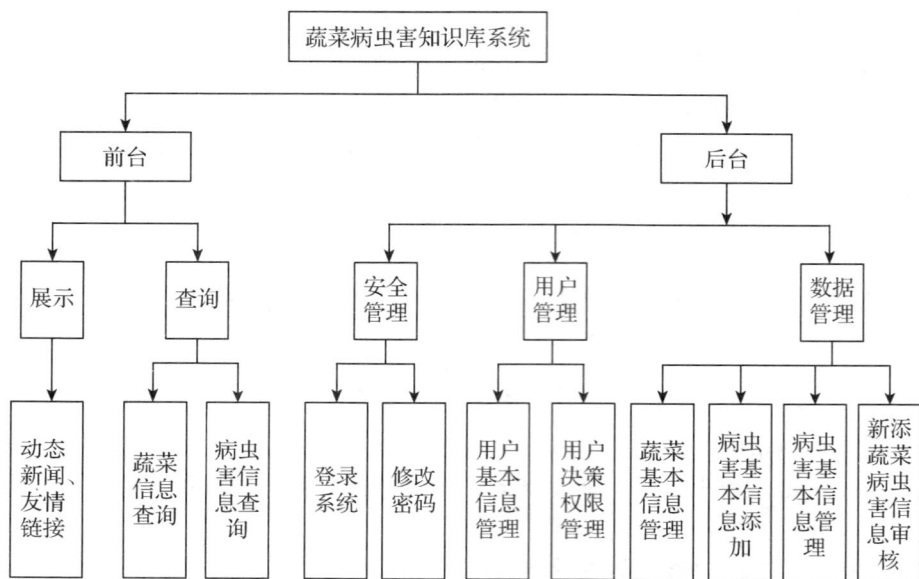

图 5-11　设施蔬菜病虫害知识库功能结构

5.6.3　功能详细设计

5.6.3.1　前台功能

（1）首页展示

所有用户都可以由首页进入设施蔬菜病虫害知识库应用平台，可直接浏览使用设施蔬菜病虫害知识库，但只能查看学习。首页展示页面主要内容包括日期、天气预报、动态新闻、友情链接和设施蔬菜病虫害知识系统进入按钮。日期与天气预报为用户提供日常基本信息，以便用户用本系统对农场进行操作管理；动态新闻包括最新的农业新闻与农业相关报道，可让用户进行阅读学习；友情链接则可以连接到相关农业网站；设施蔬菜病虫害知识系统有相关按钮可进入系统平台。

（2）信息查询

①蔬菜信息查询

用户进入系统平台，在左侧导航栏中显示茄果类、豆类、葱蒜类、绿叶菜类、根菜类、草本水果类、食用鲜花类、食用菌类、香辛类 9 个蔬菜大类的信息列表。

点击列表中任一类别蔬菜，将弹出下拉列表，显示对应蔬菜大类包含的蔬菜种类列表。例如点击茄果类，就会弹出类别包含黄瓜、番茄、辣椒、茄子、南瓜、冬瓜、西瓜、西葫芦。

②病虫害信息查询

在左侧导航栏的蔬菜大类列表中选择一种，再从该大类蔬菜中选择某一蔬菜种类，查询的结果将显示在页面中，显示该蔬菜发生的病虫害信息，按该种类蔬菜的生长发育期依次排列。格式为上图下文，图片为该病虫害直观图，文字为该病虫害对应名称。选择点击其中任意图片或者病虫害名称，将跳转到该蔬菜病虫害信息具体介绍界面

除了按大类——种类依次查询出的不同生育期下的病虫害信息。还可以通过关键字查询，用户可以选择按病虫害名称的中文拼音的首字母查询病虫害基本信息，例如输入"smb"点击"查询"按纽，就在页面显示所有可能发生霜霉病的蔬菜病虫害信息图片和名称。

蔬菜病虫害的详细信息包含病虫害名称、病虫害简介、发生症状、发生规律、防治方法及病虫害的图片。

5.6.3.2 后台功能

（1）安全管理

为保证系统的安全性，需要设置操作用户的权限。在系统中设置系统管理员和授权的专家两种用户对系统后台进行管理和维护。系统管理员具有最高权限，可在后台进行所有管理。授权的专家用户只能进行蔬菜和病虫害知识审批管理和修改自己的密码，但不能修改其他信息。

①登录系统

"用户名""密码"和"验证码"均不许为空，填入"用户名"和"密码"以及"验证码"后，点击"登录"按钮。

第一，若"用户名"或"密码"错误，则弹出对话框，显示："您输入的密码和用户名不匹配，请重新输入"；

第二，若不存在该用户名，则弹出对话框，显示："该用户名不存在"；

第三，若未填用户名填写了密码，则弹出对话框，显示："请输入用户名"；

第四，若未填密码填写了用户名，则弹出对话框，显示："请输入密码"；

第五，若未填用户名和密码，则弹出对话框，显示："请输入用户名和密码"；

第六，若"用户名"和"密码"均正确，但"验证码"有误，则弹出对话框，显示："验证码错误，请重新输入"；

第七，若填写了"用户名"和"密码"而未填写"验证码"，则弹出对话框，显示："请输入验证码"。

只有用户名、密码和验证码全部填写正确，才能进入系统后台。

②修改密码

登录成功后，可在首页右侧上方点击"修改密码"按钮，进入到修改密码

页面，在页面中间有"用户名、原始密码、新密码、重复密码、验证码"文本框，均不许为空。

因为用户已登录，所以用户名默认填写为已登录用户的用户名。当未填写任何文本框的时候，则在文本框右侧用红色字体显示："❌不能为空"；全部填写完毕后，点击"提交"按钮。

第一，若不存在该用户名，则在"用户名"文本框右侧用红色字体显示："❌该用户名不存在"；

第二，若"用户名"或"原始密码"错误，则在"密码"文本框右侧用红色字体显示："❌您输入的密码和用户名不匹配，请重新输入"；

第三，当新密码不符合密码规则时(6~8位数字)，则在"新密码"文本框右侧用红色字体显示："❌请输入6~8位数字"；

第四，当新密码与重复密码不一致时，则在"重复密码"右侧用红色字体显示："❌两次输入的密码不一致，请重新输入"；

第五，其他信息填写均正确，但"验证码"有误，在"验证码"文本框右侧用红色字体显示："❌验证码错误，请重新输入"。

当全部填写无误时，点击"提交"按钮，则弹出对话框，显示："密码更改成功，5秒后自动返回首页，如未返回首页，请点击此处"。直接点击"点击此处"后可返回首页。

（2）用户管理

用户管理是用于领域专家、管理员用户进行创建角色和角色权限分配管理。主要包括两个功能，分别为：用户基本信息管理，即创建新用户的界面以及修改用户基本资料的界面；用户角色权限管理，即对不同角色的用户进行合理的权限分配的界面。

①用户基本信息管理

用户基本信息管理包括用户信息添加、修改和删除。

在用户管理界面，单击"添加新用户"按钮，自动弹添加页面。用于系统管理员在后台添加用户，用户的信息均为必填项，否则点击确定按钮时提示错误信息。

可以按条件或关键字查询用户，查找用户的结果，默认按照用户名首字母进行降序排列，显示十条用户信息。在搜索结果列表的表头，点击"用户名""用户状态""用户单位"和"用户角色"按钮，可以按照这些列的首字母进行升序或降序排列。在最后一列操作栏中，点击删除按钮，就会弹出对话框，询问"您是否确认删除此条用户？"，可以点击"确认"或者"取消"进行操作。点击"编辑"按钮可以激活"用户名""邮箱""手机"" 用户状态""用户单位"和"用户角色"这几列，对其进行修改编辑。

②用户角色权限管理

用户角色权限管理，用于系统管理员在后台为用户所对应的角色分配相应的功能权限。

查找结果与授权模块显示在查找模块下方的列表中、若未进行搜索，页面默认根据用户名首字母降序排序显示十条用户信息。可以点击列表名"用户名"、"用户单位"和"用户角色"根据名称首字母进行升序或者降序排列。

在功能权限操作栏下点击"查看"按钮，则弹出显示功能权限对话框，显示用户姓名、用户单位以及所选的功能权限。

在功能权限列中，点击"选择"按钮则在右侧的权限列中弹出"添加功能"页面，点击父菜单"＋"进行分级列表，或者点击"选项"选择框，就表明选择了全部的子选项，或者展开子菜单进行功能多项选择；选择完成后点击列表框下面的"确定"按钮，即弹出对话框，显示用户姓名、月户单位以及所选的功能权限。点击对话框中的"确定"按钮，表示授权完成。点击"返回"按钮，在右侧重新出现功能权限选项，进行选择。

③数据管理

数据管理主要是系统管理员负责把获取的知识、经验和事实数据不断地加入到数据库，负责维护数据库，逐步地充实完善知识库系统。**数据管理模块包含蔬菜基本信息管理、病虫害基本信息管理、病虫害基础信息添加、新添蔬菜病虫害信息审核四个子模块。都是通过系统平台对相应的数据库关系表进行增加、删除和修改的操作。**

第一，蔬菜基本信息管理模块，可以随时为系统添加、修改新的蔬菜大类、或蔬菜种类，删除已有的蔬菜大类或蔬菜种类。

第二，病虫害基本信息管理模块，可以为某种蔬菜修改或删除某种类型的病害信息还可为某种蔬菜修改图片信息和备注文字信息等。

第三，病虫害信息添加，对新的病虫害信息进行添加。包括病虫害名称，病虫害简介，发生症状，发生规律，防治方法和病虫害图片的录入。

第四，新添蔬菜病虫害信息审核模块，包括对新添加的蔬菜信息进行审核和新添加的病虫害信息进行审核，领域专家在系统后台仅可对本模块进行操作，审核管理员新添加的病虫害基本信息。

5.6.4　主要界面设计

5.6.4.1　蔬菜病虫害信息查询

进入设施蔬菜病虫害知识库平台显示如图 5-12 所示的蔬菜病虫害信息查询页面，默认展示第一大类茄果类蔬菜病虫害信息，格式为上图下文，图片为该病虫害直观图，文字为该病虫害对应名称，每页显示十个蔬菜病虫信息。

可以翻页查看，也能将信息导出。

在导航栏下方蔬菜分类列表中选择蔬菜大类，再从该大类蔬菜中选择某一蔬菜种类，查询的结果将显示在页面中，显示该蔬菜发生的病虫害信息，按该种类蔬菜的生长发育期依次排列，如图5-13黄瓜病虫害信息。

图 5-12　蔬菜病虫害知识库查询

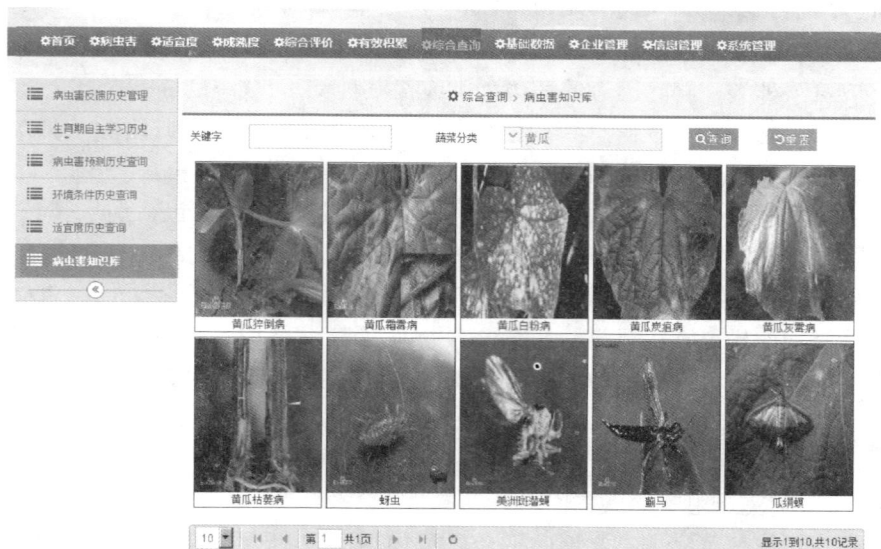

图 5-13　黄瓜病虫害信息

除了按大类——种类依次查询出的不同生育期下的病虫害信息。还可以通过关键字查询，用户可以选择按病虫害名称的中文拼音的首字母查询病虫害基本信息，例如输入"smb"点击"查询"按钮，就在页面显示所有可能发生霜霉病的蔬菜病虫害信息图片和名称。选择点击其中任意图片或者病虫害名称，将跳转到该蔬菜病虫害信息具体介绍界面，如图 5-14 黄瓜霜霉病。

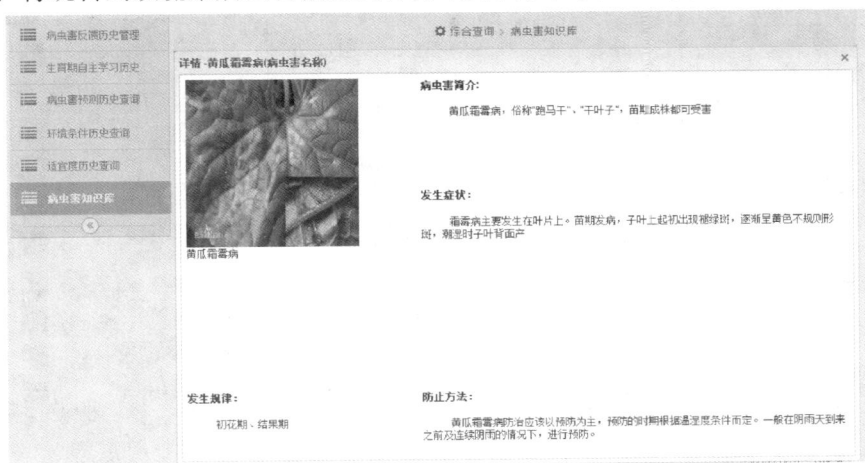

图 5-14　黄瓜霜霉病

蔬菜病虫害信息具体介绍界面显示该病虫害的基本信息，包括：病虫害名称、病虫害简介、发生症状、发生规律、防治方法及病虫害的图片。

5.6.4.2　病虫害基本信息管理

数据管理主要是对蔬菜、病虫害信息的增、删、改等操作。病虫害基本信息管理界面设计如图 5-15 所示：

点击"删除"按钮，将从数据库删除符合该病虫害名称的记录。

点击"修改"按钮，进入修改病虫害基础信息页面，包含病虫害名称，病虫害简介，发生症状，发生规律，防治方法，病虫害图片和其他信息，修改对应记录的相应信息点击提交，提交后显示："保存成功"。

5.6.4.3　添加病虫害基础信息

添加病虫害基础信息的页面如图 5-16 所示，主要包括需要添加的病虫害基本信息中的病虫害名称、病虫害简介、发生症状、发生规律、防治方法、其他等文本录入，以及病虫害图片上传。

为某种病虫害添加图片信息可以点击"上传图片"按钮，这时会弹出选择图片的相关界面，跳转到硬盘中病虫害图片的相关文件夹，选择该页面中的图片后，再点击添加即可新增加该病虫害的一幅照片，并将图片的相对存储路径和说明信息存储到数据库表中。

点击"提交"，将病虫害名称，病虫害信息存入病虫害基本信息临时表中，

图 5-15　病虫害基本信息管理

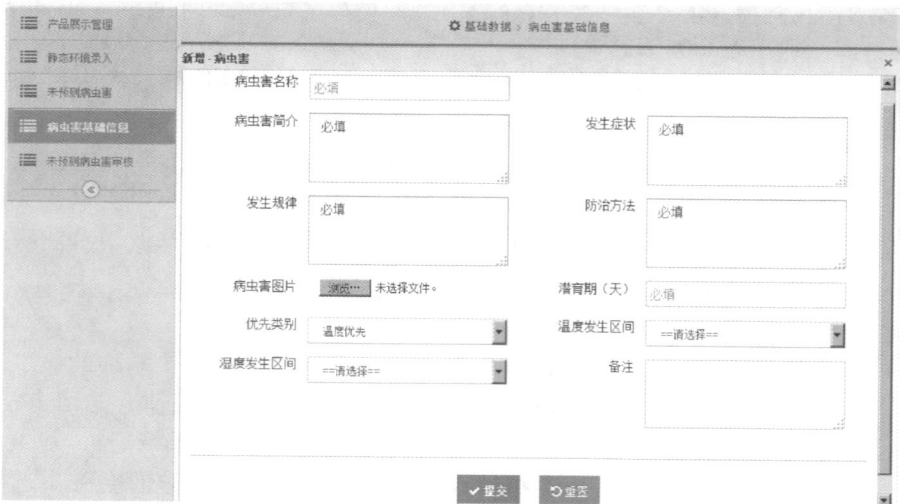

图 5-16　添加病虫害基础信息

病虫害图片文件保存在相应文件夹，等待下一步的审核。提交后显示："保存成功"。点击"重置"，清空所有输入文本框，光标指示在病虫害名称输入文本框。

5.6.4.4　新添病虫害信息审核

　　新添蔬菜病虫害信息审核是蔬菜病虫害识别与防治方面的专家对管理员添加品种信息的审核。基于领域专家有可能无法及时对知识信息进行审核，需要知识工程师通过其他方式与专家协商的实际情况，设定管理员和专家都能够进行信息审核。病虫害信息审核管理界面如图 5-17 所示，条目的排序显示方式按未审核—审核未通过—通过排序。

图 5-17　病虫害基本信息审核

　　点击"未预测病虫害审核"按钮显示一个列表，表头显示为病虫害名称、病虫害简介、发生症状、图片、发生规律、防治方法等。下面显示该病虫害的相应信息，列表的审核状态栏显示通过审核标签和未通过审核标签。在列表左侧选择其中的一条病虫害信息，点击下方的"审核"按扭，则可以对其信息进行审核。若审核未通过，则需要输入未通过的原因；若审核通过，新增的病虫害信息将直接存入数据库中设施蔬菜病虫害基本信息表。

5.7　系统测试

　　设施蔬菜病虫害知识库的主要功能是对蔬菜各生育期的病虫害知识进行查询，围绕系统的建设功能对系统的前台后台进行系统测试。

5.7.1　前台系统实现与测试

　　(1)用户是否可以运用任何浏览器顺利打开系统平台

　　使用 IE、360、猎豹等浏览器均可以正常打开设施蔬菜病虫害知识库系统，并可以看到系统的整体页面结构。

（2）用户登录平台界面是否友好

用户在使用浏览器打开设施蔬菜病虫害知识库系统后，界面整洁友好，格式排版符合网站制作要求。

（3）用户是否可以查询相关病虫害知识信息

用户登录设施蔬菜病虫害知识库系统，看到蔬菜大类、查看需要查看的蔬菜分类中的蔬菜信息，点击查看详细的信息，会看到所对应的病虫害详细信息、病虫害分类、蔬菜病虫害发病症状、病害原因、发病规律、防治方法、病虫害图片等信息。

5.7.2　后台系统实现与测试

（1）管理员是否可以顺利进行系统后台操作

管理员在登录用户名及密码后方可进入系统后台，还可以对登录密码就行修改，查询用户的登录信息等。

（2）管理员是否可以编辑设施蔬菜病虫害知识库的数据

管理员可以对设施蔬菜病虫害知识库中的信息进行添加、删除、修改等指令，做到数据库及时更新、确保设施蔬菜病虫害知识库的准确性。

第6章 食全食美农业电子商务平台

6.1 系统概述

6.1.1 项目背景

我国农民约占全国人口的2/3，长期以来，农产品流通主要是通过农贸市场来进行交易，远远不能满足农民的需求与供应。随着科技与互联网的不断发展，电脑在人们生活中越来越普及，网络同样也渗透到各行各业，不少农民通过互联网查找农产品信息，进行网上贸易。这种方式与传统交易形式相比，可以不受时间和地域的限制，其信息传播速度快、内容及时、丰富、图文声像并茂，并有良好的交互性，逐渐被农民朋友所认可。随着信息技术和互联网突飞猛进的发展，电子商务这种新的交易模式应运而生并飞速发展，对人类经济、社会发展产生了深远的影响。电子商务的优势也越来越被人们认可。

历年来中央一号文件都曾多次指出要稳定、完善和强化扶持农业发展的政策，进一步调动农民的积极性，增加农民的收入，而农民收入的主要来源是农产品的销售，因此，如何利用现代化技术手段——农产品电子商务来促进农产品交易就成了亟待解决的问题。开发相应的农产品电子商务交易系统平台意义重大，其必要性主要体现在以下几个方面：①增强农业信息服务和增加农民收入；②实现农产品溯源和建立信用体系，增强品牌效应；③降低农产品运营成本，稳定农产品物价；④强化政府农业决策及督导能力。

食全食美农业电子商务平台，正是为了以信息化的手段促进农产品交易，打造符合我国国情的农产品电子商务模式而创建的。食全食美农产品电子商务系统实现了农产品的全程追溯，因此建立了值得信赖的信用体系，增强了农产品的品牌效应；以在线交付和物流配送的交易方式实现交易，降低了农产品的运营成本，稳定了农产品的物价；同时以农场在线直供的方式增强了农业信息服务，也提高了农民的收入。可以说食全食美电子商务平台的建设提高了信息化手段在农业领域的影响力，推进了我国农业电子商务系统的发展。

6.1.1.1 电子商务的概念

一般而言，以电子技术为手段的商务活动都可算是电子商务，从内容和形式上可以将其分为广义电子商务和狭义电子商务两类。所谓广义电子商务，是指企业利用电子手段实现的商务活动及运作管理过程，它的业务交易是参与方通过电子方式完成的。狭义电子商务是指通过 Integerernet（包括企业内部网 Integerranet）或者电子数据交换（EDI）进行的交易活动。目前，电子商务主要是指狭义电子商务。

电子商务＝网上信息传递＋网上交易＋网上结算＋物流配送＝鼠标＋车轮。电子商务的整个运作过程是信息流、商流、资金流和物流的流动过程，其优势体现在信息资源的充分共享和运作方式的高效率上。电子商务的基本框架，可表述为 3F＋2S＋P。其中，3F 是指资金流、信息流与物流，2S 是指电子商务的安全和标准化建设，而 P 指的是其相关的政策与法规。商流作为交易的核心部分，只有 3F 在顺利实现后，才能保证商流的正常。

6.1.1.2 电子商务系统的概念

广义的电子商务系统是指完成商务交易过程中涉及的电子技术的集合。狭义的电子商务系统是指能够实现企业的电子商务活动，以互联网为基础，能满足企业生产和管理的需要，能够全面提高企业的信息化水平，支持企业对外业务协作，为企业提供商业智能的计算机系统。如图 6-1 所示。

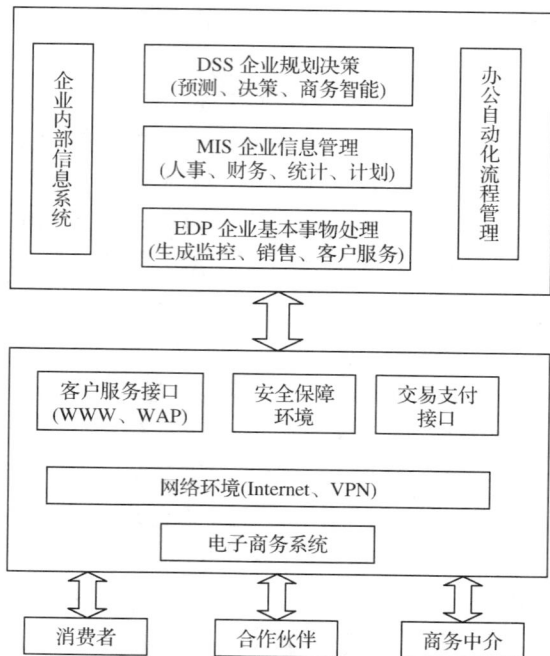

图 6-1　电子商务系统

　　我国电子商务的发展环境日益成熟，从政策、信用、税收、法律到人才等环境都逐步完善。由于近年来农业信息化的日益提高，政府也日益重视农产品电子商务，部分商务企业开始把焦点转向农产品电子商务领域，农村信息化设施也逐步健全完善，交易正逐年攀升。但与税务、海关、邮电、交通、化工等行业相比，我国农业信息化水平远远低于前者，加之一家一户的农业生产经营方式规模小，使自然风险和市场风险并存。可以说，目前的农产品电子商务发展处于起步阶段。

　　根据我国农产品电子商务的应用现状，主要分为以下两种类型：

　　① 由政府办的供求信息服务型

　　主要以中国农业信息网为代表，各级政府组织的涉农网站也包含在内。

　　② 各种经济实体办的商务服务型

　　这种类型的网站主体客户为初具规模的企业，主要从事的企业商务电子化服务都与农产品产、供、销等环节相关。网站基本上采用 B2B 和 B2C 两种形式，发展较快。

　　以上两种组织方式基本上反映中国现阶段农产品电子商务的发展水平，且两种形式互相影响，互相渗透。其中多数是以发布信息为主，少数能真正实现网上供应联合销售。这就要求国家政策大力扶持、规范、引导农产品电子商务的发展。从总体上看，我国农产品电子商务虽然发展迅速，但由于农产品电子商务是在较短时间内发展起来的，而且传统农业生产技术条件落后、规模小，所以在发展过程中会遇到很多问题。比如农村信息化基础设施有待加强，农民对电子商务的认识有待提高，农产品电子商务网站专业化水平较低，农产品电子商务配套环境有待提高，农产品电子商务人才供应不足等问题还在一定程度上普遍存在，因此建设科学的农产品电子商务交易系统平台就成为亟待解决的关键问题。

6.1.2　可行性分析

　　可行性分析是在对系统进行初步调查后对系统开发可能性和必要性进行的研究，又称为可行性研究。

　　通过电子商务交易平台，不仅可以拉近生产者和消费者之间的距离，使农产品不再因为地域原因而滞销，还可以简化中间环节，增加农户收益。被电子商务交易平台影响的不仅仅是距离和收益问题，还有对农业产业的带动和促进作用。农产品电子交易平台的发展不仅要求提升其经销的农产品的档次，同时还"倒逼"农业生产企业和农户去控制质量安全、提高农产品品质。如同滚雪球一般，越来越多的人意识到电子商务平台为农业行业带来的巨大好处，也有越来越多的人加入农产品电子商务交易平台这个"大家庭"，实现了买卖双方的互利共赢，也推动了我国农业产业的发展。

6.1.2.1 技术可行性分析

（1）B/S 结构

食全食美农业电子商务平台可以采用 B/S 结构，即浏览器/服务器结构（Browser/Server），这种结构中，浏览器是客户端的主要应用软件，而服务器作为实现系统功能的核心部分。使用这种结构，在应用服务器端完全实现软件应用的业务逻辑，在 Web 服务器端完全实现用户表现，而客户只要借助于浏览器就能进行各种业务处理。这种结构更成为当今农业电子商务应用软件的首选体系架构。

（2）Java 服务器页面技术（JSP）

食全食美农业电子商务平台可以采用 JSP 技术进行开发。JSP 全名为 Java Server Pages，中文名叫 Java 服务器页面。

食全食美农业电子商务平台采用 JSP 技术进行开发，主要是由于其具有以下的优点：

①将内容的生成和显示进行分离

用 JSP 技术，农业电子商务系统的 Web 页面开发人员可以使用 HTML 或者 XML 标识来设计和格式化最终页面，并使用 JSP 标识或者小脚本来生成页面上的动态内容。

②可重用组件

绝大多数 JSP 页面依赖于可重用的、跨平台的组件（JavaBeans 或者 Enterprise JavaBeans 组件）来执行应用程序所要求的复杂的处理。

③采用标识

JSP 技术封装了许多功能，这些功能是在易用的、与 JSP 相关的 XML 标识中进行动态内容生成所需要的。

④适应平台

几乎所有平台都支持 Java，JSP＋JavaBeans 几乎可以在所有平台下通行无阻。从一个平台移植到另外一个平台，JSP 和 JavaBeans 甚至不用重新编译，因为 Java 字节码都是标准的，与平台无关的。

⑤数据库连接

Java 中连接数据库的技术是 JDBC，Java 程序通过 JDBC 驱动程序与数据库相连，执行查询、提取数据等操作。

由于农业电子商务系统应用范围广泛，扩展需求性高，因此 JSP 技术的以上优点正是食全食美农业电子商务平台开发所需求的不二之选。

（3）应用 Oracle 数据库

食全食美农业电子商务平台采用 Oracle 数据库进行开发，主要是由于

Oracle数据库具有以下功能特点：

①完整的数据管理功能

包括数据的大量性；数据保存的持久性；数据的共享性；数据的可靠性。

②完备关系的产品

包括信息准则——关系型 DBMS 的所有信息都应在逻辑上用一种方法，即表中的值显式地表示；保证访问的准则；视图更新准则——只要形成视图的表中的数据变化了，相应的视图中的数据同时变化；数据物理性和逻辑性独立准则。

③分布式处理功能

Oracle 数据库自第五版起就提供了分布式处理能力，到第七版就有比较完善的分布式数据库功能了，一个 Oracle 分布式数据库由 oraclerdbms、sql * Net、SQL * CONNECT 和其他非 Oracle 的关系型产品构成。

④用 Oracle 能轻松的实现数据仓库的操作

Oracle 数据库因为具有可用性强、可扩展性强、数据安全性强、稳定性强等优点，因此应用非常广泛。

（4）Java 数据库连接（JDBC）

食全食美农业电子商务平台采用 JDBC（Java Data Base Connectivity）作为用于执行 SQL 语句的工具。

食全食美农业电子商务平台的开发者们都喜欢 Java 和 JDBC 的结合，因为它使信息传播变得容易和经济。企业可继续使用它们安装好的数据库，并能便捷地存取信息，即使这些信息是储存在不同数据库管理系统上。新程序的开发期很短。安装和版本控制将大为简化。程序员可只编写一遍应用程序或只更新一次，然后将它放到服务器上，随后任何人就都可得到最新版本的应用程序。

6.1.2.2　社会经济可行性分析

社会可行性又称为操作可行性，主要讨论新系统在机构或企业开发运行的可能性及运行后对机构或企业可能引起的影响，即组织内外是否具备接受并使用新系统的条件。当前，在信息技术飞速发展的大环境下，计算机软硬件技术的更新完全有可能也有能力使新的管理技术适用于农产品的交易。作为食全食美农产品电子商务交易系统的物质承载者——电子商务平台，使基础设施所占经济成分比重大大减少，系统主要的费用支出包括软件开发费用、设备购置费用、人员工资和培训费用、管理和维护费用等，大大减少了经济支出，在经济上是可行的。

6.2 系统需求分析

6.2.1 需求概述

由于我国农村的现代化建设是在工业化尚未完成的基础上开始的，与发达国家相比，我国信息化进程具有复杂性、艰巨性和长期性的特点。存在的问题主要有以下方面：

①网络未普及到农村，上网农民较少；②网络交易方式没有被农民认可；③农业、涉农产品配送存在问题；④农业电子商务网站较多，但缺乏专业性和实用性。

食全食美农业电子商务平台具有自己的特色，首先建立了农场直供的需求模式，为产品建立了品牌的同时实现了农产品的溯源，提高了品牌的可信度，吸引了更多的顾客；其次食全食美农业电子商务平台依托于现在的物流体系，能够及时快捷的完成农产品的交易，缩短了交易周期，降低了交易的成本，使得农民能获得更多的利益。随着越来越多的用户使用食全食美农业电子商务平台，该系统得到了农民和广大用户的信赖，提高了农业电子商务的交易额。

6.2.2 需求分析

通过对农产品交易情况的实际市场调查以及国内外一些典型农产品交易信息网和相关电子商务网站的参考、分析，在开发食全食美农业电子商务平台时我们着重考虑以下需求：

①需要具备较统一友好的操作界面，能保证系统的易用性；②需要具备规范、完善的农产品基础信息设置；③需要农产品具有较详细的分类，并可按不同类别查看农产品详细信息；④需要能按农产品大类及农产品名称进行模糊查询；⑤需要具有农产品新品上架及特价农产品、特色农产品信息展示功能；⑥需要农产品销售排行展示功能；⑦需要能实现农产品的网上订购，在线支付，物流配送及信息反馈功能；⑧需要较完善的后台系统管理功能，如用户管理、农产品信息管理、订单管理等；⑨需要较完善的社区农产品优秀企业和网店展示功能；⑩需要较安全的数据备份和安全功能。

6.2.2.1 系统需求描述

食全食美农业电子商务平台的功能需求是根据需求方提供的文档资料分析来设计的，需求包含功能需求和用户操作需求两部分。

（1）功能需求

系统对静态和动态信息提供具有权限控制的信息发布功能，且信息发布功能具有严格的操作流程控制，如编辑、校对、审核与发布等流程，并由具有系统管理员身份的用户对该操作流程进行自定义。提供电子交易交流平台，方便农产品交易买卖双方进行交流。提供促销和相关信息展示专区，供买卖双方用户发布查看热门信息。提供在线支付系统，并完善安全保护，同时提供交易保障系统。提供信息查看以及业务交易管理功能。提供供求双方信息管理功能。提供帮助支持中心，为系统用户提供帮助支持。

关于食全食美农业电子商务平台功能的功能需求主要从信息类、业务类、服务类和功能类四个角度进行分析。

①信息类

信息类：主要是在系统中提供信息展示和交流，以及相关商家和组织的信息，提供系统中主要业务分类信息和系统说明等专用功能。

关于我们：介绍企业相关的联系方式，让系统用户可以了解企业的现状。

供求信息：采用文字和图像结合的方式，在页面上清楚显示商家的业务组成以及最新的交流促销供求信息。

分类信息：分类显示主要业务分类信息和促销等相关信息。

②业务类

业务类：主要是提供电子商务平台的系统交易功能，主要包含了在电子商务平台上会使用到的主要交易流。如："信息查询发布业务流""订单农业业务流""B2B 业务流""B2C 业务流"以及"C2C 业务流"等。

信息查询发布业务流主要包括：信息发布业务流和信息查询业务流。信息发布业务流是指信息发布、然后后台审核，只有审核通过，才能前台显示，之后进行信息匹配，匹配成功之后进行信息推送，推送之后进行后台记录，同步前台显示；信息查询业务流是指基于互联网的信息查询之后进行信息订阅，系统按订阅内容推送信息，用户也可以按临时需求查询信息。基于手机终端的信息找寻是指上行发布查询内容，然后后台按查询需求予以答复，之后基于互联网或手机终端给予回复推送；基于互联网的信息查询后站内搜索、分类查找之后系统进行信息显示或部分显示。

订单农业业务流主要包括：基于厂家的订单农业和基于个人或行会组织的订单农业。基于厂家的订单农业是指企业登录以后，系统根据需求生成订单，企业选择订单下发对象，然后后台接受到订单下发需求，予以处理，最后会员及时接受到订单。非会员 5 小时后看见订单，之后供货方登录，填写供应订单；非会员只能见到订单需求信息，不能参与订单匹配，此外会员提交供应订单之后，后台或系统进行订单匹配，当匹配成功，推送给订单下发企业(互联网或手机终端)。基于个人或行会组织的订单农业包括：个人或行会组织登录，之后根据农产品种植养殖品种或规模，提交订单求购需求，后台接受订单求购需求，审核后予以推送，会员企业即时接收到订单求购需求，非会员企业 5 小时后接收到订单求购需求，然后企业接受到求购订单信息，下发订单，后台或系统进行订单匹配，匹配成功，推送给订单求购个人或组织。

B2B 业务流指用户注册，系统确认注册成功后，产品上架，上架之后接受访问，网上买卖交流，买卖双方达成买卖一致意见，然后提交交易订单，后台审核形成交易订单，下发给买卖双方，买方基于第三方支付通道进行网上支付，买方即时查询货物运送状态，验收货物，确认无误后，点击支付确认，交易完成。

B2C 业务流是用户注册，系统确认注册成功，产品上架，接受访问，网上买卖交流，达成买卖一致意见，提交交易订单，后台审核形成交易订单，下发给买卖双方，买方基于第三方支付通道进行网上支付，买方即时查询货物运送状态，验收货物，确认无误后，点击支付确认，交易完成。

C2C 业务流指用户注册，系统确认注册成功，产品上架，接受访问，网上买卖交流，达成买卖一致意见，提交交易订单，后台审核形成交易订单，下发给买卖双方，买方基于第三方支付通道进行网上支付，买方即时查询货物运送状态，验收货物，确认无误后，点击支付确认，交易完成。

③服务类

服务类主要是提供系统的后台支持服务以及系统使用帮助等，如交易监控、物流状态查询、农产品价格行情分析、支付结算、帮助中心等系统功能。

交易监控：交易监控主要提供交易时间、数量、金额、形式等相关内容的记忆，查询交易记录，删除交易记录，作废交易记录。

农产品价格行情分析：根据市场的实时情况，提供实时农产品供求和实时价格情况。

支付结算：提供支付结算的接口，付款形式为订金和保证金等。目前支付主要为在线支付和货到付款两种形式。

帮助中心：帮助中心提供了系统主要操作的帮助文档和相关的操作指南，用户可以在帮助中心下载查看主要的法律政策，操作帮助，交易须知等内容，更好地帮助用户来了解和使用食全食美农业电子商务平台。同时帮助中心还提供人工语音帮助服务和在线帮助系统，用户也可以直接在线与帮助中心联系获得帮助。

会员管理：提供了比较完善的会员管理体系，规定了包含系统会员认证、会员等级、会员权限、会员优惠、会员升级制度、会员奖惩制度等方面的管理，为认证会员提供全方位的管理方案。

产品信息标准化认证管理：健康食品的认证管理一直是当前农业管理的一个重点工作，提供基于农产品标准化认证的食品管理制度，在系统中设置绿色有机食品专区，提供完整的有机食品管理体系，商家根据食品安全管理委员会提供的有机食品认证信息，可在系统中有机食品专区进行信息交流和农产品交易。

营销管理：在页面提供专区显示，主要包括宣传信息管理和促销信息管理，为企业、个人或其他组织提供当前的最新动态信息，注册用户可在专区查看到最新的宣传和促销信息。

信息交流管理：信息交流管理可以让用户在系统交流专区进行问题和相关信息的交流，为供求双方提供一个可以自由交流的平台，在注册认证后，可以根据权限在不用区域进行留言或其他方式的信息交流，在通过后台信息审核后，在前台进行显示和信息互动交流。

④功能类

功能类：提供给商家，个人和其他组织系统管理等功能。

功能类主要为系统管理，系统管理包含运营方管理和用户方管理，其中运营方管理包括信息管理、会员管理、用户管理和广告管理、增值业务管理、统计分析等。

资讯管理：提供给用户信息发布、删除、查找、修改，用户可以在权限内对自己的信息进行维护管理。如对相关的广告、营销等模块的管理。

会员管理：包括会员注册管理、级别管理、属性管理、功能管理。

用户管理：用户管理包含权限管理、功能管理、统计管理、属性管理。用户管理主要包括查询搜索、信息管理、商品管理、通讯管理、订单管理等。

查询搜索：包括站内搜索、分类查询、分时查询。

信息管理：包括发布信息、删除信息、查找信息、修改信息、信息设置（置顶、屏蔽等）。

商品管理：包括上下架管理、添加商品、删除商品、查找商品、修改商品信息等。

通讯管理：包含添加通讯方式、删除通讯方式、修改通讯方式和设置通讯方式等。

订单管理：包含下单管理、订单审核、订单查找、订单作废、订单清除、订单导出。

库存管理：主要为注册会员提供当前系统中库存的状态(数量、空间、时间等)的管理，对库存信息进行实时监控管理。

物流系统管理：系统可兼容提供物流管理系统，方便电子商务平台的交易、配货、运输，为用户包括物流方提供整体的解决方案。

（2）用户操作需求

用户操作要求页面简洁大方，能清晰的显示出物品分类和相关行业信息。操作简单，能符合不同知识水平人员的操作习惯。页面简单明了，因为操作人员可能有部分农民和其他计算机水平较差人员，要尽量符合其操作水平。页面要求色调符合行业特征，清新活泼。布局合理，色调搭配合理，要有吸引力。展示页面能清楚地显示系统主要功能，能很好的引导用户使用。

6.2.2.2 平台业务流

电子商务平台的主题是业务流，为保证电子商务业务能正常稳定的运行，我们根据农业的行业特点和客户基本要求，确定了主要农产品交易的业务流，主要路线为：用户认证→商品确认→交易确认→付款完成。主要流程如图6-2所示：

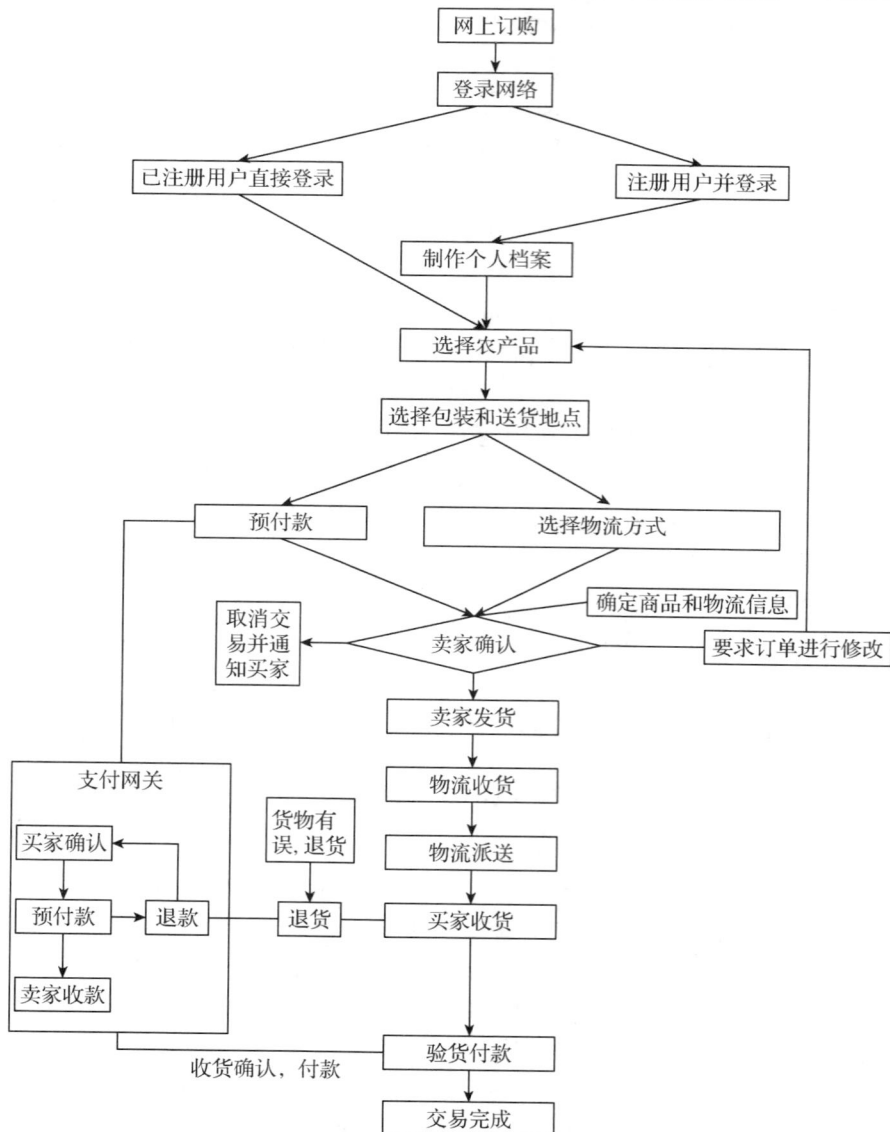

图6-2 农产品交易流程

6.2.2.3　系统逻辑结构

　　该系统的功能是通过平台能集中展示和宣传城市本地丰富的农产品等特色资源；满足市民对安全、放心、优质农产品的高层次、多形式的消费需求；提供本地区农业企业与外界进行农产品的在线交易平台；打造地区永不落幕的网上特色农产品展销商务平台；成为政府对安全优质农产品的市场监管和消费引导的服务平台。此外在系统平台的操作上全面展示平台内所有农产品，并可展示最新农产品、特价农产品及特色农产品及社区优秀农产品经营企业等。平台要通过对农产品销售排行榜的网上演示，这样不仅可方便消费者了解本地区内的热销农产品，还可帮助农资企业更好地进行决策。还要使用户能随时查看系统平台内的公告信息及查看自己的订单。系统还应具有严格数据检验功能，用来检验用户输入的数据是否正确，从而最大程度地排除人为错误。

　　采用如图 6-3 所示的逻辑结构，来实现电子商务平台的功能，采用先进的软件技术，使系统模块化，以提高系统的可靠性，稳定性，安全性，可扩展性和易维护性。

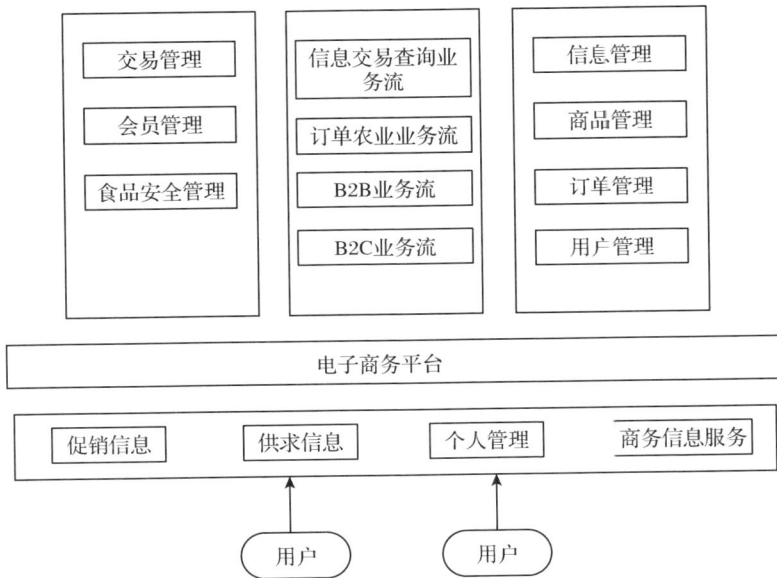

图 6-3　平台逻辑功能划分

6.3 结构化系统分析

6.3.1 业务流程分析

本节列出了该系统的主要业务流程，以说明食全食美农业电子商务平台的主要业务，为系统分析提供依据。

(1)普通用户购物业务流程

业务描述：普通用户可以直接浏览食全食美农业电子商务平台的商品信息，并且选择自己需要的商品进行下单购买。业务流程图如图 6-4 所示。

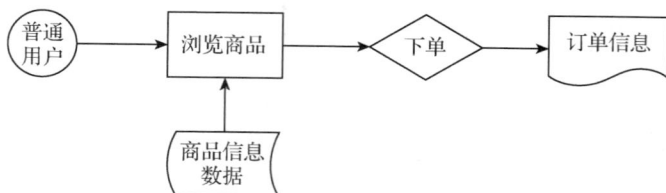

图 6-4　普通用户购物流程

(2)会员用户购物业务流程

业务描述：会员用户登录后可以直接浏览食全食美农业电子商务平台的商品信息，也可以浏览会员专区的商品，并且选择自己需要的商品进行下单购买。业务流程图如图 6-5 所示。

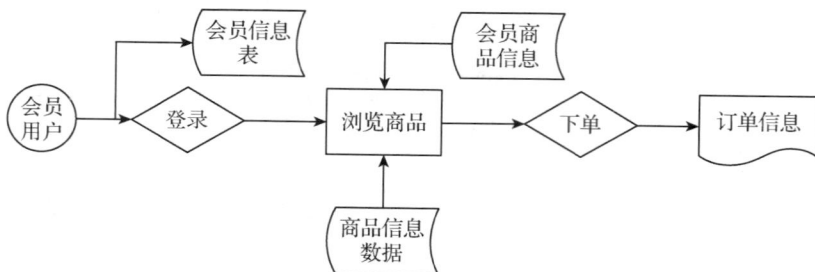

图 6-5　会员用户购物流程

(3)管理员商品管理业务流程

业务描述：管理员登录后可以直接浏览食全食美农业电子商务平台后台管理界面，通过商品管理界面可以进行商品的管理。业务流程图如图 6-6 所示。

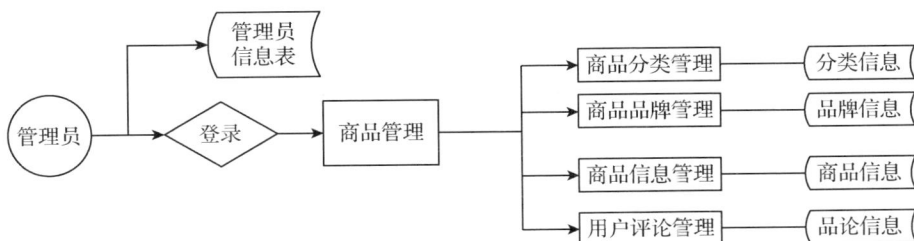

图 6-6　管理员商品管理流程

（4）管理员财务管理业务流程

业务描述：管理员通过后台登录界面登录后可以直接浏览食全食美农业电子商务平台后台管理界面，通过财务管理界面可以进行对平台的财务管理。业务流程图如图 6-7 所示。

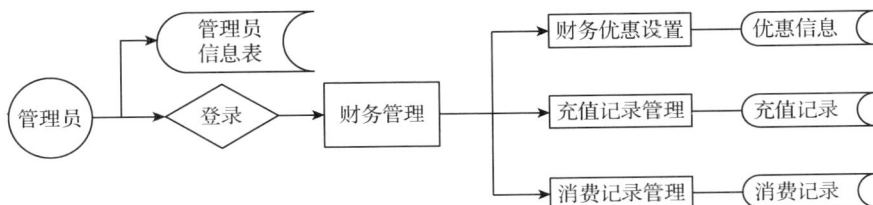

图 6-7　管理员财务管理流程

（5）管理员订单管理业务流程

业务描述：管理员通过后台登录界面登录后可以直姜浏览食全食美农业电子商务平台后台管理界面，通过订单管理界面可以进行对平台的订单管理。业务流程图如图 6-8 所示。

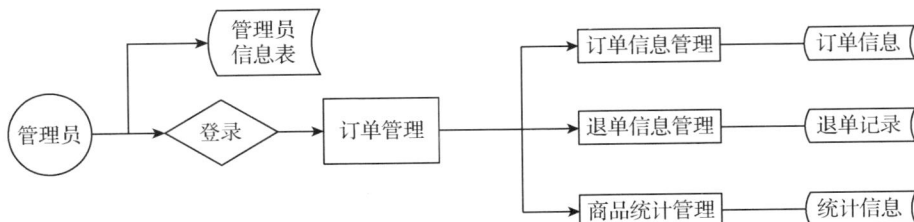

图 6-8　管理员订单管理流程

（6）管理员广告管理业务流程

业务描述：管理员通过后台登录界面登录后可以直姜浏览食全食美农业电子商务平台后台管理界面，通过广告管理界面可以进行对平台的广告管理。业务流程图如图 6-9 所示。

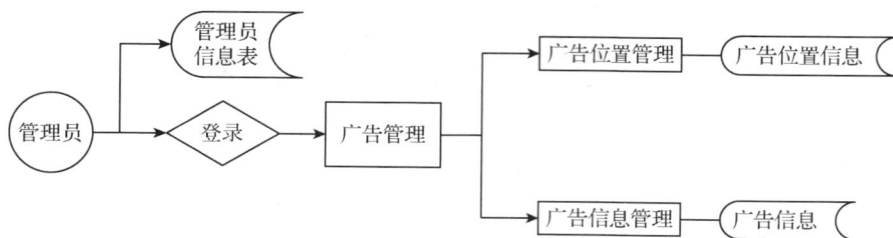

图 6-9　管理员广告管理流程

（7）管理员内容管理业务流程

业务描述：管理员通过后台登录界面登录后可以直接浏览食全食美农业电子商务平台后台管理界面，通过内容管理界面可以进行对平台的文章管理。业务流程图如图 6-10 所示。

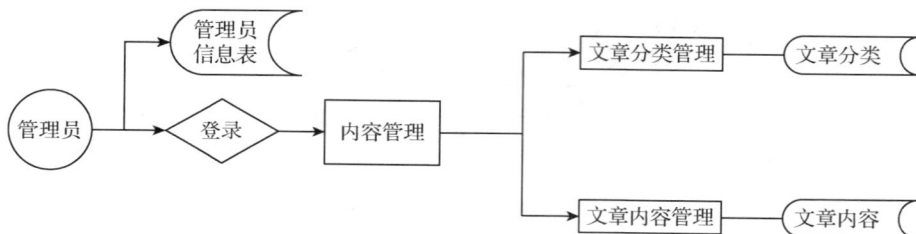

图 6-10　管理员内容管理流程

（8）管理员会员管理业务流程

业务描述：管理员通过后台登录界面登录后可以直接浏览食全食美农业电子商务平台后台管理界面，通过会员管理界面可以进行对平台会员的管理。业务流程图如图 6-11 所示。

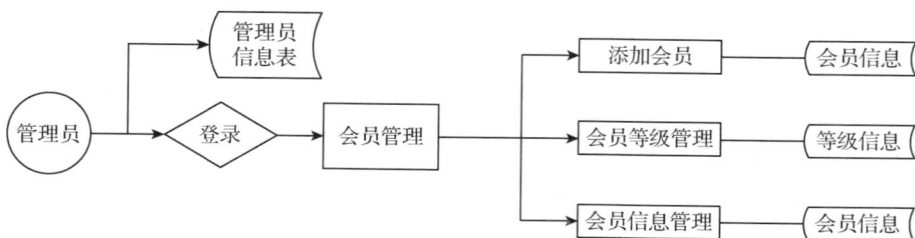

图 6-11　管理员会员管理流程

（9）管理员平台基础设置管理业务流程

业务描述：管理员通过后台登录界面登录后可以直接浏览食全食美农业电子商务平台后台管理界面，通过基础设置管理界面可以进行对平台基础设置的管理。业务流程图如图 6-12 所示。

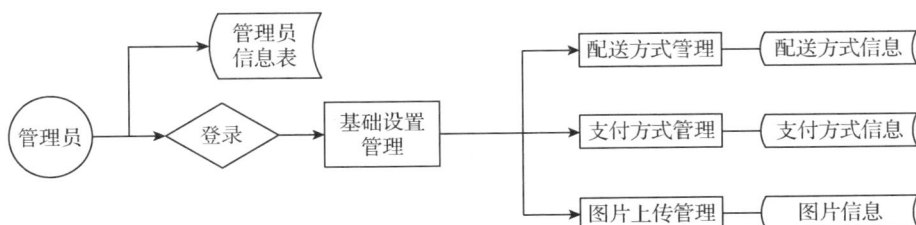

图 6-12　管理员基础设置管理流程

（10）管理员系统管理业务流程

业务描述：管理员通过后台登录界面登录后可以直接浏览食全食美农业电子商务平台后台管理界面，通过系统管理界面可以进行对系统权限和日志的管理。业务流程图如图 6-13 所示。

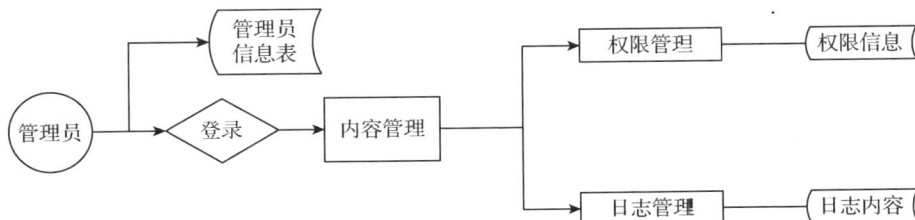

图 6-13　管理员系统管理流程

6. 3. 2　前台购物流程图

系统的前台购物流程如图 6-14 所示，如果系统访问者想在该平台选购农产品，必须经过会员登录模块验证方可继续，无论登录成功与否都将会写入用户日志文件中备份。登录成功后的用户可将其购买的农产品加入购物车并可随时去网站收银台结算。在进行结算时，系统会首先为用户生成一份临时订单，它包括用户所选购的农产品结算总额，以及用户姓名、性别、联系电话、送货地址、送货方式等一些个人信息。然后，提示用户自行选择支付方式，并在确认订单提交之前提示用户将错误信息改正过来。最后，确认订单提交成功，将写入订单库，同时显示用户本订单号和本次付款总额。前台的农产品选购流程至此结束。

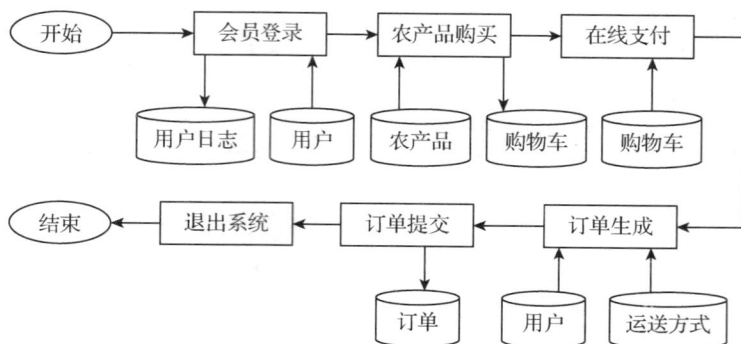

图 6-14　系统前台购物流程图

6.3.3　系统后台管理流程图

　　系统的后台管理流程如图 6-15 所示，系统管理员可通过点击主页面最下面的【管理员登录】按钮进入后台管理登录模块，无论登录成功与否都将写入系统用户日志文件。当管理员登录成功后，他便可根据自己的管理权限对所管理工作进行操作，并可对自己的某些个人信息进行修改。系统管理员可以根据其业务的需要对农产品信息、用户订单、农产品类别、会员注册申请、用户短信文件、电子商务交易系统信息、系统菜单栏、产品计数器等项目进行管理，并可调出日志文件进行查看、跟踪、统计，确保系统安全。

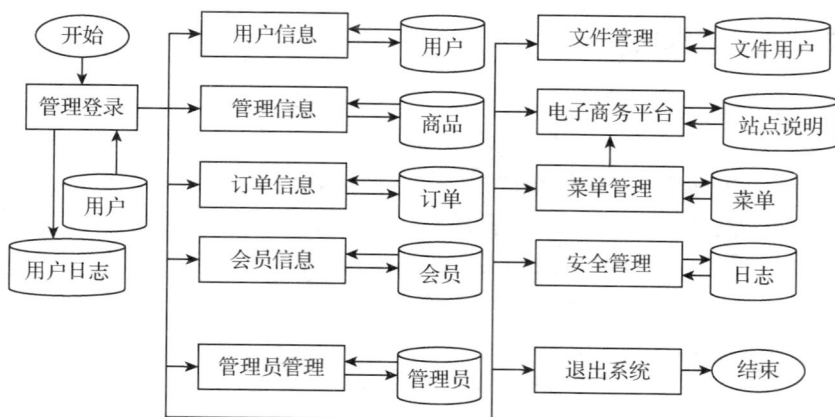

图 6-15　系统后台管理流程图

　　系统将设置多种信息数据管理模式，以方便系统管理员对不同的信息进行不同的数据管理过程。支持多种内容格式：HTML、图像、声频、视频、Office 文件、FLASH 等。

　　信息发布系统主要功能是让管理员通过网页界面的形式管理数据库，审核、修改、删除前端输入信息；也可以发布新闻、行业动态等信息。所有发布的信息记录均存放于一个信息库中，允许浏览者根据不同的条件来对已发布的信息进行检索和下载。

　　对栏目内容的更新与维护，提供在后台输入、查询、修改、删除各栏目中具体信息，选择本信息是否出现在栏目的首页、网站的首页等一系列完善的信息管理功能。信息录入将设计为动态生成和静态链接两种，便于管理员根据情况灵活掌握。信息管理实现网站信息栏目的添加、修改、删除。动态信息维护包括信息录入、修改和删除。信息发布流程如图 6-16 所示：

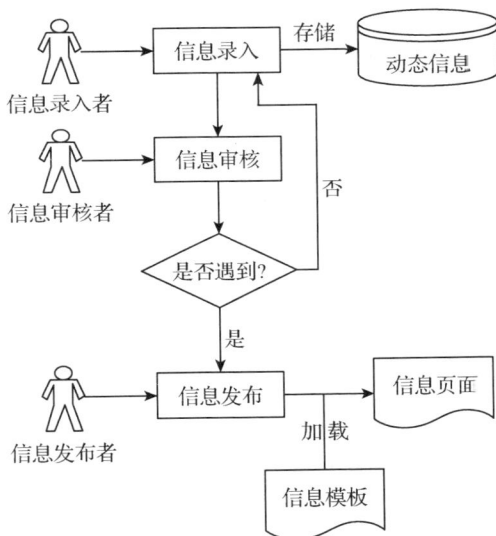

图 6-16　信息发布流程

　　信息录入者使用统一的信息维护页面进行动态信息的录入，录入后的数据存放在动态信息数据库中。信息审核者对录入的数据进行审核，包括三种情况：①直接审核通过：信息内容完全正确，不需要进行修改；②修改后审核通过：错误内容很少，信息审核者自行修改后审核通过；③审核失败：错误内容较多，直接打回给信息录入者。

　　信息发布者将审核通过的信息进行发布，根据输入的信息内容与相应的信息模板内容，生成最后的信息页面。在信息发布后，允许进行信息维护，即修改和删除。具体流程如图 6-17 所示：

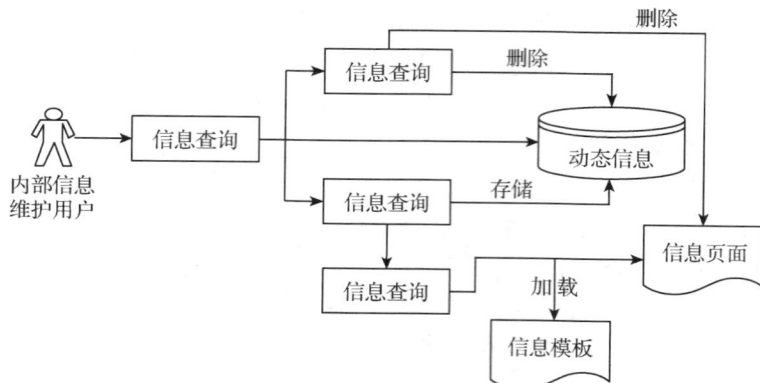

图 6-17　信息发布维护流程

内部信息维护用户在进行信息的更新/删除操作之前，首先进行信息的查询，获得需要修改的信息内容；如果进行信息的修改，在完成信息的存储后，将进行重新发布，将原有的信息页面更新为重新发布后的信息页面。

6.4　数据库设计

6.4.1　关系数据模型设计

关系模型是指用二维表的形式表示实体和实体间联系的数据模型。在食全食美农业电子商务系统的数据库设计中，它的关系数据模型是以下的样式：

（1）会员信息表

会员编号，姓名，登录名，登录密码，密码提示，答案，性别，电子邮箱，出生日期，联系地址，联系电话，注册时间，备注，积分。

（2）系统管理员信息表

系统管理员编号，系统管理员姓名，密码，证件号，职位，查看部门操作权限，查看个人操作权限，发布信息操作权限，查看信息操作权限，密码修改操作权限，增加用户操作权限，用户管理操作权限，备注。

（3）卖家信息表

卖家编号，负责人姓名，登录名，登录密码，密码提示，答案，电子邮箱，出生日期，公司类型，公司名称，公司简介，主营方向，联系地址，联系电话，注册时间，备注，积分。

（4）农产品信息表

农产品编号，名称，农产品产地，品质，数量，价格，所属类型，特价，图片编号，详细信息，保质期，备注。

（5）订单信息表

订单编号，农产品编号，会员 id，名称，农产品名称，会员名，送货地，价格，特价，数量，类型，时间，所属类型，送货方式，标志，备注。

（6）特价活动信息表

活动编号，活动名称，活动日期，活动内容，图片，审核者，发布日期，活动类型，活动持续时间，特价农产品，促销折扣，参与商家，活动规模，特价信息，备注。

（7）公告信息表

公告编号，所发公告内容，主题，图片，发布者，公告日期，公示时间，公式类型，备注。

（8）图片信息表

图片编号，农产品编号，路径，原名称，现名称，图片类型，数据类型。

（9）运输信息表

运输信息编号，农产品编号，id 车号，农产品名称，数据类型，运输时间，运输中途站，运输人员，收货人，送达时间，判断是否延迟，收货时间，备注。

6.4.2 数据库详细设计

进行系统开发过程中，数据库的设计成为一项重要的工作。一个系统的好坏，在很大程度上依赖于数据库设计的质量。为实现对数据的系统管理，保证数据的完整性和共享性，本文系统的开发应用了当前比较流行的数据库技术 Oracle。在该系统数据库中共涉及九个数据库表：会员（买家）信息表、系统用户表、卖家信息表、农产品信息表、图片信息表、订单信息表、公告信息表、特价活动信息表、运输信息表。限于篇幅，本文在此对这些表的设计作简要介绍。

（1）会员信息表

主要用于保存会员详细信息（见表 6-1）。

表 6-1 会员信息表

字段名称	数据类型	长度	描述
VIP_id	int	4	会员编号
VIP_name	varchar	50	姓名
VIP_loginName	varchar	50	登录名
VIP_loginPassword	varchar	50	登录密码
VIP_PasswordTs	varchar	100	密码提示
VIP_answer	varchar	50	答案

（续）

字段名称	数据类型	长度	描述
VIP_ sex	varchar	2	性别
VIP_ birth	varchar	12	出生日期
VIP_ address	varchar	50	联系地址
VIP_ tel	varchar	50	联系电话
VIP_ zcTime	varchar	50	注册时间
VIP_ remark	varchar	50	备注
VIP_ integral	int	4	积分

（2）系统管理员信息表

主要用于保存系统用户信息（见表 6-2）。

表 6-2　系统用户信息表

字段名称	数据类型	长度	描述
SY_ id	int	4	系统管理员编号
SY_ username	varchar	50	系统管理员姓名
SY_ userpwd	varchar	50	密码
SY_ paper	varchar	20	证件号
SY_ position	varchar	50	职位
SY_ department	int	4	查看部门操作权限
SY_ person	int	4	查看个人操作权限
SY_ publish	int	4	发布信息操作权限
SY_ check	int	4	查看信息操作权限
SY_ possword	int	4	密码修改操作权限
SY_ add	int	4	增加用户操作权限
SY_ manage	int	4	用户管理操作权限
SY_ remark	varchar	200	备注

（3）卖家信息表

主要用于保存卖家信息（见表 6-3）。

表 6-3　卖家信息表

字段名称	数据类型	长度	描述
seller_ id	int	4	卖家编号
seller_ name	varchar	50	负责人姓名
seller_ loginName	varchar	50	登录名

（续）

字段名称	数据类型	长度	描述
seller_ loginPassword	varchar	50	登录密码
seller_ PasswordTs	varchar	100	密码提示
seller_ answer	varchar	50	答案
seller_ email	varchar	50	电子邮箱
seller_ birth	varchar	12	出生日期
seller_ companyType	varchar	50	公司类型
seller_ companyName	varchar	100	公司名称
seller_ companyInfo	varchar	200	公司简介
seller_ major	varchar	50	主营方向
seller_ address	varchar	50	联系地址
seller_ tel	varchar	50	联系电话
seller_ zcTime	varchar	50	注册时间
seller_ remark	varchar	50	备注
seller_ integral	int	4	积分

（4）农产品信息表

主要用于保存农产品信息（见表 6-4）。

表 6-4　农产品信息表

字段名称	数据类型	长度	描述
PROD_ id	int	4	农产品编号
PROD_ name	varchar	100	名称
PROD_ area	varchar	100	农产品产地
PROD_ quality	varchar	100	品质
PROD_ num	int	4	数量
PROD_ price	int	4	价格
PROD_ type	varchar	50	所属类型
PPS_ id	int	4	特价
PIC_ id	int	4	图片编号
PROD_ Info	varchar	200	详细信息
PROD_ period	int	4	保质期
PROD_ remark	varchar	200	备注

（5）订单信息表

主要用于保存订单记录的信息（见表 6-5）。

表6-5 订单信息表

字段名称	数据类型	长度	描述
ORD_id	int	4	订单编号
ORD_name	varchar	100	名称
PROD_id	int	4	农产品编号
PROD_name	varchar	100	农产品名称
VIP_id	int	4	会员id
VIP_name	varchar	52	会员名
ORD_adress	varchar	100	送货地
ORD_price	int	4	价格
PPS_id	int	4	特价
ORD_number	int	4	数量
ORD_typeleixing	varchar	50	类型
ORD_time	datetime	8	时间
ORD_type	varchar	50	所属类型
ORD_deliver	varchar	50	送货方式
ORD_flag	int	4	标志
ORD_remark	int	200	备注

(6)特价活动信息表

主要用于保存活动记录的信息(见表6-6)。

表6-6 特价活动信息表

字段名称	数据类型	长度	描述
PPS_id	int	4	活动编号
PPS_name	varchar	50	活动名称
PPS_date	varchar	50	活动日期
PPS_content	varchar	200	活动内容
PIC_id	int	4	图片
PPS_examine	varchar	50	审核者
PPS_time	datetime	8	发布日期
PPS_type	varchar	20	活动类型
PPS_day	datetime	8	活动持续时间
PPS_product	varchar	20	特价农产品
PPS_discount	float	8	促销折扣

（续）

字段名称	数据类型	长度	描述
PPS_ business	varchar	50	参与商家
PPS_ scale	varchar	50	活动规模
PPS_ Info	varchar	100	特价信息
PPS_ remark	varchar	200	备注

（7）公告信息表

主要用于保存公告记录的信息（见表6-7）。

表6-7　公告信息表

字段名称	数据类型	长度	描述
id	int	4	公告编号
content	varchar	500	所发公告内容
title	varchar	100	主题
PIC_ id	int	4	图片
fabuzhe	varchar	50	发布者
date	datetime	8	公告日期
time	datetime	8	公示时间
type	varchar	20	公式类型
remark	varchar	200	备注

（8）图片信息表

主要用于保存网站中农产品等的图片信息（见表6-8）。

表6-8　图片信息表

字段名称	数据类型	长度	描述
PIC_ id	int	4	图片编号
PROD_ id	int	4	农产品编号
PIC_ path	varchar	50	路径
PIC_ ddname	varchar	50	原名称
PIC_ newname	varchar	50	现名称
PIC_ type	varchar	50	图片类型
PIC_ img	varchar	50	数据类型

（9）运输信息表

主要用于保存网站中运输信息（见表6-9）。

表 6-9　运输信息表

字段名称	数据类型	长度	描述
COMM_id	int	4	运输信息编号
PROD_id	int	50	农产品编号
PROD_name	varchar	50	农产品名称
COMM_number	int	4	id 车号
COMM_type	varchar	50	数据类型
COMM_time	datetime	8	运输时间
COMM_station1	varchar	50	运输中途站
COMM_station2	varchar	50	运输中途站
COMM_station3	varchar	50	运输中途站
COMM_station4	varchar	50	运输中途站
COMM_staff	varchar	20	运输人员
COMM_receiver	varchar	20	收货人
COMM_deliverytime	datetime	8	送达时间
COMM_defer	varchar	2	判断是否延迟
COMM_receivetime	datetime	8	收货时间
COMM_remark	varchar	200	备注

6.5　系统设计

食全食美农业电子商务平台总体设计遵循以下原则：

（1）整体性

应用系统建设结构、数据模型结构、数据存储结构、系统界面以及系统扩展规划等内容，均需进行统筹规划和统一设计，以整体性为原则，确保系统完整。

（2）权威性

作为农业电子商务平台，应有别于其他商业性、事业型系统，其发布的信息需要经过严格的审查程序，确保信息是可靠的、准确的。要保证系统信息为用户实用信息，加强信息审查和管理。系统要具备严格的安全措施，防止黑客攻击和防止页面篡改，以体现农业信息的权威性和严肃性。

（3）及时性

系统中的信息要求及时更新，能在第一时间向买卖双方提供最精准的交易和供求关系信息，方便用户可以及时更正自己的市场策略，保障双方用户的权益。信息的及时更新也可以保证对市场信息的及时掌握，能更好地了解市场走向，制定相应的措施，使农业经济健康稳定的发展。

（4）可靠和安全性

确保 7×24 小时不间断服务。系统提供用户身份认证、密码校验、角色控制等多种手段保证系统具有良好的安全性，防止非法用户对系统的入侵。

（5）适应性

农业电子商务平台设计应考虑系统使用的用户群，系统用户多为农民朋友和加工商、经销商，使用电脑办公水平有限，同时，由于其对于电子商务平台知识的了解有限，因此，在设计过程中，要考虑系统的简洁、使用，符合人性化的操作。

（6）先进性

首先，为满足系统功能和性能上的要求，必须采用一些先进的技术作为保证；其次，本着高定位、高起点的指导思想，也将采用先进软件技术，来保证系统强大的生命力。

（7）高性能性

整个系统将通过网络技术、主机设备和软件技术的综合运用，使系统具备较高的性能，以支持大规模的用户访问。

（8）易管理性

只有管理好系统，才能更好地利用系统提供的功能和服务。系统应该具有较强的易管理性，以保障日常的系统运行和降低运行维护成本。

6.5.1　平台总体设计

6.5.1.1　架构设计

（1）应用支撑平台软件架构设计

在系统架构的组成上，主要包括数据层、服务层、应用层、界面层四个层次和 7 个关键技术支持平台，如图 6-18 所示。

（2）技术开发工具

SUN 公司的 JAVA 语言是一种跨平台的程序设计语言，JAVA 具备简化的优点，并提供面向对象的而又不依赖于机器的开放架构，具有卓越的可移植性、安全性特点，同时具有灵敏的响应和交互能力。考虑到食全食美农业电子商务平台的可扩展性、安全性、易维护性，所以，选用 JAVA 作为本系统的设计平台。

数据库连接采用基于 Java 的 JDBC 技术，JDBC 采用对象的方法对数据库进行访问。并对数据进行事务和多线程管理，它的连接速度快，提供了数据集、游标支持、SQL 语句、会话管理、缓冲机制等强大的数据库连接与管理

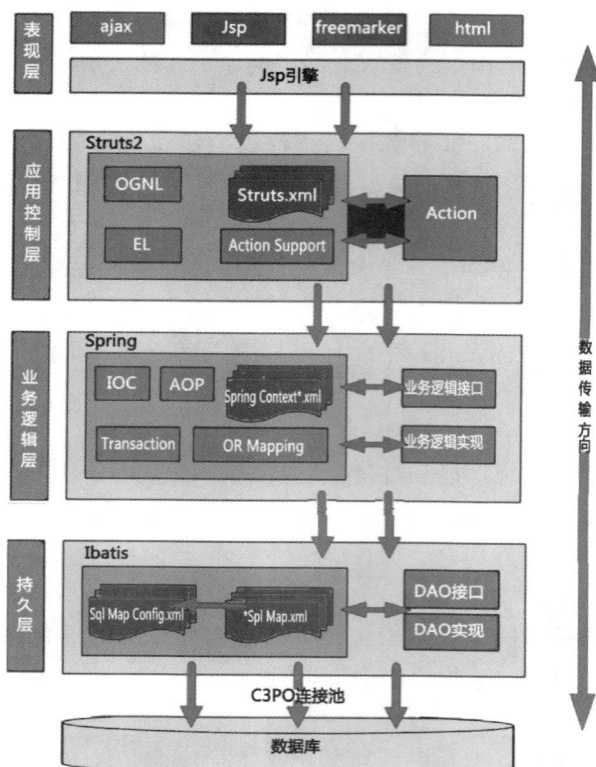

图 6-18　软件架构设计

功能，JDBC 还提供了丰富的 API，开发人员只要通过其 API，可以很快地开发出数据库应用程序。

网页制作工具采用 Macromedia Dreamweaver，Macromedia Dreamweaver 具有使用方便、工具丰富、模板众多等优势，是目前为止网上评价最好的网页制作工具；语言开发使用 Jbuilder9 等成熟优秀的开发工具。

通过 XML 来交换数据，为分布式应用提供简单、开放、标准的耦合新途径。

通过这些技术的有机结合，形成功能强大、设计合理、使用方便、交互性强的应用系统。

6.5.1.2　功能模块设计

本系统平台分为前台销售和后台管理两个模块，其中前台实现产品销售、企业介绍、有机生活、开心农场、精品专区和会员专区功能，后台管理完成系统管理、商品管理、农场管理、订单管理、会员管理等系统管理功能。系统的总体结构如图 6-19 所示。

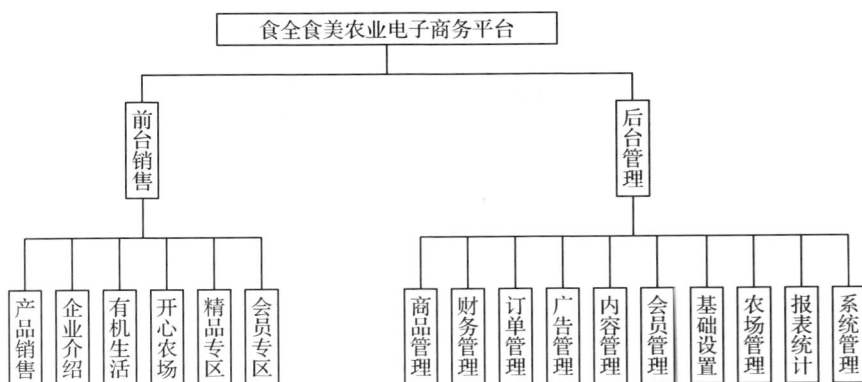

图 6-19　系统总体结构图

6.5.2　平台功能设计

6.5.2.1　前台功能设计

食全食美农业电子商务平台主要包括：销售管理、财务管理、内容管理、会员管理、农场展示、报表统计和基础设置等模块，前台的功能结构图如图 6-20 所示。

其中销售管理分为商品管理和订单管理两部分，商品管理主要是对商品分类、商品信息和商品品牌等的管理。其中商品信息包括：农产品编号、名称、农产品产地、品质、数量、价格、所属类型、特价、图片编号、详细信息、保质期、备注等基本信息。而商品信息的管理除了对基本信息的维护以外还包括：生长履历、用户评论的管理等。订单管理主要是对在线下单管理、订单信息和红包信息等进行管理。订单信息主要包括：描述、订单编号、名称、农产品编号、农产品名称、会员 id、会员名、送货地、价格、特价、数量、类型、时间、所属类型、送货方式、标志、备注等基础信息。订单信息管理还包括：查询报表打印、订单状态处理和退单信息管理等。

财务管理分为充值卡管理、充值记录查询和消费记录查询。

内容管理分为：图文资料和广告管理，图文资料包括文章分类和文章类表；广告管理是对广告位置和广告内容列表的管理。

会员管理分为：添加会员基本信息、会员列表和会员等级的管理；其中会员列表包括会员消费记录和会员充值记录两部分。其中会员基本信息包括：会员编号、姓名、登录名、登录密码、密码提示、答案、性别、电子邮箱、电子邮箱、出生日期、联系地址、联系电话、注册时间、备注、积分等基本信息。

农场展示分为农场动态和农场风景。农场风景分为农场介绍和农场评价。

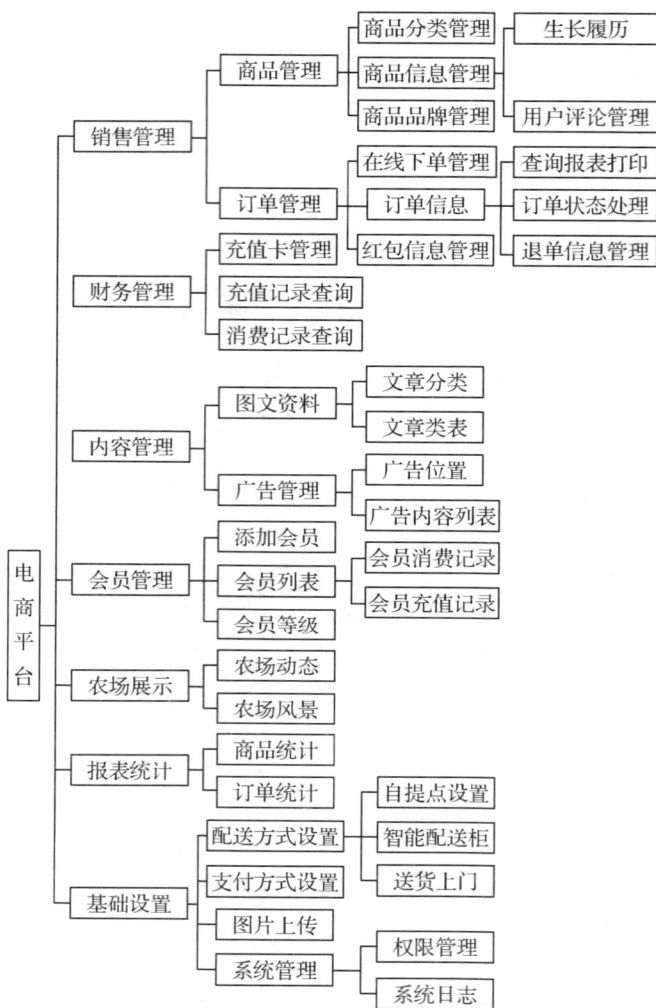

图 6-20　功能结构图

报表统计是对商品和订单进行统计。

基础设置分为：配送方式设置、支付方式设置、图片上传和系统管理。配送方式设置分为：自提点设置、智能配送柜和送货上门三种方式。其中配送信息的基础信息包括：运输信息编号、农产品编号、农产品名称、车号编号、运输时间、运输中途站、运输人员、收货人、送达时间、判断是否延迟、收货时间、备注等。系统管理分为两部分。

6.5.2.2　后台管理功能设计

一个完整的系统不仅需要前台完整的架构，还需要后台的管理架构，才能够很好地管理好整个电子商务平台，通过强大的后台管理，利用责任明确、操作便捷的流程实现信息的起草、审核、准发等。以达到如下目的：①方便简单、有助于系统维护人员及时进行信息的更新；②能及时将投诉和反馈意见向有关职能部门移交，并对处理过程和结果进行跟踪。

　　基于对此的认识，设定了以下的系统后台管理（图 6-21）。

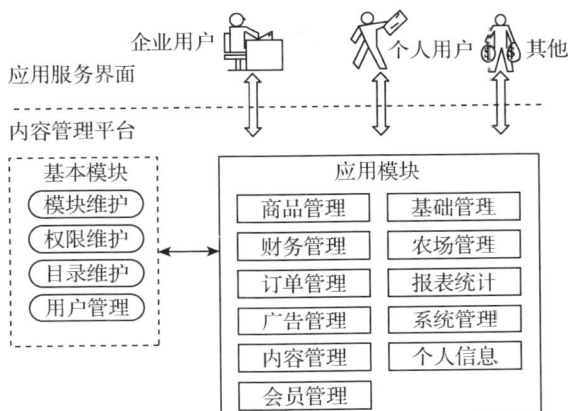

图 6-21　后台管理

　　通过图 6-21 可以了解到所有的后台管理都是通过统一系统管理员进行授权，授权后的用户管理自己相应的模块。

　　（1）用户管理模块

　　该模块主要用于内部用户的管理。主要具有以下功能：①系统管理员添加操作员；②系统管理员修改操作员；③系统管理员删除操作员；④系统管理员查询操作员；⑤系统管理员给操作员分配权限；⑥用户分类直接按照所属部门进行划分，不再进一步细分；⑦信息发布管理栏目包括编辑者和审查两种角色；⑧分栏目授权办公人员编辑栏目相关信息。

　　（2）目录维护

　　以树状结构搭建网站架构，定义栏目名称和相应的目录名称，通过添加模块，定义栏目的功能，信息发布类型的栏目还可以定义页面类型（链接、列表、单独的页面）、是否前台显示，并可通过模板灵活定义前台页面表现形式。

　　目录管理为整个网站的灵活高效提供了可能性，它使网站管理员可随时调整各栏目（包括二级栏目、三级栏目甚至以下栏目），根据需要增加、修改或删除。这对于网站各信息栏目信息资料的分类调整具有很大的作用，可以极大地增强各栏目各自不同的设置需要，并满足日后网站扩展的需求。

　　（3）页面设置

　　独具特色的页面设置功能也将使得前台文件排版变得更加简单、灵活。该功能主要是使得管理员可以根据需要自己对页面显示部件自由排版，生成前台显示文件。

为了简化页面模板，并使用户能更好地对页面进行管理，方便用户操作，引用了部件的概念，系统预先把一些页面功能模块化，封装存贮在相应的数据库中，在组件定义中引用大量的 XML 标签。这样，用户即可以对系统的部件进行编辑修改，同时，也可以利用系统提供的部件编辑器开发自己的部件，为以后的页面模板建设提供方便。

可以自由添加页面内各部分的显示内容。通过页面编辑器，可直接在编辑器中对信息页面的文字内容进行修改、编辑。包括对颜色、字体、字号、段落、项目编号、链接等方面的修改，以及添加、删除图片、调整图片大小等。

（4）个性化功能

整个网站的个性化功能管理分为被动信息推送和主动信息推送两部分。

被动信息推送个性化功能：对信息可设置提示时间开始/结束，即：在定制的时间段内，信息将显示在特定栏目下，点击日历表中选择日期。可设置失效时间，即：到达指定的失效时间，信息不再显示在前台页面上，等待由管理员统一删除，点击日历表中选择日期。对信息可设置链接关键字，即：通过该功能可实现前台信息内容中关键字的链接。同时对信息还可设置关联栏目，即：发布的信息可选择发布到其他多个栏目中去（引用，发布信息的栏目，即称为主栏目，其他栏目称为关联栏目）。除此之外，还可进行历史信息转移。随着时间的推移，输入的动态信息将越来越多。这样将会导致两方面的问题：用户在查询信息时将会发现数据太多，不便于进行信息的检索和查询；用户在查询信息时会因为数据量的过大导致查询速度变慢。因此系统设计了以下功能：①信息转移功能。需要输入进行信息转移的栏目（可以选择全部）、转移时间，输入后即可开始转移。转移将把转移时间之前的相应栏目的动态数据转移到历史数据库中。②历史资料查询功能。对历史信息转移后在历史资料库中生成的数据进行查询。该查询功能与正常资料的查询功能完全一致。

主动信息推送个性化功能。主动信息推送功能只对注册用户有效。包括：①个性化栏目管理。可添加、删除个性化栏目，以此决定是否出现在个性化页面。管理员在设定个性化栏目时，可选择是否为系统推荐或用户选择。如设置为"系统推荐"，则注册用户无法对该栏目进行编辑与删除。如设置为"用户选择"，则注册用户可对该栏目进行添加、删除操作。②信息推荐。为了更有效的细分信息受众群体，可根据多条件组合查询用户。③设置提醒。可选定目标用户，进行提醒设置，用户登录则以弹出窗口方式表现。④发送邮件。为使用户在不登录系统的时候也能主动获取相关通知，可设置邮件发送功能。

（5）日志管理

记录所有操作者的操作日志，能对操作日志按照栏目及其最终文件、时间、操作员进行统计。主要是可以对网站的操作做全面的跟踪和记录，达到安全可控的目的。主要包括以下功能：①查询日志：可按关键字、操作人、操作类型、IP 地址、时间等条件进行查询；②日志记录：查看所有操作记录，包括类型、时间、用户名、IP 地址、操作内容；③备份/转移：当日志进行一段时间后，需要对日志进行备份/转移。本系统采用的方法是将指定时间范围的日志备份到一个文件中，然后删除备份过的日志记录数据，再由管理员对产生的备份文件进行保存。备份时的输入条件为：备份起始时间、备份截止时间。备份过程中应该提示的一些常用信息包括：当前日志限制数目、当前日志数据数量、待备份/转移的日志数据数量、备份后是否删除备份过的日志记录数据、备份后的文件名称（路径）等。

日志监控是系统安全的重要措施之一。作为应用系统提供的日志监控功能，本系统的日志监控功能仅提供针对应用操作的日志监控，只实现到应用功能级的监控。

（6）网上订阅管理

该模块主要是对网站邮件订阅的管理，邮件列表管理组的人员则具有以下功能：①类别管理。可添加、修改、删除邮件类别，如通知、供求信息、最新政策等；②订户管理。查看各信息内容的订户列表、删除订户；③待发邮件。可添加、在线编辑邮件文本信息，以及上传邮件附件，删除待发邮件；④已发邮件。查看、删除历史邮件。

（7）会员管理

农业电子商务平台系统功能很重要的一部分是围绕系统会员的操作和系统运行，因此需要比较全面的会员管理功能，在设计上，该系统提供了比较全面的会员晋级、管理、惩罚制度，包含了会员的注册认证、会员的成长、会员的升级、会员的活动等等，从各个方面为会员提供优质服务的同时，也对会员进行严格的管理制度。

6.5.3　平台界面设计

（1）整体风格

为让用户更好地使用和推广电子商务平台，在设计时将采用图文版页面，在平面设计上，采用互联网上常见的电子商务平台形式和风格，布局清晰明了、干净简洁，表现形式独具创意，基本视觉要求整体色彩平稳过渡，运用色彩对比突出重点，适量运用简洁精致的图片和动态元素以吸引用户注意力，以下体现农业电子商务平台的实用性。所有页面具有统一的风格，不同栏目的页面文字风格统一，用不同的色彩和图案加以区别，在构思上重点突出电子商务平台的特点，以获得较佳的浏览效率。使得在内容结构上精简、流畅、合理，在网站气质上稳重大方、个性独特、专业性高，在表达方式上信息量大、布局合理、图文并茂。

（2）系统主色调

以浅绿色为主色调，代表农业行业的特殊性，并配合蓝色系以及流行色灰色为辅助色进行修饰。结合相对强烈的红色，使整个网站更有活力。局部的图片的颜色在整个网站中也起到突出和强调的作用。

（3）导航页

网站导航页是访问者进入系统的第一级通道，是网站基本形象的集中表现页。设计上的设想是结构划分清晰、色彩和协一致、重点突出显示系统平台对交易区的分类和展示。

采用有创意的动画设计，融入地方特色和发展动向，增强访问者对网站的认知度和记忆点。

（4）食全食美农业电子商务平台首页设计

在首页设计上，为吸引众多的浏览者，网站的首页将使用稳重、大气的图形版，由专业的网站平面设计师采用完美的表现手法来实现。首页应该具有以下特色：①颜色鲜明：以浅绿色为主；②重点突出：突出显示交易分类和促销、热点供求信息等；③操作简便：力求方便；④旗帜鲜明：简洁明了的显示出商务平台上的热点供求信息和供求分类信息；⑤内容明晰：适合大多数人的操作习惯，分类清楚、简明扼要；⑥和谐流畅：色彩过渡平稳和谐，以色块对比突出重点，适量运用简洁精致的图片和动态元素，力求在最短时间内吸引访问者的注意力；⑦富有创意：以恰当鲜活的设计完美地表达系统的内涵特质。

所有页面风格统一，不同栏目的页面文字风格相似而又各具特色，以不同的色系和图案加以区别。在构思上注重突出实用性，提高页面响应速度，以获得较高的浏览效率。

6.5.3.1 食全食美农业电子商务平台前台详细设计

（1）首页

①首页轮播页

首页的页面布局如图 6-22 所示，首页轮播图用于发布广告，如图的页面

图 6-22　页面轮播页

底端显示轮播图的页数和显示进程；首页右边显示了在线咨询的几种方式：网上咨询、QQ 咨询、电话咨询、微信咨询。

②首页导航栏

导航栏的布局如图 6-23 所示，包括：全部商品分类、首页、企业介绍、有机生活、开心农场、精品专区和会员专区几个模块。其中，全部商品分类包括：有机蔬菜、卡券专区、粮油干货、肉禽蛋奶、新鲜水果、礼盒系列、健康调味、美食调理机和酒水专区等类目。有机蔬菜包括叶菜类、甘蓝类、瓜果类、花菜、茄果类、特菜类、根茎类、菌类、豆类和香辛类等。用户可以通过导航栏快速筛选出自己需要的商品，为用户检索提供了方便。

③首页精品推荐区

如图 6-24 所示，在精品推荐部分，用户可以查看精品推荐、热卖产品和新上架的产品，方便用户了解详情，也是为网站的商品做推销和最有效的展示。

图 6-23　首页导航栏

图 6-24　精品推荐区

④首页商品展示区

A 有机蔬菜展示区

图 6-25 为首页有机蔬菜展示区，用户可以在首页快速查找到热门的有机蔬菜，在该部分的右上角还有分类检索，主要包括：蔬菜、辣椒、西红柿、油菜和更多选项等。

图 6-25　有机蔬菜展示

B 有机水果展示区

图 6-26 为首页有机水果展示区，用户可以在首页快速查找热门的有机水果，在该部分右上角还有分类检索，主要包括：苹果、水果、猕猴桃、西瓜和更多等内容。

C 有机杂粮

图 6-26　有机水果展示

图 6-27 为有机杂粮展示区，用户可以在首页很便捷地查找到热门的有机杂粮，在该部分的右上角还有分类检索的功能，主要包括：大米、玉米、花生米、红豆和更多等功能。

图 6-27　有机杂粮展示

⑤首页底部

图 6-28 为首页底部，主要包括：新手入门、配送服务、支付方式、关于我们和微信订阅等介绍，主要是一些方便用户快速熟悉网站使用方法的介绍。其中新手入门主要介绍了用户注册、购物流程和订购方式等方面的内容。配送服务主要是关于配送范围和配送费用的介绍。支付方式主要是关于支付方式和发票说明。售后服务主要介绍了退换货政策、退换货流程和常见问题等内容。关于我们是对联系我们、创业者招慕等方面的介绍。

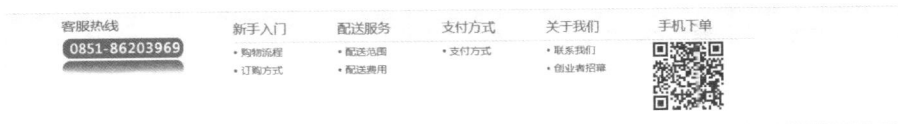

图 6-28　首页底部

（2）企业介绍

企业介绍主要是为了让顾客更好地了解食全食美农业电子商务平台的企业文化，主要包括：公司简介、经营模式、发展历程、组织机构方面的介绍。

6.5.3.2　食全食美农业电子商务平台后台详细设计

（1）操作菜单

后台系统的操作菜单主要包括：商品管理、财务管理、订单管理、广告管理、内容管理、会员管理、基础设置、农场管理、报表统计、系统管理、个人信息管理等方面的内容。后台管理系统是对前台系统的管理、维护和更新，因此在功能上后台也是与前台一一对应的。

（2）后台管理界面

如图 6-29 所示，为后台系统的管理界面。

图 6-29　后台操作菜单展示

6.6　系统测试与维护

系统测试是针对程序设计及编程调试后的结果进行的工作。好的测试可能发现以前没发现的错误，而不是为了表明程序是正确的。好的测试方案是力求暴露错误的测试方案。查出了新的错误的测试看作是成功的测试，没有发现错误的测试是失败的测试。因此，在进入综合测试阶段通常由其他人员组成测试小组来完成测试工作。但是，系统测试的目标是保证软件的可靠性，力争用尽可能少的测试发现尽可能多的错误。

6.6.1　系统测试的方法

模块测试，采用"自顶向下"和"自底向上"的方法测试每一个程序模块，直至整个应用系统。在测试过程中需注意确定预期输出是测试情况必不可少的一部分；程序员应避免测试自己的程序；确保彻底检查每个测试结果。对非法或非预期的输入情况，也要像对合法的、预期的输入一样，编写测试情况；同时，检查程序是否做了要做的事。

黑盒测试是在软件测试中常用的一种测试方法，根据已有的系统设计说明书，对系统的功能是否符合要求来进行测试。这种测试方法主要用来查找是否有功能遗漏，以及输入输出是否能够正常执行，并且在性能上是否有欠缺等。软件的白盒测试是对软件的过程性细节做细致的检查，主要涉及到数据结构的有效性，逻辑判定等。白盒测试应对程序模块的所有独立的执行路径至少测试一遍。这需要较多的人力。

测试执行可以分为以下阶段：

单元测试→集成测试→系统测试，其中每个阶段还有回归测试等。从测试的角度而言，测试执行包括一个量和度的问题。也就是测试范围和测试程度的问题。

6.6.2　系统部分测试用例

（1）会员登录测试用例

测试用例是软件测试全部过程的核心，是测试执行环节的基本依据。测试用例要达到最大覆盖软件系统的功能点。测试的用例越多，软件所达到的质量越好。在此测试用例中用户名为 admin，密码为 admin。会员登录测试用例如表 6-10 所示：

表 6-10　会员登录测试

项目/软件	食全食美农业电子商务系统			程序版本		V1.0		
功能名称	登录							
测试目的	用户能成功登录							
预置条件	用户成功注册，用户名 admin，密码 admin							
异常情况								
用例编号	相关用例	目的	操作步骤	输入数据	期望结果	执行结果	缺陷报告号
006	登录	登录失败	1. 点击页面中"登录" 2. 输入用户名和密码为空	用户名(空) 密码(空)	出现"登录失败"提示	达到预期	—
007	登录	登录失败	1. 点击页面中"登录" 2. 输入用户名，且密码为空	用户名 admin 密码(空)	出现"登录失败"提示	达到预期	—
008	登录	登录失败	1. 点击页面中"登录" 2. 用户名为空，并输入密码	用户名(空) 密码 admin	出现"登录失败"提示	达到预期	—
009	登录	登录失败	1. 点击页面中"登录" 2. 输入用户名和密码	用户名 admin 密码 admin	出现"登录成功"提示	达到预期	—

（2）添加商品测试用例

表 6-11 添加商品测试

项目/软件	食全食美农业电子商务系统		程序版本		V1.0		
功能名称	添加商品						
测试目的：	用户能进行所购买商品的添加或增加商品数量						
预置条件	用户已经成功登录到系统						
异常情况							
用例编号	相关用例	目的	操作步骤	输入数据	期望结果	执行结果	缺陷报告号
010	添加商品	点击添加到购物车后弹出添加商品窗口	1. 点击浏览器页面中某一商品 2. 在弹出的页面中点击添加到购物车	—	出现"已添加成功"提示	达到预期	—
011	增加购物数量	增加购物车中商品数量	1. 点击进入购物车 2. 在弹出的页面中，点击商品数量右边的 + 按钮	—	商品数量加 1	达到预期	—

6.6.3 系统维护

日常运行中，应做好数据的录入和备份。此外，还要注意机房设备、文档资料及各种规章制度的建立完善。具体地说，系统运行维护是系统完成切换过程的各项任务之后，进入正式运行阶段，支持日常的各项事务处理、管理控制和管理决策，在这个阶段需要不断地对系统进行维护，为改正潜藏错误，扩充功能，完善功能，结构翻新，延长寿命而进行的各项修改和维修活动。系统维护包括了硬件设备的维护、应用软件的维护和数据的维护。

硬件维护有专职的硬件维护人员来负责，主要有两种类型的维护活动，一种是定期的设备保养维护，维护的主要内容是进行例行的设备检查与保养；另一种是突发性的故障维修，这种维修活动所花的时间不能过长，以免影响系统的正常运行。

软件维护主要是指系统中应用程序的维护，一般包括正确性维护、适应性维护、完善性维护和预防性维护。

数据维护工作一般是由数据库管理员来负责，主要负责数据库的安全性和完整性以及进行并发性控制。总之，维护工作做得越好，信息资源的作用才能得以充分的发挥，信息系统的寿命也就越长。

第7章 农业观光采摘园采摘预定系统

生态农业观光采摘园是一种新型农业经营形态，是观光农园的变体。它主要利用农业生产的场地、产品、设备、作业及成果为观光获取收益；以及果蔬、茶、花卉的采摘，属产地采果业型农业观光。生态观光农业中采摘园的发展，能够持续性保护和改善生态环境，防治污染，维护生态平衡，提高农产品的安全性，使得农业和农村经济的常规发展为持续发展，把环境建设同经济发展紧密结合起来，在最大限度地满足人们对农产品日益增长的需求的同时，提高生态环境。

7.1 项目概况

7.1.1 项目背景

随着生态农业的飞速发展，农业观光园近年来逐渐兴起。在农业观光园不断发展、不断进步的同时，其经营管理也变得愈加复杂，于此同时，农业观光采摘园规模也在不断扩大且各种信息流量也日益增多。以往在观光采摘园的日常管理中，商品进货、销售、库存等决策主要以经验为主，缺乏实时分析功能。伴随着商业运转中间环节的增多，以前的手工操作方式已不能适应农业观光采摘园信息快速发展的需要。在计算机科学技术日益发展和成熟的今天，依靠现代化的计算机信息处理技术来管理观光采摘园日常工作中的各类商品及用户的信息数据，既节省了大量的人力、物力、改善了员工的工作条件，减轻了劳动强度，同时也能够快速反映出商品的进销存状况和各种反馈信息分析，可以使管理人员对市场的变化做出对应决策，加快农业观光采摘园的发展。从而极大地提高农业观光采摘园的工作效率。

农业观光采摘园的管理需要处理大量的库存信息，还要时刻更新产品的销售信息，不断添加商品信息。面对不同种类的信息，需要合理的数据库结构来保存数据信息，需要有效的程序结构支持各种数据操作的执行。如果能够实时掌握销售流程及销售情况，则可以有效地加速商品的周转率并提高服务质量，而且可以减少产品售价不符等所产生的问题。顾客的消费要求是希望在农业观光采摘园购物时，基本上能购得自己所需要的，或者说是让消费者满意的商品，同时还要保证果蔬的新鲜和销售量，保证方便的服务。

为了更好地为服务群众，更好地发展果园，现需要开发网络平台，以支持农业观光采摘园的运行。现阶段，果园可提供多种服务，但消费群体还局限于一些老客户，并且，随着农业观光采摘园的日益火爆，越来越多的客户来到果园，使得农业观光采摘园接待出现混乱。因此，为了更好地宣传果园，并接受果园服务的预订，需要开发一个支持果园服务的网络平台。

7.1.2 可行性分析

7.1.2.1 技术可行性

农业观光采摘园采摘预定系统采用 ASP 技术进行开发，其使用的范围非常广泛，是 Web 开发的常用工具。ASP 是一种服务器端脚本编写环境，可以用来创建和运行动态网页或 Web 应用程序，具有以下特点：

①用 ASP 可以实现突破静态网页的一些功能限制，实现动态网页技术；

②ASP 文件是包含在 HTML 代码所组成的文件中的，易于修改和测试；

③服务器上的 ASP 解释程序会在服务器端执行 ASP 程序，并将结果以 HTML 格式传送到客户端浏览器上，因此使用各种浏览器都可以正常浏览 ASP 所产生的网页；

④ASP 提供了一些内置对象，使用这些对象可以使服务器端脚本功能更强。例如可以从 Web 浏览器中获取用户通过 HTML 表单提交的信息，并在脚本中对这些信息进行处理，然后向 Web 浏览器发送信息；

⑤ASP 可以使用服务器端 ActiveX 组件来执行各种各样的任务，例如存取数据库、发送 Email 或访问文件系统等；

⑥由于服务器是将 ASP 程序执行的结果以 HTML 格式传回客户端浏览器，因此使用者不会看到 ASP 所编写的原始程序代码，可防止 ASP 程序代码被窃取；

⑦方便连接 ACCESS 与 SQL 数据库。

本系统的开发基于 Microsoft 公司的 Visual Studio 软件。它提供了最快捷的方式用来创建 Web 应用。使用 Visual Studio . Net 开发工具，能够进行可视化的设计，调试和配置端到端的解决方案。Visual Studio. Net 的开发环境是高度集成、共享式的。这样的开发环境能增加软件的创建效率，使开发者可以非常容易地建立起编程语言相互交叉的解决方案。可见，利用 ASP 进行开发，能很好地解决服务器端的系统运行问题，搭建起一个安全、高效的农业观光采摘园系统。

7.1.2.2 经济可行性

农业观光采摘园采摘预定系统，其前期的投入比较小，主要是系统的设计费用，包括：软件开发费用、管理和维护费等。而后续的投入相对较小，很长时间内都不会需要进一步投资，管理和维护费用也很少，而系统实际能够起到的作用会远远大于投入的开发费用，相信会有十分可观的前景。

7.1.2.3　操作可行性

农业观光采摘园采摘预定系统是为了适应现代农作物综合管理的需要，加速种植管理的自动化、信息化和智能化，而建立的一个整体性的于订购预约于一体销售操作系统。它可以为各用户层提供可靠的数据信息，为提高种植管理的经济效益提供服务。且该系统采用 B/S 架构，对于用户而言，无需安装其他软件，只需要在浏览器上网就可以查询系统的所有内容，系统用户界面友好，操作简单。因而，从用户角度考虑，该系统经济效益可观，可操作性强，具备很好的可行性。

7.1.3　系统规划

农业观光采摘园采摘预定系统建设的目的在于商家可以方便地从系统获取相关预定信息，核对后通知仓库部门是否需要准备相关事项，销售系统可以将每天的销售记录录入系统，记录销售信息，系统对销售记录进行统计，生成报表呈现给商家。通过采用信息化手段进行果品的采摘预定，最终实现农业观光采摘园采摘预定系统的网络化，节省运营成本，提高运作效率。具有战略意义。具体目标表现如下所示：

①改变原有的"守株待兔"模式，将果园信息通过网络平台宣传出去。

②公司在该系统的支持下，能够达到合理安排、及时销售，取得最佳效益。

③运用分布式的微机网络，避免以往信笺传递时所耗的时间，提高工作的时效和针对性，有助于提高领导的决策，减少失误。

④能够及时了解客户流量情况和果品销售情况。

⑤通过平台，接受采摘，住宿等预订信息。

7.2　系统需求分析

开发农业观光采摘园采摘预定系统，是打开果园和消费者之间的窗口。农业观光采摘园采摘预定系统将农业的产前、产中、产后各环节完整的产业链条，进行产业化经营，实现农业生产和农民收入持续稳定增长，达到生态、经济和社会三大效益的有机统一。

7.2.1　组织结构分析

通过对企业现行系统的调查，了解到该企业的组织结构设置为：经理下

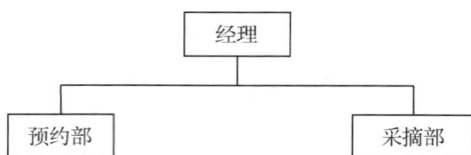

图 7-1　组织机构图

设有预约部、采摘部 2 个部门。组织结构如图 7-1 所示:

各部门的主要功能:

①经理

经理主要负责查看销售情况和财务状况。了解和掌握销售情况,指导销售工作和制定新的销售计划。

②预约部

预约部负责接待来访游客,统计人数,接受采摘预定,并且根据实际库存更新可采摘量等。

③采摘部

采摘部根据顾客实际采摘量,结算游客消费,统计游客消费。

7.2.2　用户角色分析

农业观赏采摘园采摘预定系统适用于普通大众用户以及采摘园管理者。管理者负责添加相关信息,普通大众是系统的主要使用者。对于大多数普通的计算机用户不需要专门的计算机知识。该系统是安装在每个用户的 PC 机上,用户可以方便地查看商品相关信息,以及日后查询统计。因此,农业观光采摘园采摘预定系统的设计要求界面简单,操作方便,符合广大普通用户的使用需求。

7.2.3　用例分析

系统需求分析阶段,在确认角色的基础上,确认用例。农业观光采摘园采摘预定系统中的用例有:用户管理、订单管理、登录系统、菜品信息管理等。

该系统的用户用例图如图 7-2 所示。主要进行的操作包括订购服务、预约服务、信息浏览、个人信息管理、订单处理、留言板等等。

管理员分为两类:一类是如图 7-3 所示系统管理员用例图。管理员进行的操作(后台操作)包括用户管理,数据管理、果蔬管理、新闻管理、订单管理、系统管理、商品推荐设置等等。

另一类管理员是订单注册人员,专门负责处理用户预约的订单,用例图如图 7-4 所示。

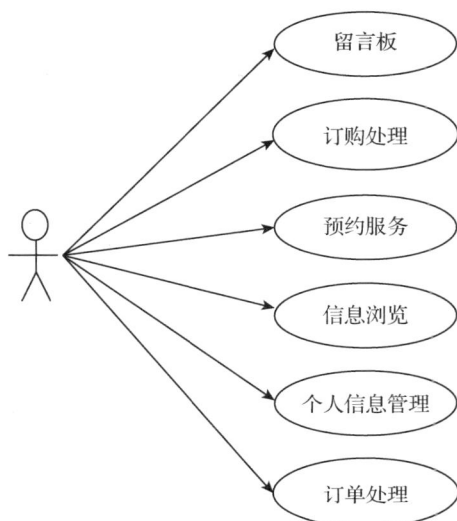

图 7-2　订单用户用例图

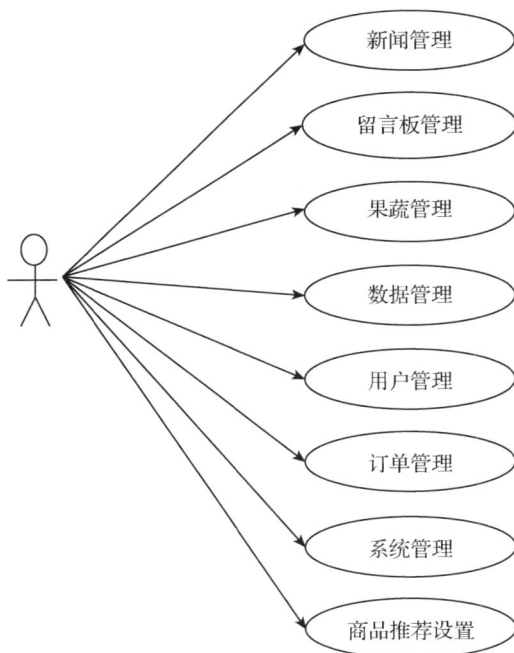

图 7-3　系统管理员用例图

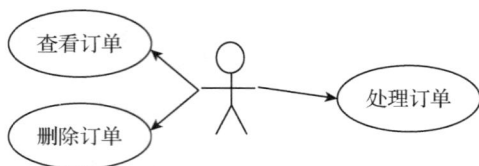

图 7-4   订单管理员用例图

7.2.4   系统功能分析

7.2.4.1   前台功能

①用户注册

用户在查看该系统首页时，点击会员注册，即可进入注册界面。在注册界面，用户可以录入相应的账号和密码，以便今后购买果蔬、储存个人信息、下发订单、接收信息时使用。

②查看果园以及果品信息

在首页，果蔬分类一栏中，用户可以查看现有城市的果蔬园。点击相应的果蔬园后，即可查看该果蔬园现有的商品以及商品的相应信息。如：查看山西运城某果树园黄瓜的信息时，用户可得知黄瓜的种植地区信息，是否已经成熟，是否支持预购，原价及现价等。

③进行在线预定

用户可以对已经成熟的果蔬进行在线预定。在用户订购时为用户展示相应的果蔬信息，如果蔬编号、果蔬名称、果蔬价格、订购量、总价等信息。其中订购量需用户自行添加，添加后系统自动统计总价，确认价格无误后，即可通过收银台进入到订购人信息录入界面。在订购人信息录入界面录入相对应的信息，如：订购人姓名，订购人联系方式及付款方式等。订购人信息录入完成即可生成订单，用户可以查看生成的订单信息是否有误。

④实现订单的及时反馈。

用户可以查看自己的购买记录。在用户的订单管理界面中，用户可查看所有购买过的订单信息，如订单的编号、支付方式、现在所处状态（是否发货）等信息。

⑤留言板功能

用户准确填写自身的姓名及联系方式（邮箱）后，便可填写留言信息，留言信息管理员将会查看和回复。

7.2.4.2   后台功能

①用户管理

后台管理员具有添加成员的权限，可以增加管理员的数量，也可更改相应管理员的登录密码。

②新闻管理

管理员可以对新闻进行添加和删除。

③果蔬管理

该功能模块可实现果蔬的添加，果蔬的管理，生产地区的添加，所在大棚信息的添加，果蔬类别的添加，以及删除果蔬信息。管理员通过点击相应的功能选项，即跳转到该功能界面，按照界面所给出的提示，即可实现相应的操作。

④留言管理

系统管理员可以对留言信息进行查看和回复，管理员有权删除用户的留言，对留言进行维护。

7.2.5　系统性能需求

7.2.5.1　系统安全性

不同用户的使用权限应该能够通过系统设置来实现，不同用户之间不能越权操作。系统必须能够确保数据的安全性、一致性。同时，对于不同用户系统应具有高度运行的可靠性，数据存储的准确性，系统操作的可恢复性。

7.2.5.2　可维护性

客户会在长期的系统使用过程中不断对系统提出新需求和建议，不断扩展系统功能，这就要求系统要有良好的可升级性，以满足不同客户的长期要求，并且可以快速扩展。

7.2.5.3　速度响应性

系统必须高效地响应并且在安全的前提下快速的响应。前台系统要求响应快捷，数据处理和存储时间短；后台服务器要求响应迅速等等。

7.2.5.4　系统的灵活性

系统要有良好的接口，以适应增加商品信息，增加商品类型，增加相关的商品录入功能的需求，增加商品信息的更改和更新功能。

7.2.5.5　数据的一致性与完整性

农业观光采摘园采摘预定系统通过其系统化、规范化、网络化和自动化，实现对商品入库和销售信息的集中统一管理，所以如何保证这些数据的一致性，是系统必须解决的问题。要解决这一问题，要有一定的人员维护数据的一致性，在数据录入处控制数据的去向，并且要求对数据库的数据完整性进行严格的约束。

对于输入的数据，要为其定义完整性规则，如果不能符合完整性约束，系统应该拒绝该数据。

7.3 结构化系统分析

7.3.1 业务流分析

农业观光采摘园主要工作是预约采摘、结算处理等，工作流程比较简单。现行农业观光采摘园采摘预定系统的工作处理过程是：游客预约或直接来访，预约部根据余量处理反馈的可采摘量信息，让客人下预约单，预约单通过采摘部，根据客人的预约量以及实际采摘量将可供采摘表反馈给预约部，最后根据客人的实际采摘量进行结算处理，将处理结果反馈给顾客，并做成结算统计报表上报给经理，由此来带动整个农业观光采摘园的运转，业务流程图如图 7-5 所示。

①顾客下单

填写并提交采摘预定单；

②预约部审核订单

预约部接收预定单并进行信息审核，然后发送预约通知到采摘部；

③采摘部审核订单

采摘部根据果园可供采摘情况表，进行余量查询并确定订单；

④订单回执

采摘部将订单确认回执发送给预约部；

⑤订单确定

预约部将收到订单回执后，进行订单确认；

⑥订单结算

采摘部根据采摘预定单生成结算单，并将结算单返回给顾客；

⑦结算统计

采摘部按照企业要求，将单据进行汇总，并生成结算统计报表，发送给经理。

7.3.2 数据流分析

根据分析得出的农业观光采摘园采摘预定系统的业务流程图分层绘制出农业观光采摘园采摘预定系统的数据流程图。

用户通过登录农业观光采摘园采摘预定系统，在农业观光采摘园采摘预定系统中进行下单，农业观光采摘园采摘预定系统再将预订单发送给采摘管理员，采摘管理员审核通过后将反馈信息返还给顾客，最后系统再将结算统计表发送给经理。顶层数据流图如图 7-6 所示。

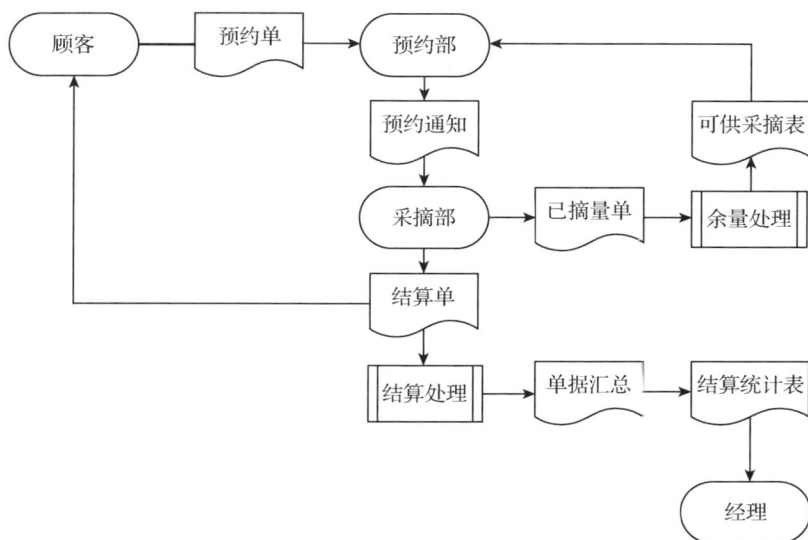

图 7-5　农业观光采摘园采摘预定系统业务流程图

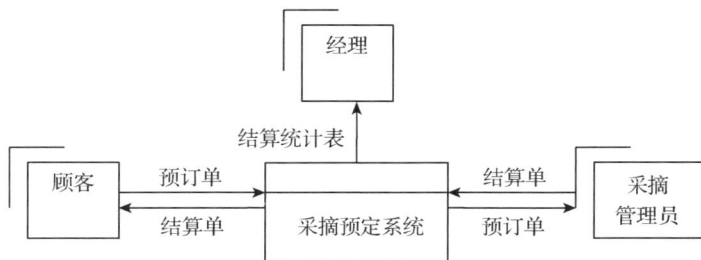

图 7-6　农业观光园采摘预定系统顶层数据流图

　　用户通过根据农业观光采摘园采摘预定系统的提示，对所需购买的商品进行下单，系统管理员对用户的预约单进行结算和处理，最后将处理结果和结算统计表发送给经理进行统计。第一层数据流图如图 7-7 所示。

　　在用户填写个人档案后，即可进行采摘预约，采摘处的管理员根据农场实际的采摘余量、可采摘果蔬对用户的预约进行反馈，用户实施采摘后，将结算结果总报表汇总给经理。第二层数据流图如图 7-8 所示。

7.3.3　数据字典

7.3.3.1　数据流定义

　　数据流编号：F01

　　数据流名称：预约单

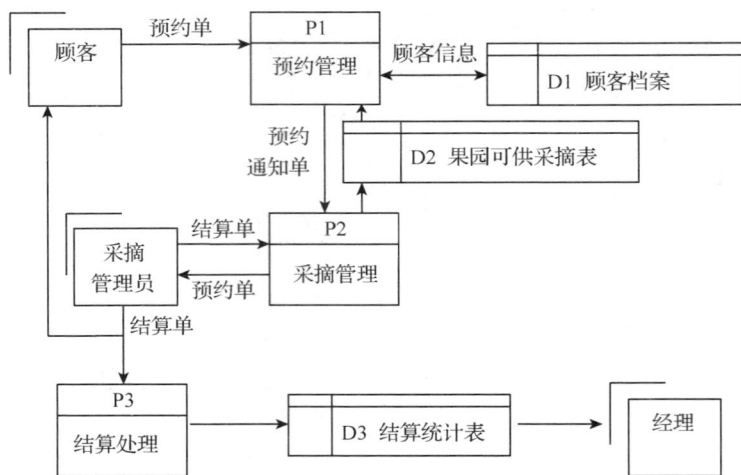

图 7-7 农业观光采摘园采摘预定系统第一层数据流图

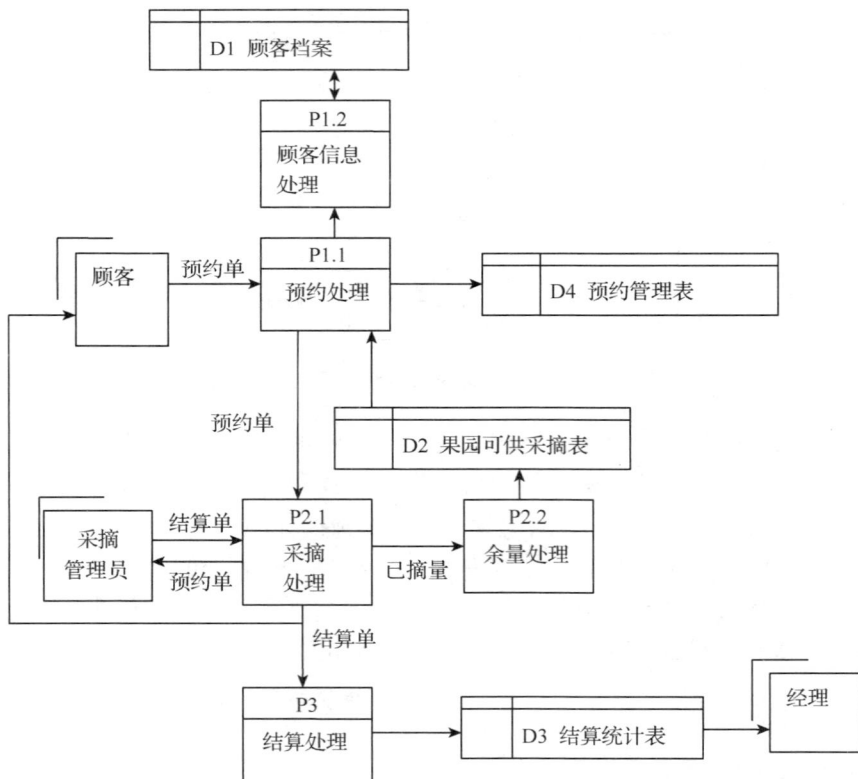

图 7-8 农业观光采摘园采摘预定系统第二层数据流图

简述：顾客预约采摘活动室所填写的单据

数据流来源：预约处理

数据流去向：采摘处理

数据流组成：顾客姓名＋水果名称＋采摘量＋采摘人数量＋采摘日期

数据流量：约 100 次/月

高峰流量：约 150 次/月

数据流编号：F02

数据流名称：结算单

简述：根据实际采摘产品数量结算时所填单据

数据流来源：采摘处理

数据流去向：结算处理

数据流组成：顾客编号＋水果代码＋水果名称＋水果单价＋采摘量＋采
摘人数量＋采摘日期

数据流量：约 100 次/月

高峰流量：约 150 次/月

数据流编号：F03

数据流名称：已摘量

简述：记录每次顾客所摘取的水果数量所填写的单据

数据流来源：采摘处理

数据流去向：余量处理

数据流组成：顾客编号＋水果代码＋水果名称＋采摘量＋采摘日期

数据流量：约 100 次/月

高峰流量：约 150 次/月

7.3.3.2　外部实体定义

外部实体编号：S01

外部实体名称：经理

简述：果园运行的管理者

输入的数据流：结算分析单

输出的数据流：无

外部实体编号：S02

外部实体名称：顾客

简述：果园产品的消费者

输入的数据流：结算单

输出的数据流：预约单

外部实体编号：S03

外部实体名称：采摘管理员

简述：负责管理采摘工作的管理人员

输入的数据流：预约单

输出的数据流：结算单

7.3.3.3 处理逻辑定义

处理逻辑编号：P1.1

处理逻辑名称：预约处理

简述：审查预约单

输入的数据流：预约单，果园可供采摘表

处理描述：根据果园可供采摘表，判断顾客所填写的预约单是否通过

输出的数据流：预约单

处理频率：20 次／日

处理逻辑编号：P1.2

处理逻辑名称：顾客信息处理

简述：收集顾客信息，形成顾客档案

输入的数据流：预约单

处理描述：根据顾客填写的预约单，收集新的顾客信息，在顾客档案中
更新

输出的数据流：顾客档案

处理频率：10 次／日

处理逻辑编号：P2.1

处理逻辑名称：采摘处理

简述：判断实际采摘量

输入的数据流：结算单(已摘量)，预约单

处理描述：根据顾客的实际采摘量和水果价格，生成结算单

输出的数据流：预约单，已摘量

处理频率：10 次／日

处理逻辑编号：P2.2

处理逻辑名称：余量处理

简述：更新可供采摘水果数量

输入的数据流：预约单，已摘量，新成熟的水果数量

处理描述：根据结算单和目前实际可摘水果数量，更新果园可供采摘表

输出的数据流：可摘水果总量

处理频率：10 次／日

处理逻辑编号：P3

处理逻辑名称：结算处理

简述：统计总采摘量

输入的数据流：结算单

处理描述：根据结算单，统计年度总体水果采摘量

输出的数据流：统计数据

处理频率：1 次／日

7.3.3.4　数据存储定义

数据存储编号：D1

数据存储名称：顾客档案

简述：记录所有顾客的详细信息

数据存储组成：顾客代码＋姓名＋年龄＋性别＋家庭住址＋联系方式

数据存储编号：D2

数据存储名称：果园可供采摘表

简述：统计目前可供采摘的水果数量

数据存储组成：日期＋水果名称＋可采摘数量

数据存储编号：D3

数据存储名称：结算统计表

简述：根据结算单，统计年度销售水果详细信息

数据存储组成：水果代码＋实际采摘数量＋销售总额

数据存储编号：D4

数据存储名称：预约管理表

简述：根据预约单，统计预约详细信息

数据存储组成：预约单编号

7.3.3.5　数据项描述

数据项编号：I01

数据项名称：顾客编号

简述：某一顾客的代码

类型及宽度：字符型，6 位

取值范围：00001 ~ 09999

数据项编号：I02

数据项名称：预约单编号

简述：某一预约单的代码

类型及宽度：字符型，12 位

取值范围：0000000001 ~ 9999999999

数据项编号：I03

数据项名称：结算单编号

简述：某一结算单的代码

类型及宽度：字符型，12 位

取值范围：0000000001 ~ 9999999999

数据项编号：I04

数据项名称：水果编号

简述：某一水果的代码

类型及宽度：字符型，5 位

取值范围：0001 ~ 9999

7.3.3.6 数据结构定义

数据结构编号：DS01

数据结构名称：仓库数量反馈单

简述：反馈给订货处理仓库数量

数据结构组成：仓库库存数量

7.4 系统设计

7.4.1 功能框架设计

农业观光采摘园采摘预定系统主要分为前台和后台两部分。前台是实现互联网果蔬的订购或预约采摘，可实现的主要功能有网上浏览可采摘果蔬的类型、添加订购订单或预约订单、查询订购订单或预约订单、留言板、新用户注册等。后台是实现服务器数据处理、购物车管理、客户信息注册、登录管理、订单处理、信息反馈、数据备份、新闻动态内容更新，实现果蔬信息的动态提示等。当客户进入网上果蔬采摘预约系统时，通过主页面中每类果蔬的成熟度判断可采摘果蔬的最新信息，以供客户选择所需菜类，同时提供按果蔬名称，快速查询所需菜品信息的功能。当客户选择订购或预约采摘某种果蔬时，应该能够获取到对应果蔬信息，如果蔬编号、果蔬名称、果蔬价格、果蔬订购数量，并添加到购物车中，此时客户可以选择选择其他果蔬或是查看自己的购物车，最后，在购物车中填写相应的订购人的信息，提交所选购果蔬订单后，自动清除购物车中的信息以生成购物订单；在预约时填写：果蔬名称、采摘人姓名、采摘人电话、采摘量、采摘时间等信息，点击"提交"后生成预约订单。服务器后台管理人员根据购物订单信息，查看详细订单明细并根据实际情况处理订单。

　　分析农业观光采摘园采摘预定系统，制订整个系统功能框架如图 7-9 所示：

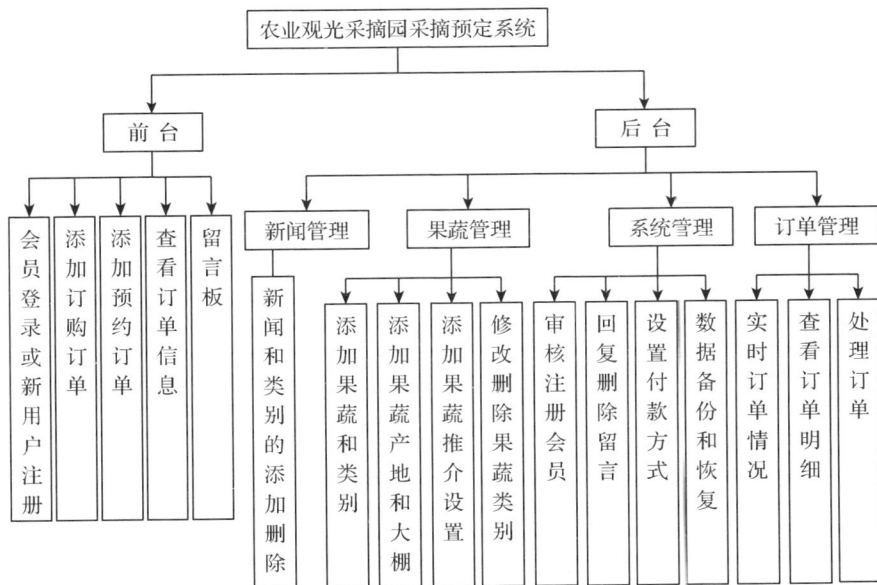

图 7-9　农业观光采摘园采摘预定系统功能模块图

7.4.2　系统功能流程设计

7.4.2.1　用户登录

　　用户登录流程如图 7-10 所示：

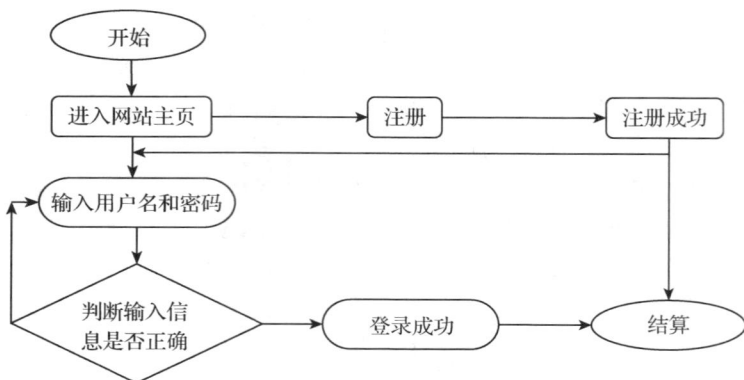

图 7-10　用户登录

常用互联网客户终端系统均采用用户端登录实现为该网站注册用户提供身份确认的功能，保证合法用户的应有权益。只有用户完成"注册"，登录之后方能购物。

7. 4. 2. 2　预约服务

预约服务流程如图 7-11 所示：

用户通过登录系统，进去系统的首页面，对系统现有商品进行浏览，选中将要预约的服务，填写预约单，提交后，等待管理员审核即可。

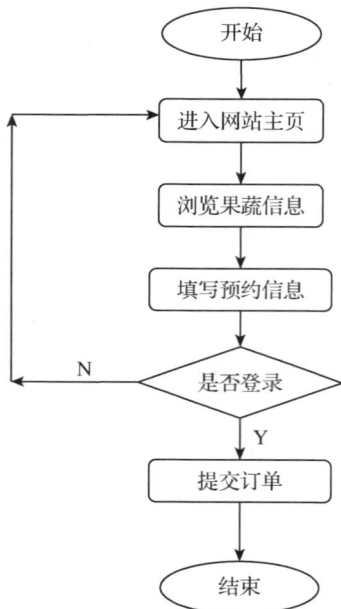

图 7-11　预约服务

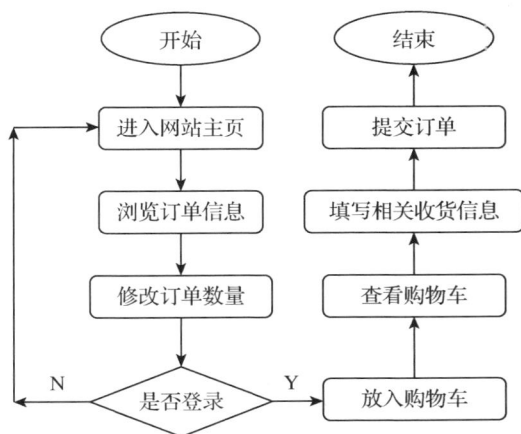

图 7-12　订购服务

7.4.2.3　订购服务

订购服务流程如图 7-12 所示：

在订购服务用例中，每个用户都有个购物车，用户可以将自己选定的果蔬及其数量放入到购物车中，并且随时可以查看自己预定的果蔬的数量和总价格。

7.4.2.4　查看历史订单

查看历史订单流程如图 7-13 所示：

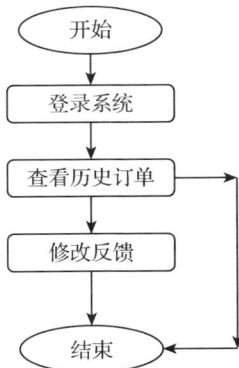

图 7-13　查看历史订单

注册用户可以查看自己的历史订单，在历史订单中，可以浏览曾经订购过的菜品，对于已经采摘后的菜品，可以进行评分和信息反馈，不能重复评论，每个菜品在这里的评分会影响其在整个网站中的推荐指数。

7.4.2.5　订单处理

订单处理流程如图 7-14 所示：

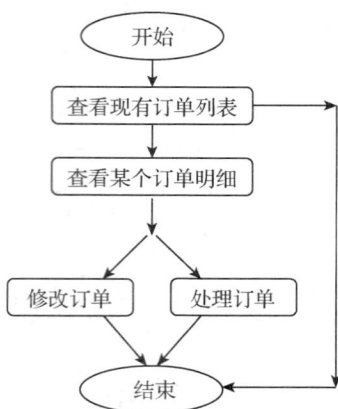

图 7-14 订单处理

处理订单的过程是超级管理员登录后台数据库管理相关操作的，当前台有新的订单生成时，会自动在后台的查看新订单列表中显示出来，后台管理人员可以点击查看未处理的订单，根据实际情况进行处理，或者删除客户退订的不需要的订单记录。

7.4.3 数据库设计

7.4.3.1 概念结构设计

（1）E–R 图分析设计

不同的注册用户对数据库的需求具体体现在对各种注册信息、订单新的提供、保存、更新和查询方面。这主要体现在要求设计数据库结构时能够充分满足各种信息的输入和输出。通过系统功能分析，针对果蔬预约采摘系统需求，总结为：

①分为一般用户和管理员用户，只有用户身份才能进行前台预约采摘，只有管理员身份才能进行后台数据管理。

②用户的订单信息划分成单张订单表和总订单表，单张订单表中还可含有多个订单明细。

③每一种果蔬都从属于一种类型。

④一个用户可以订购多种果蔬。

⑤单个用户可对应多张同类或异类订单表。

农业观光采摘园采摘预定系统 E–R 图如图 7-15 所示：

（2）部分实体属性图设计（图 7-16 ～ 图 7-21）

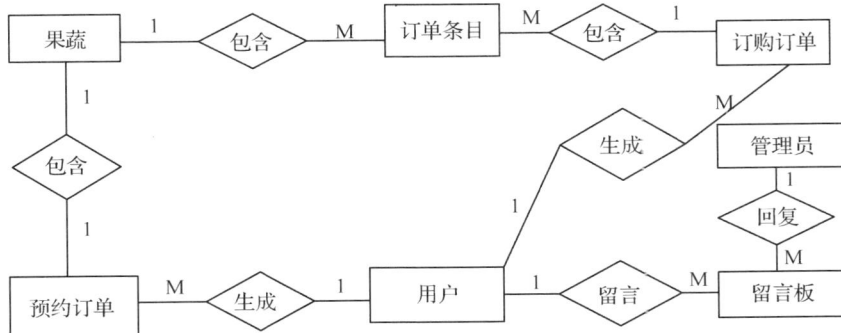

图 7-15　农业观光采摘系统 E – R 图

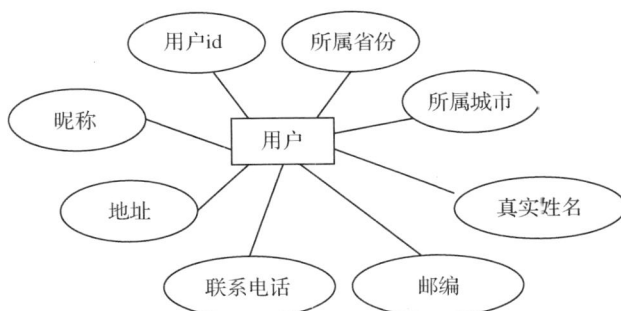

图 7-16　用户实体属性图

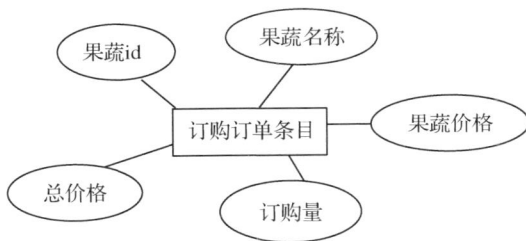

图 7-17　订购订单条目实体属性图

图 7-18　新闻管理实体属性图

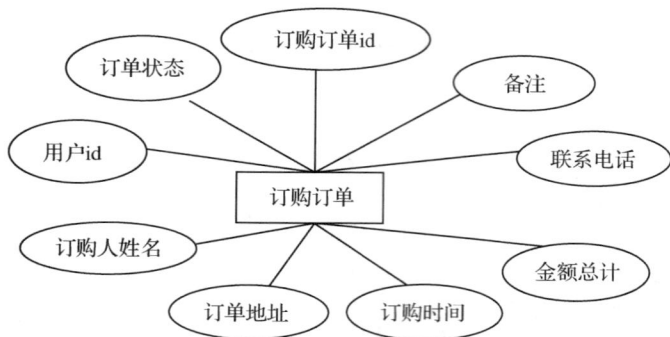

图 7-19　果蔬订购订单实体属性图

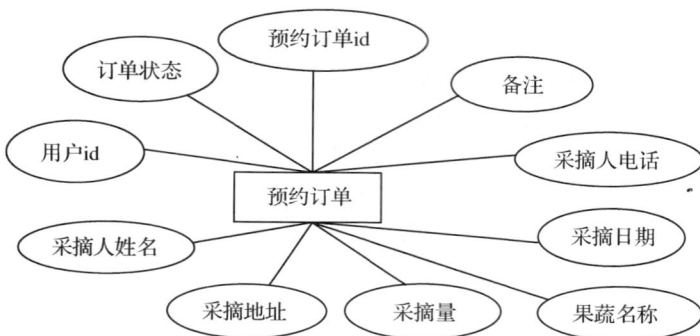

图 7-20　果蔬预约订单实体属性图

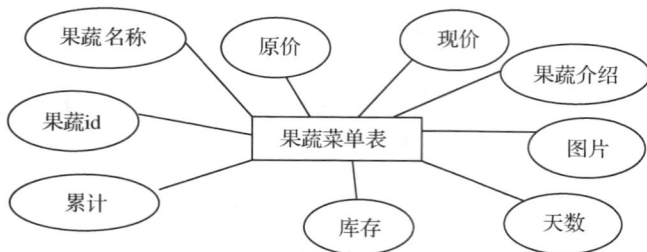

图 7-21　果蔬菜单表实体属性图

7.4.3.2　逻辑结构设计

将 E－R 图转换为关系模型时，为了很好地实现用户管理上的功能要求和性能方面地要求，还需进一步优化处理。优化过程中，要减少数据冗余。

数据库逻辑结构设计结果如下：

订购订单条目表（果蔬 id，订单 id，果蔬名称，采摘数量，果蔬单价，总价格）

订购订单表(订购订单 id，订购用户 id，订购订单状态，订购订单地址，备注，订购人姓名，订购单时间，订购人电话，金额总价)

预约订单表(预约订单 id，预约用户 id，预约订单状态，采摘地址，采摘果蔬名称，备注，采摘人姓名，采摘时间，采摘人电话)

果蔬菜单表(果蔬 id，果蔬菜名，原价，现价，果蔬介绍，菜类 id，小图片，大图片，推荐，累计，库存，天数)

果蔬分类表(果蔬种类，种类名称，系列介绍)

用户表(用户 id，uname，npwd，真实姓名，联系电话，邮箱，地址，身份证号)

新闻管理表(介绍 id，标题，内容，发布时间，浏览次数)

7.4.3.3　物理结构设计

该系统采用 SQL Server 2008 数据库。该数据库对行增、删、修改、统计、显示和应答都极为方便。其中的排序和索引功能，对数据快速定位、查询提供了有利条件。

(1)数据存储结构设计

设计数据库的存储结构是要综合考虑各方面的影响因素。主要有数据在磁盘上要求的存取时间、各种不同数据表对存储空间利月率和后期日常工作中的维护代价三方面因素。

根据逻辑设计的结果，通常情况下是将实体映射为表，将实体间的关系映射为外键约束，将对象的属性映射为各列，把主键唯一表示符映射为主键约束，唯一表示符映射为外键约束。由于 SQL Server 2008 的聚簇功能很强，可以使用不同的技术和多种模式存储多维数据集的数据和聚合。

采用磁盘阵列存放系统的数据，日常数据放在数据库服务器硬盘上，并进行定期备份，备份数据放在磁盘阵列的另外一个硬盘上。为了加快数据存取速度和方便平时备份，将数据库表存放在一个专用磁盘上，而将索引文件放在另外一个电脑的数据磁盘上。

(2)数据库表设计(如表 7-1 ～ 表 7-7)

表 7-1　订购订单条目表

字段名称	描述	类型	长度
fruitid	果蔬 id	int	4
orderid	订单 id	int	4
fruitname	果蔬名称	char	20
number	采摘数量	int	4
price	果蔬单价	float	8
all price	总价格	float	8

表 7-2　订购订单表

字段名称	描述	类型	长度
orderid	订购订单 id	int	4
userid	订购用户 id	int	4
state	订购订单状态	char	2
address	订购订单地址	varchar	50
remark	备注	varchar	200
username	订购人姓名	varchar	20
ordertime	订购单时间	datetime	8
userphone	订购人电话	int	20
all	金额总价	float	8

表 7-3　预约订单表

字段名称	描述	类型	长度
orderid	预约订单 id	int	4
userid	预约用户 id	int	4
state	预约订单状态	char	2
oddress	采摘地址	varchar	50
fruitname	采摘果蔬名称	varchar	20
remark	备注	varchar	200
username	采摘人姓名	varchar	20
ardertime	采摘时间	datetime	8
userphone	采摘人电话	int	20

表 7-4　果蔬菜单表

字段名称	描述	类型	长度
fruitid	果蔬 id	int	4
fruitname	果蔬菜名	varchar	20
originalcost	原价	float	8
price	现价	float	8
introduce	果蔬介绍	varchar	200
VEGid	果蔬种类	int	4
smallpicture	小图片	varchar	20

（续）

字段名称	描述	类型	长度
bigpicture	大图片	varchar	20
recommend	推荐	varchar	20
total	累计 T	float	8
stock	库存	float	8
days	天数	float	8

表 7-5　果蔬分类表

字段名称	描述	类型	长度
VEGid	果蔬种类	int	4
VEGname	种类名称	varchal	20
VEGintroduce	系列介绍	varchar	200

表 7-6　用户表

字段名称	描述	类型	长度
userid	用户 id	int	4
username	uName	varchar	20
passward	uPwd	varchar	10
realname	真实姓名	char	20
userphone	联系电话	varchar	20
email	email	varchar	10
state	State	varchar	2
number	身份证号	varchar	20

表 7-7　新闻管理表

字段名称	描述	类型	长度
newid	介绍 id	int	4
title	标题	varchar	50
content	内容	text	1000
time	发布时间	datetime	8
viewcount	ViewCount	int	10

7.4.4 系统实现方案设计

7.4.4.1 系统开发平台

该系统采用 C#语言作为前台的开发软件，SQL Server2008 作为后台数据库管理系统。

系统前台采用 Visual Studio . NET 2010（C#语言）来设计，访问数据库服务器；后台采用 Microsoft 公司的 SQL Server 2008 开发后台数据库，用于提供数据服务。SQL Server 2008 是一种典型关系型数据库管理系统，该系统具有数据一致性好，完整性强，安全性高的优点，系统采用结构化设计方法，按农业观光采摘园实际工作内容来确定所需，将整个系统作为一个大模块自顶向下，以模块化结构设计技术进行模块分解，然后再自底向上，按照系统的结构将整个模块进行组合，最终完成农业观光采摘园采摘预定系统的开发。

进行 . NET 开发的工具很多，但最高效的要属 Visual Studio。Visual Studio 是微软公司推出的开发环境，Visual Studio 可以用来创建 Windows 平台下的 Windows 应用程序和网络应用程序，也可以用来创建网络服务、智能设备应用程序和 Office 插件。

Visual Studio 是一套完整的开发工具集，包含了大量的功能。主要用于生成 ASP. NET Web 应用程序、桌面应用程序或者移动应用程序。Visual Studio 的集成开发环境为开发人员提供了大量的实用的工具以提高工作效率。相比于其他开发工具，Visual Studio. Net 有着显著的特点和优势。它提供了更高的程序开发效率、更精简的程序代码以及更佳的安全性能等。Visual Studio. Net 最大的特点就是容易上手，是软件开发人员入门的较好选择。优异的用户界面速度以及与 Windows 的整合度，可以使软件开发人员较快地构建出用户界面友好的应用程序。

7.4.4.2 系统硬件配置

台式计算机，要求 CPU：P4，主频 2.0GHz；内存：256MB；硬盘：40GMB；显示器及显示卡：彩色 VGA，分辨率不低于 1024×768，64 位 PCI 接口，缓存 1MB 以上；软驱：1.44MB；CD - ROM 光盘启动器：40 倍以上。另外，需配置打印机 4 台；

7.4.4.3 软件环境

操作系统：中文 Windows 2000 以上

数据库：SQL Server 2008

开发工具包：Visual Studio 2010

7.5　系统界面设计

　　界面是软件与用户交互的最直接的层，界面的好坏决定用户对软件的第一印象。而且设计良好的界面能够引导用户自己完成相应的操作，起到向导的作用。同时界面如同人的面孔，具有吸引用户的直接优势。设计合理的界面能给用户带来轻松愉悦的感受和成功的感觉，相反由于界面设计的失败，让用户有挫败感，再实用强大的功能都可能在用户的畏惧与放弃中付诸东流。目前界面的设计引起软件设计人员的重视的程度还远远不够，直到最近网页制作的兴起，才受到用户的青睐。

　　本系统的受众面广泛，为了能够更好地实现界面交互，增强界面的友好性，增强用户体验，在系统的界面开发中，均是在遵守界面设计原则、设计规范以及交互设计原则的条件下所著。

7.5.1　界面设计遵循的原则

7.5.1.1　易用性

　　按钮名称易懂，用词准确，屏弃模棱两可的字眼，要与同一界面上的其他按钮易于区分。用户不用查阅帮助就能知道该界面的功能并进行相关的正确操作。

　　易用性细则：

　　①完成相同或相近功能的按钮用 Frame 框起来，常压按钮支持快捷方式；

　　②完成同一功能或任务的元素放在集中位置，减少鼠标移动的距离；

　　③按功能将界面划分局域块，用 Frame 框括起来，并要有功能说明或标题；

　　④Tab 键的顺序与控件排列顺序要一致，目前流行总体从上到下，同时行间从左到右的方式；

　　⑤复选框和选项框按选择几率的高底而先后排列；

　　⑥界面空间较小时使用下拉框而不用选项框；

　　⑦选项数较少时使用选项框，相反使用下拉列表框；

　　⑧专业性强的软件要使用相关的专业术语，通用性界面则提倡使用通用性词眼。

7.5.1.2　规范性

　　界面设计都按 Windows 界面的规范来设计，即包含"菜单条、工具栏、状态栏、滚动条"的标准格式。主要做法包括：

　　①状态条要能显示用户切实需要的信息，常用的有：目前的操作、系统

状态、用户位置、用户信息、提示信息、错误信息等，如果某一操作需要的时间较长，还应该显示进度条和进程提示。

②状态条的高度以放置五号字为宜，滚动条的宽度比状态条的略窄。

7.5.1.3　合理性

屏幕对角线相交的位置是用户直视的地方，正上方四分之一处为易吸引用户注意力的位置，在放置窗体时要注意利用这两个位置。界面设计只有合理了才能带给用户良好的体验。合理性细则主要包括以下内容：

①多个子窗体弹出时应该依次向右下方偏移，以显示出窗体标题为宜。

②重要的命令按钮与使用较频繁的按钮要放在界面上注目的位置。

③错误使用容易引起界面退出或关闭的按钮不应该放在易点位置。横排开头或最后与竖排最后为易点位置。

④对可能造成数据无法恢复的操作必须提供确认信息，给用户放弃选择的机会。

⑤非法的输入或操作应有足够的提示说明。

⑥对运行过程中出现问题而引起错误的地方要有提示，让用户明白错误出处，避免形成无限期的等待。

⑦提示、警告或错误说明应该清楚、明了、恰当。

对于输入设计来说，高效率的输入方式，特定的字段内容的输入方式选用使用效率最高，不容易发生错误的方式。如录入日期使用用户点选弹出的日历控件，并无须干预的自动返回正确的格式。此外，还要让用户方便地获取到必要的信息，无须用户记忆中间结果。如果输入的是表格式，表单格式保持业务原始票据的格式或字段排列顺序，方便用户的集中录入过程。

对于输入或者输出的出错处理也要合理，尽量以更宽容的方式接受用户操作，协助用户处理复杂的交互任务，正确处理出错画面的转向。系统的内部状态变化对于用户有较大影响的情况，给出用户明显的解决方案提示，使用户快速恢复工作状态。

7.5.1.4　美观与协调性

界面大小完全符合美学观点，给人的感觉协调舒适，能在有效的范围内吸引用户的注意力。美观与协调性的具体细则如下：

①按钮大小基本相近，忌用太长的名称，免得占用过多的界面位置；按钮的大小要与界面的大小和空间要协调；避免空旷的界面上放置很大的按钮。

②放置完控件后界面不应有很大的空缺位置。

③字体的大小要与界面的大小比例协调，通常使用的字体中宋体 9～12 较为美观，很少使用超过 12 号的字体。

④界面风格要保持一致，字的大小、颜色、字体要相同，除非是需要艺

术处理或有特殊要求的地方。

⑤如果窗体支持最小化和最大化或放大时，窗体上的控件也要随着窗体而缩放；切忌只放大窗体而忽略控件的缩放。

⑥对于含有按钮的界面一般不应该支持缩放，即右上角只有关闭功能。

⑦通常父窗体支持缩放时，子窗体没有必要缩放。

除此之外，在界面设计中美观与协调性的设计主要表现在显示（版式）设计方面，因此在界面设计的过程中，要着重进行以下考虑：

①页面布局基于表格 Table 建立完全符合设计效果图。

②文字容易阅读。行间距、字体大小等通过样式表统一控制。

③页面链接根据不同功能、不同状态用不同颜色、状态标志，增加页面层次。

④基于表格 Talbe 的布局控制，便于控制实现不同分辨率下的适应，和页面上下方向的自动扩展；表格作为控件"容器"规范外观和规格，不同页面中的行列分布基本一致。

⑤使用样式表修饰页面表格 Table，如表格单元格、背景，表格内字体等，方便今后对于整个站点的维护和扩展。

⑥页面分组页面查询区域、数据列表、详细信息、编辑区域等根据不同功能分组，所在区域主题（Title）标注该区域的名称，类似功能页面间布局保持一致。

⑦建立数据表格关系包含数据的表格使用户在视觉上理解相互间关系，如序列、父子表等。

⑧页面留白页面有明显留白区域，且不同群组之间距离保持一致。

⑨分辨率适应页面布局以保证在低分辨率[$800 * 600$]下的正确显示为前提，适应高分辨率情况使用表格宽度等参数使用百分比方式自动适应。

7.5.1.5　安全性考虑

在界面上通过下列方式来控制出错几率，大大减少该系统因用户人为的错误引起的破坏。该系统已经周全地考虑到各种可能发生的问题，使出错的可能性降至最小。如应用出现保护性错误而退出系统，这种错误最容易使用户对软件失去信心。因为这意味着用户要中断思路，并费时费力地重新登录，而且已进行的操作也会因没有存盘而全部丢失。

安全性细则：

①排除会使应用非正常中止的错误。

②应当注意尽可能避免用户无意录入无效的数据。

③采用相关控件限制用户输入值的种类。

④当用户做出选择的可能性只有两个时，可以采用单选框。

⑤当选择的可能再多一些时，可以采用复选框，每一种选择都是有效的，用户不可能输入任何一种无效的选择。

⑥当选项特别多时，可以采用列表框，下拉式列表框。

⑦在一个应用系统中，开发者应当避免用户做出未经授权或没有意义的操作。

⑧对可能引起致命错误或系统出错的输入字符或动作要加限制或屏蔽。

⑨对可能发生严重后果的操作要有补救措施。通过补救措施用户可以回到原来的正确状态。

⑩对一些特殊符号的输入、与系统使用的符号相冲突的字符等进行判断并阻止用户输入该字符。

⑪对错误操作最好支持可逆性处理，如取消系列操作。

⑫在输入有效性字符之前应该阻止用户进行只有输入之后才可进行的操作。

⑬对可能造成等待时间较长的操作应该提供取消功能。

⑭与系统采用的保留字符冲突的要加以限制。

⑮在读入用户所输入的信息时，根据需要选择是否去掉前后空格。

⑯有些读入数据库的字段不支持中间有空格，但用户切实需要输入中间空格，这时要在程序中加以处理。

7.5.1.6 多窗口的应用与系统资源

设计良好的系统不仅要有完备的功能，而且要尽可能的占用最低限度的资源。因此本系统在设计时遵循了以下四点：

①在多窗口系统中，有些界面要求必须保持在最顶层，避免用户在打开多个窗口时，不停的切换甚至最小化其他窗口来显示该窗口。

②在主界面载入完毕后自动卸出内存，让出所占用的 Windows 系统资源。

③关闭所有窗体，系统退出后要释放所占的所有系统资源，除非是需要后台运行的系统。

④尽量防止对系统的独占使用。

7.5.2 界面交互设计

7.5.2.1 控件控制

①第三方服务器端控件的使用具有广泛兼容性和安全性，且具有完备的接口指定外观属性和交互方式。

②复杂的应用程序中非标准交互控件给出详细的操作方法的提示。

③页面中使用统一的导航类型，如使用基于点击"图形"的链接、"文字"的链接或文字图形混合其中一种方式。

④页面按钮作为基本交互控件，使用有鼠标响应状态变化和禁用状态的 BUTTON 按钮，除特殊界面需要，不使用图形按钮，而且该系统内只使用一种外观的按钮。

⑤拖放的服务器端控件在页面表格 Table 里在执行过程中保留页面原布局。如 CANLENDAR 控件在弹出的子窗体内独立使用。

⑥包含数据的表格使用中没有数据的情况有文字标注［无数据］，表头字段名用区别于数据行的格式显示。

⑦分栏目的主题名称使用用户容易理解的，以用户第一人称角度的命名方式，减少生硬的称谓给用户带来的不友好感。

7.5.2.2　表单控制

①页面内部具有相应的前后文帮助信息，将页面主要任务目标、注意事项等描述在表单前申明，便于用户及时获得导引。

②表单内任务无关的信息、较少使用的选项等通过 DHTML 技术、服务器端控件的隐藏等减少用户操作中的干扰因素。

③表单内在特定的字段域附近给出必填信息提示，并用醒目颜色标注，提醒用户注意，验证的错误提示给出准确恰当的指导；为提高用户填写的效率，使用客户端验证；复杂逻辑的验证使用服务器端验证。

④信息显示过滤可能出现的用户不能识别的 HTML 特殊字符。

⑤表单中用户在交互过程中保证用户方便的切换编辑、浏览状态，方便用户用最快的速度获取需要的信息，提高操作效率。

⑥经常使用的工具按钮（如新增、编辑等功能按钮）在页面经单向拖曳浏览后，不需来回拖曳滑竿即可操作。

⑦主详细表及父子表关系的查看方式使用联动式导航到下级数据，即点选主项目或父项目记录时系统自动查询并显示出关联的详细信息、子表数据，无需点选任何按钮。

7.5.2.3　窗体控制

①使用具有广泛兼容性的 javascript 控制客户端交互和简单导航。

②操作过程中有清晰分界的子任务使用弹出窗体实现，保证完成后向主任务窗体返回必要的结果，及时刷新主任务窗体，使用户看到操作完成的结果，并且通过控件获取焦点等措施突出显示该结果。

③弹出窗体的页面主题、栏目标题（Title）等资料与关联的父窗体保持上下文一致，方便用户理解并做出处理策略。

④窗口主题显示标志用户当前所在模块或子系统名称，子任务窗体主题使用"动词名词"的语法结构指明用户当前的任务。

7.5.2.4　页面信息交互

在提交数据，或是载有数据的页面关闭，或其他需要和用户进行确认交互的场景，需要软件能够提供一个以弹出页面形式，要求用户确认执行结果的对话框，包含的情况有：

①提示确认输入信息正确：弹出对话框，并将已填写的内容列出，要求用户确认内容的正确性，给出"确定"和"取消"的选择按钮；

②提示确认数据更改是否保存：弹出对话框，提示当前页面内容已经改变，要求用户确认是否保存更改的信息，给出"是"和"否"的选择按钮；

③提示确认当前页面的跳转：弹出对话框，提示用户正在跳转到另外一个页面，要求用户确认离开当前页面，给出"是"和"否"的选择按钮；

④确认删除数据内容：弹出对话框，提示用户删除了当前选择的内容，要求用户确认是否继续删除的操作，给出"确定"和"取消"的选择按钮。

7.5.2.5　页面信息提示

在 Web 页面提供的功能中，很多情况需要系统发送一些必要的提示信息到页面显示给用户，这些信息的分类有：①警告信息；②禁止信息；③操作执行成功信息；④操作执行失败信息；⑤错误信息；⑥帮助信息；⑦提示信息。

这些信息在当前页面或弹出页面上显示。如果采用弹出对话框的形式，对话框的页面结构如图 7-22 所示：

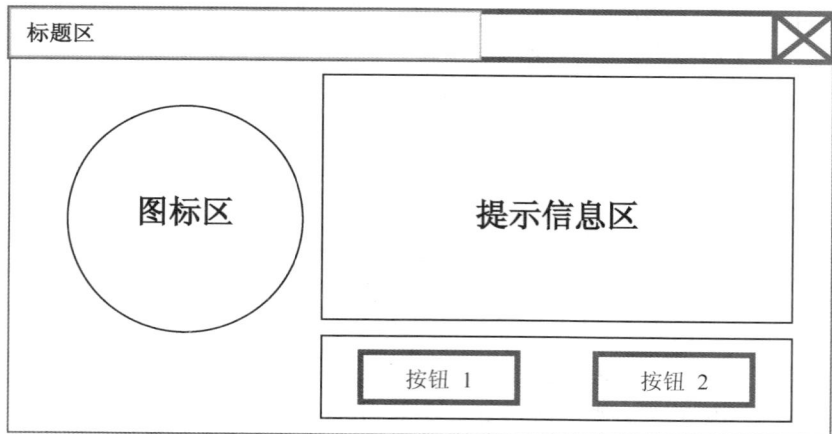

图 7-22　提示信息结构图

①标题区：简要给出此次提示信息的性质，例如：警告：操作非法！

②图标区：给出和此次提示信息性质匹配的图标；

③提示信息区：给出此次提示信息的具体内容；

④按钮区：给出供用户进行选择的按钮。

对于对话框的背景颜色，要求和系统的整体风格选取的颜色一致，而右上角的操作区只保留关闭一个可操作功能，最小化和最大化的功能将不显示。

对应采用的图标的图例如图 7-23 所示：

警告信息：

禁止操作信息：

操作失败信息：

错误信息：

帮助信息：

提示信息：

图 7-23　提示信息图例

提示信息内容要求：

①提示信息中如有标点符号，统一为全角符号；

②提示信息如有主语，统一为"您"；

③在重要或复杂的操作成功后，给予提示信息；

④有后续操作的操作在成功后，也需给予提示信息，说明当前的状态；

⑤提示信息不宜太长，宽度应不超过当前窗口宽度的 1/2，当超过此比例时，请视具体情况进行换行；

⑥当功能按钮为图片按钮时，光标停留需给予浮动提示信息。

7.5.3 界面布局

7.5.3.1 布局展示

对于 Web 应用来说，页面布局是和 Web 应用的功能区相对应的，并且对于页面中各个部分之间的切分比例也需要遵守一定的规则。页面布局的设计，首先需要考虑用户在浏览 Web 页面时视觉流向上的要求。

从视觉流向上看，用户首先看到的是页面"Head"部分的左面，通常那里是标识这个 Web 应用的 Logo；然后是陈列 Web 应用主要功能的"Menu"，用于页面导航；接下来用户将看的是处于页面左侧的"Sidebar"，通常这里也是用于页面功能导航的，和"Menu"出的选择相呼应，这里的内容可以通过类似树状结构的方式展示更为详细的功能；接下来是处于页面中心位置的内容部分，最后用户的视线落在 Web 页面的底部(图 7-24)。

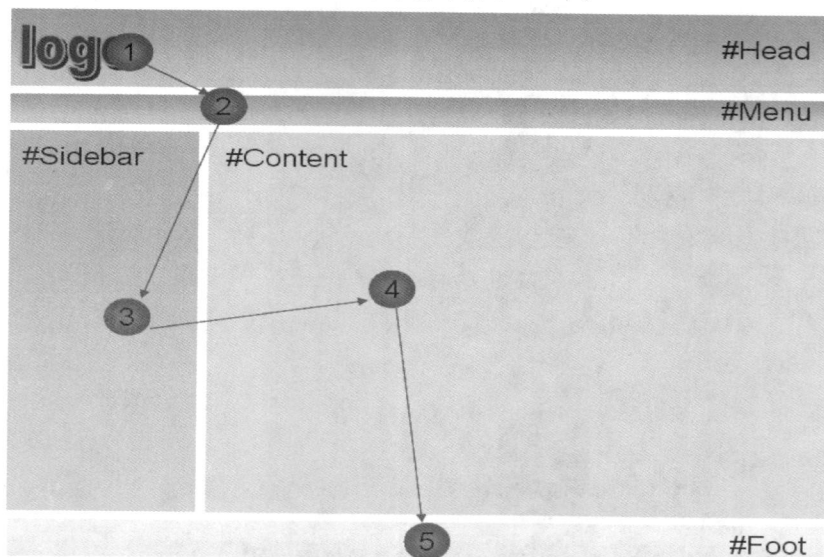

图 7-24 布局设计图

7.5.3.2 布局要求

(1)界面分割

以上面图示的布局方式为例，按照通常 Web 页面设计时所遵循的方法，并结合黄金分割比例的方法：首先，将页面按照 3×3 的方式进行分割，如图 7-25 所示。

在高度方向上，对上部 1/3 区域按照黄金分割的方法分出 Head 和 Menu 的区域；

在宽度方向上，对中部左边 1/3 区域按照黄金分割的方法分出 Sidebar 的

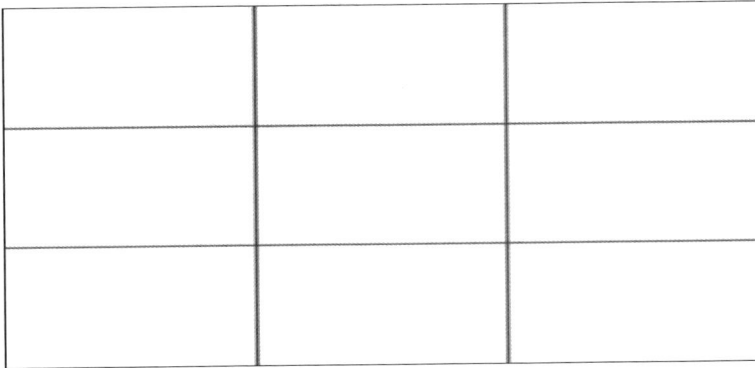

图 7-25　界面分割图

区域，剩下的空间留给 Content 区域；

　　在高度方向上，对下部 1/3 区域按照黄金分割的方法分出 Foot 的区域。

（2）界面结构

　　页面的布局中，各个区域大小的定义方式是不同的，如图 7-26 所示：

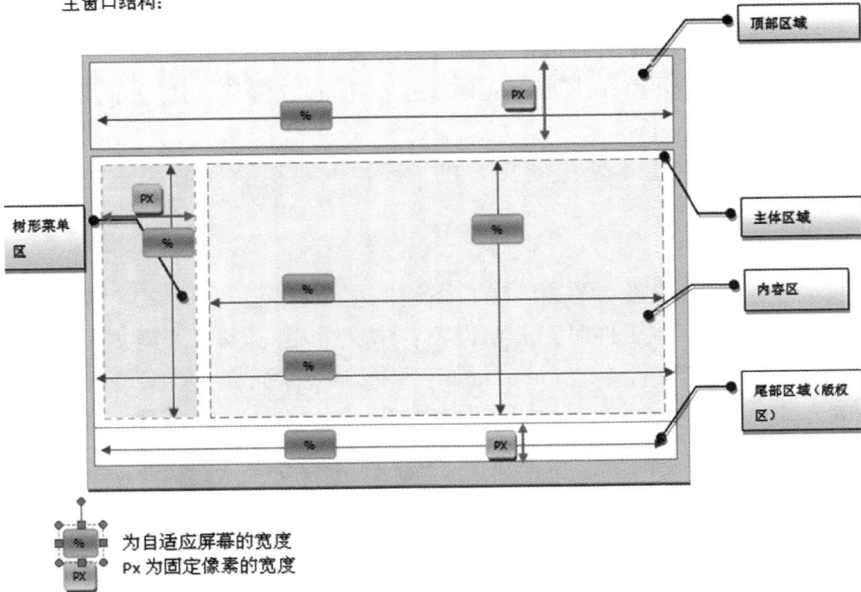

图 7-26　界面结构图

　　在页面布局中，对各个功能区域的切分是按照"像素"和"比例"方式来进行的，以 1024×768 的分辨率做为基准，其中：

　　Head 区域，宽度是按照比例方式设置的，宽度按照 100% 设置，高度采用所占的固定像素值来确定，一般占 60px，如果有 menu 区，则调整为 40px；

Menu 区域，和"Head"的配置要求是一样的，宽度按照 100% 设置，高度结合"Head"的高度设置来确定，一般占 20px；

Sidebar 区域，宽度是结合与"Content"之间的黄金切分比例，按照固定像素的方式确定的，一般占 60px；高度是按照比例方式来设置的；

Content 区域，高度和宽度方向布局都是按照比例方式来设置的；

Foot 区域，宽度按照 100% 设置，高度采用所占的固定像素值来确定，一般占 30px。

（3）界面展现

对于界面布局来说，除了上述要求外，还需要考虑如下要求：能自适应 1024×768、800×600 两种分辨率；界面层次不超过 3 层；默认窗口设置下，不应出现水平、垂直滚动条；当界面内容超出显示区域时，以浮动层的形式显示；还有，对于用户的感官而言，屏幕对角线相交的位置是用户直视的地方，而页面正上方 1/4 处为易吸引用户注意力的位置，所以在放置页面时要注意利用这两个位置。主要有以下要求：

①父页面或主页面的中心位置应该设计在对角线焦点附近；

②子页面的位置应该靠近主窗体的左上角或正中；

③需要多个子页面弹出时，应该依次向右下方偏移，以显示出窗体标题为宜；

④在页面上方 1/4 处放置用户的 logo、主要功能导航和一些系统操作功能。

7.5.3.3　界面字体

页面字体属性的设置在相应的 CSS 中进行定义，页面文字编码要求是 UTF-8，在规定字体属性时，需要设置：中文采用"宋体"，英文采用"Arial"或"verdana"，CSS 文件中的 font-family 里面必须保证有"宋体"。

对于页面属性中字体大小的设置，需要根据内容的不同级别来设置，通常：

①"Head"中标题文字，20px；

②"Menu"中的导航文字，14px；

③"Sidebar"中的文字，12px；

④"Content"中的正文，12px 或 14px，标题；

⑤"Foot"中的文字，12px 或 10px。

7.5.3.4　界面边距

Web 页面和其中的表格都应该设定边距，避免页面元素紧贴边沿的情况发生，最小边距值为"3px"，默认边距值应在 CSS 中设定。如图 7-27 所示：

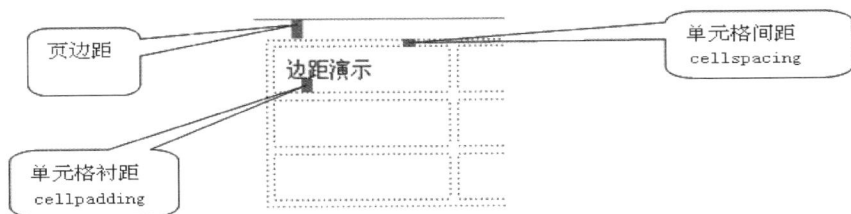

图 7-27　界面边距图

7.5.3.5　表格

对于表格，其属性的设置同样在 CSS 中进行定义。

表格使用最多的情况是显示装在的数据，由于有很多表项需要在页面中完整显示，因此对于表格各个单元格宽度的设置采用百分比方式来进行，这样表格不仅能够将数据完整地显示，而且还能够适应不同分辨率的情况。但由于表格中存在不定长的内容，所以为了保证表格的宽度不被挤变形，对于不定长的内容，可固定显示宽度，当超出此显示宽度后，以"……"显示，光标停留后，详细内容再在浮动层显示。此外，在表格的设计中要特别注意以下要求：

①表头中的数据水平/垂直居中对齐；

②表单中内容如为定长，则为居中显示；如为不固定的中英文内容，则为居左显示；如为数值形式，则为居右显示；

③表格的表头采用不同于表格内容的背景颜色，并要求对比明显；

④表格表头的文字采用加粗，或不同于表格内容的字体；

⑤表格中相邻行需要通过两种有一定对比差异的浅色作为背景色；

⑥各个页面的表格边框风格需要统一，建议设置细边框；

⑦表格中存在的链接文字需要采用不同于其他内容的颜色或字体显示；

⑧对于表格的嵌套尽量控制在三层以内，并且禁止使用表格来进行页面布局。

7.5.3.6　段落排版

在 Web 页面中，"Content"部分是展示页面正文的区域，当段落是由纯文字构成时要求正文一行字数最好不超过 50，首页的标题文字以 8~20 字为佳；行距建议用百分比来定义，常用的两个行距的值是 120% 或 150%；对于一段文字，尤其是正文部分，保证左右至少有 15px 的留白，便于用户换行时不受到干扰；文字和背景对比要足够明显，保证最弱文字的可读性。

7.5.3.7　Frame

Frame 是能够将一个 Web 页面切分成几个窗口来显示 Web 内容的一种页面设计方法，切分后的每个窗口内容是通过指向 URL 来实现的。

Frame 的标记是〈FRAMESET〉〈FRAME〉，而在使用 Frame 时，通常需要将其放在网页入口的 html 文件中，而不必放入〈BODY〉标记。〈FRAMESET〉是用以划分框窗的，每一框窗由一个〈FRAME〉标记所标示，〈FRAME〉必须在〈FRAMESET〉范围中使用。

其中对于〈FRAMESET〉和〈FRAME〉中的一些属性设置，要求有：

①Name，表示 Frame 的名字，必须有定义；

②Framespacing，表示各个 Frame 之间空白距离，要求设置为非零，通常设置为5；

③Noresize，表示是否允许使用者通过拖拉改变 Frame 的大小，要求在 Frame 设置此参数；

④Scrolling，表示是否要显示卷轴，要求设置为"AUTO"。

7.5.3.8　其他界面元素

①按钮，要求按钮上显示的文字能够准确表达功能含义；

②单选框，默认选择一个，和所关联的文字的间距为 3px；

③多选框，默认全不选，所关联的文字能够准确表达选择的含义，和控件的间距为 3px；

④下拉框，给出默认选择，并且默认选择显示出"默认全部"或"请选择"等文字提示；

⑤图片，默认为显示出代表图片文件的图标，或是缩略图；

⑥多媒体，默认为显示出代表多媒体文件的图标。

7.5.4　系统界面展示

7.5.4.1　首页及用户登录

（1）系统首页

如图 7-28 是农业观光采摘园采摘预约系统的首页。在首页中显示了网站中大部分的信息，通过首页可以跳转到网站中其他的页面，进行相关的操作，登录模块也是在首页中显示出来的。

从首页上看，在页面的布局展示方面，页面标准地分为#Head 区、#Sidebar 区、#Content 区、#Foot 区。这样划分页面是根据人的视觉流向习惯得出的，用户最先看到的是页面的左上角，也就是该网页的 Logo 部分，将 Logo 放置在这个位置上，既可以加深用户对网站的印象，也能增加网站的宣传力度。根据布局展示原则，随着用户视角的移动，接下来看到的是页面左侧的 #Sidebar 部分，在页面的左侧，则是农业观光采摘系统的功能导航之后是页面的中心部分，也是用户大量浏览的部分，在#Content 部分展示的则为该系统的销售产品等信息。

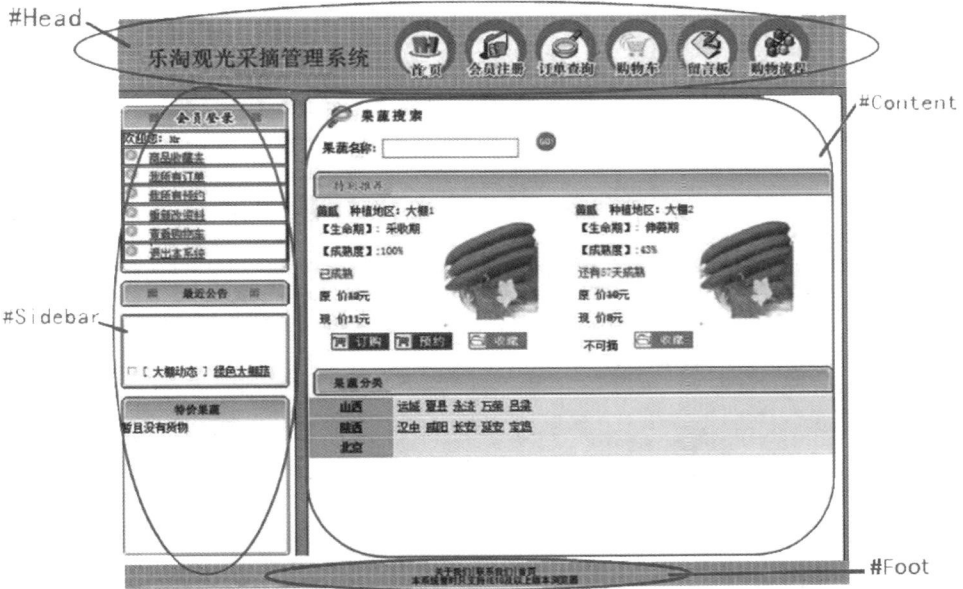

图 7-28　网站首页

（2）注册登录

如果是新用户，在登录系统之前需要注册，注册的信息由客户填写，提交注册信息后，需要通过后台管理员对注册信息进行审核，给予审批后，才能登录系统。

如图 7-29 所示的用户注册界面，由于该页面需要向用户展示信息，当默认窗口大小不够时，相应设置了滚动条，这样就可以保证页面的整体布局不发生变化，仍然符合黄金比例。

在用户注册成功并登录后，在系统的左侧部分则显示用户主要的应用功能，在该部分同样应用了多种原则，如：易用性原则，用户经常用的功能全部集中在一起，减少鼠标移动的距离；协调性原则，用户注册成功前与成功后，界面的主体风格没有变化，如图 7-30 所示。

农业观光采摘园采摘预定系统只有登录以后才能使用相应的订购和预约功能，这样确保了采摘服务的有效性，避免预定后，不履行订单的恶意行为。

7.5.4.2　果蔬菜单信息浏览

（1）信息展示

在首页中，可以直接浏览到部分特别推荐的果蔬信息，信息包括了：种植地区、果蔬类型、果蔬价格、生育期、成熟度等。在该网页上也可以查看果蔬的详细信息，另外，可以点击每个分块上的订购或者预约按钮进入相应

图 7-29　用户注册页面

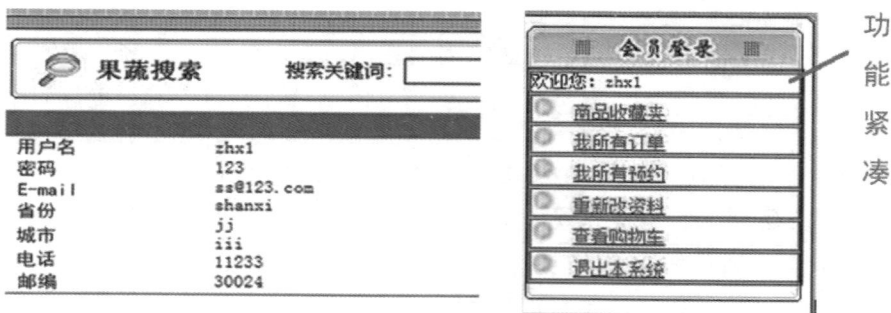

图 7-30　会员注册成功界面

页面填写信息，也可以点击收藏按钮把商品信息放进购物车中，以备多种商品的购买或以后随时购买，该系统还具有推荐功能，可将自己喜爱的果蔬推荐给朋友。

图 7-31 所处界面布局中的#Content 部分，从图中不难看出，在按钮设计上，为了符合美观与协调性，以相同的比例均匀分布于页面中，并且保持规格相同，设计风格相似。

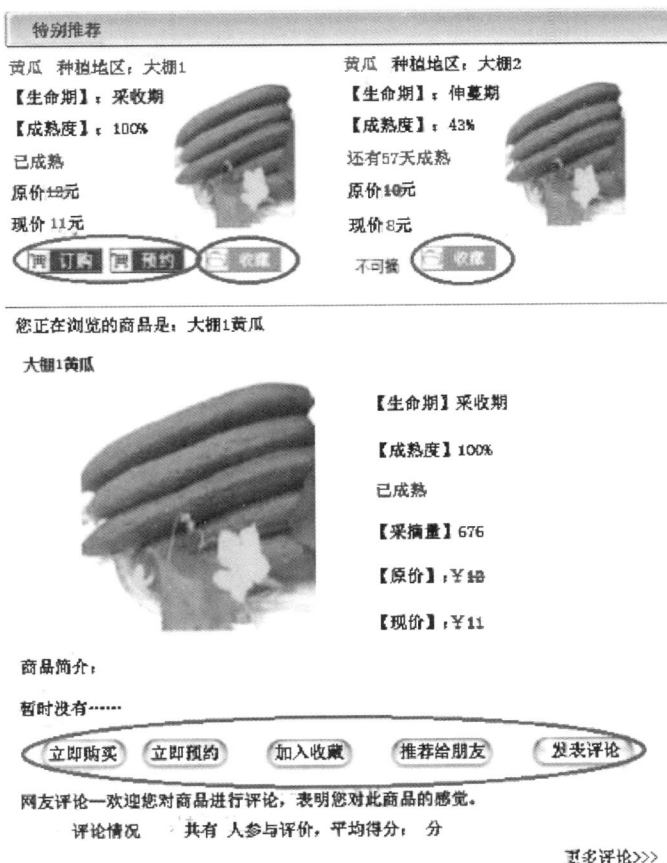

图 7-31 菜品详细介绍

(2)信息搜索

在主页上可以根据不同的果蔬类型以果蔬名称进行模糊搜索，也可以按所在地查询页面，搜索功能使用户在选择自己需要的果蔬时更加便捷和高效。例如按照"运城"区域搜索，就会在果蔬检索窗口出现整个运城区域所有县市现已种植的果蔬大棚的数量及每个大棚中具体种植的果蔬类型、目前的生育期、成熟度等相关信息。

如图 7-32 即为按照"运城"区域的搜索结果，在果蔬检索窗口出现整个运城区域所有县市现已种植的果蔬大棚的数量及每个大棚中具体种植的果蔬类型、目前的生育期、成熟度等相关信息。无论系统跳转到哪个页面，系统的分辨率均是相同的，这符合上文中提到的界面布局中的界面结构要求，稳定的页面能给用户带来更舒适的体验，如果检索后的结果数据较多时，应该将此部分进行分页处理。

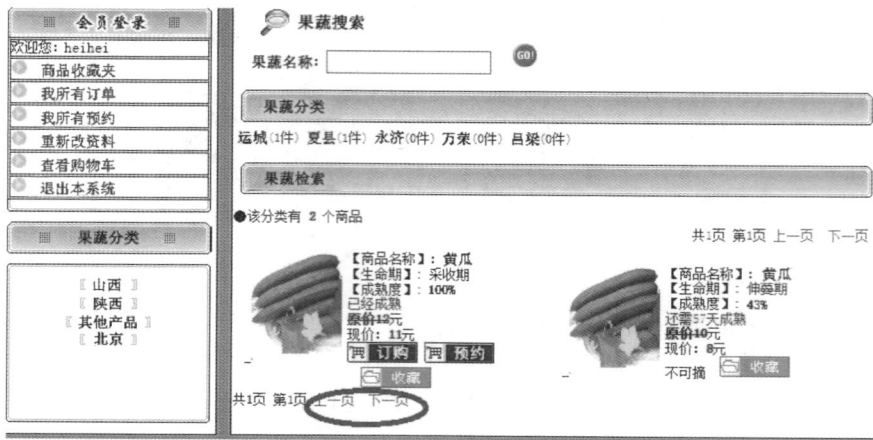

图 7-32　果蔬区域搜索信息

7.5.4.3　订单服务

（1）生成订单

当用户使用果蔬订购功能订购果蔬时，系统会为用户生成了一个虚拟的购物车，在用户浏览详细的果蔬大棚信息时，如图 7-33 所示，可以手动选择果蔬类型和输入需要采购的数量，然后将此菜品放入购物车中。

对于系统中的表格设计，则是参照显示设计规范的要求进行设计的。表格中，同一级别的文字用相同的字体、背景。字体要居中，并且两边留有留白区域。

购买	果蔬编号	果蔬名称	果蔬价格	订购量	总价
☑	53	黄瓜	11	1	11元
				总价格：11 元人民币	

确认更改　　订单取消　　去收银台

图 7-33　订购菜品数量

在订单生成过程中，用户可以查看自己购物车中选购的果蔬名称、订购量和金额，根据自己的需要可以取消订单删除购物车中的菜品，确定要购买的订单时可以选择去收银台结账，在购物结算窗口的第一步填写相关收货人的个人信息，第二步可以在购物结算窗口确认详细的订单信息，最后点击"递交订单"，完成了整个订单流程（带 * 为必填内容），如图 7-34 ~ 图 7-36 所示。

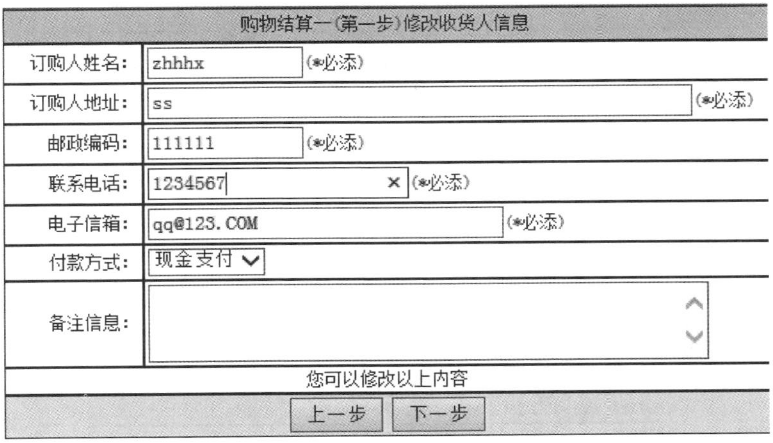

购物结算一(第一步)修改收货人信息	
订购人姓名：	zhhhx　　　(*必添)
订购人地址：	ss　　　　　　　　　　　　　　　(*必添)
邮政编码：	111111　　　(*必添)
联系电话：	1234567　　　✕　(*必添)
电子信箱：	qq@123.COM　　　　(*必添)
付款方式：	现金支付 ∨
备注信息：	∧∨
您可以修改以上内容	
上一步　下一步	

图 7-34　填写订购信息

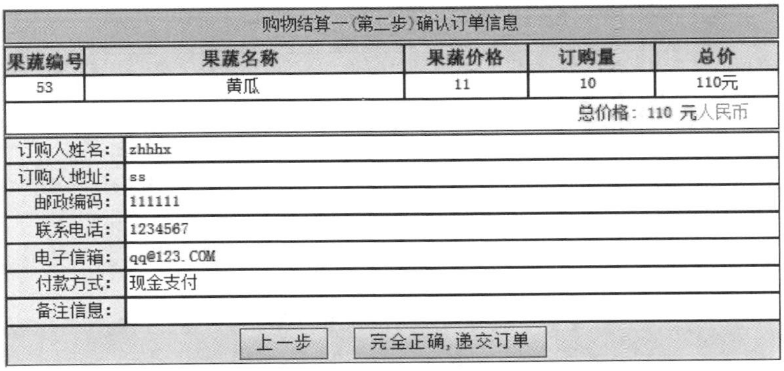

购物结算一(第二步)确认订单信息				
果蔬编号	果蔬名称	果蔬价格	订购量	总价
53	黄瓜	11	10	110元
			总价格：110 元人民币	

订购人姓名：	zhhhx
订购人地址：	ss
邮政编码：	111111
联系电话：	1234567
电子信箱：	qq@123.COM
付款方式：	现金支付
备注信息：	

上一步　完全正确,递交订单

图 7-35　填写信息预览

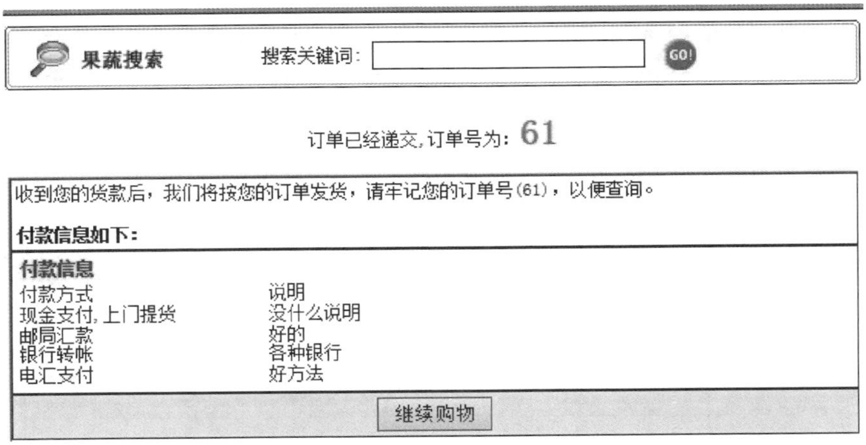

🔍 **果蔬搜索**　　搜索关键词：[　　　　　　　] GO!

订单已经递交,订单号为: **61**

收到您的货款后,我们将按您的订单发货,请牢记您的订单号(61),以便查询。

付款信息如下：

付款信息

付款方式	说明
现金支付,上门提货	没什么说明
邮局汇款	好的
银行转帐	各种银行
电汇支付	好方法

继续购物

图 7-36　提交订单

（2）采摘预约

当用户进行果蔬预约时，系统为用户生成了一个预约信息列表，在用户浏览详细的果蔬大棚信息时，可以手动输入预约信息，然后将此预约信息提交系统，以备提前进行大棚果蔬预定。由于果蔬是特殊商品，有保质期短的特点，对于新鲜的果蔬更不能放置时间过长，因此该系统设定采摘日期为提交订单当日后的一周内，所以在填写采摘日期时应当注意当前日期与计划采摘日期相差不能超过 7 天，否则会有相关的信息提示，并且无法完成采摘人预约信息提交，进而需要重新填写正确的采摘日期。预约采摘信息填写完毕后可预览预约采摘完整信息，整个过程如图 7-37 ~ 图 7-40 所示。

图 7-37　选择采摘日期

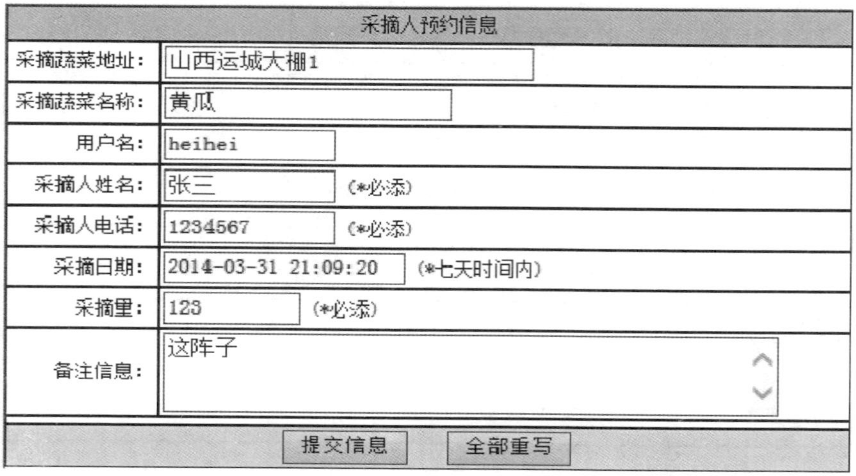

图 7-38　录入采摘日期

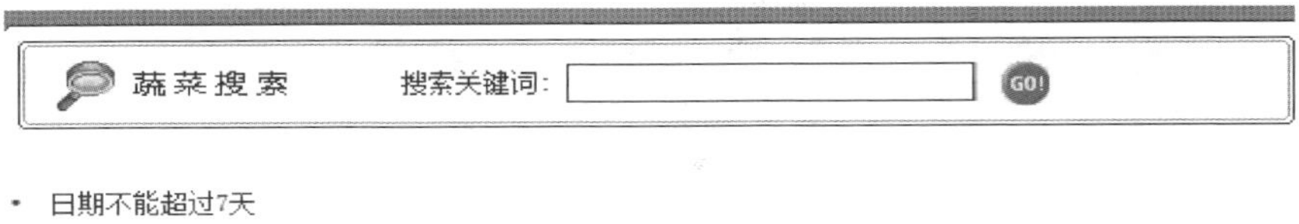

- 日期不能超过7天

图 7-39　采摘日期输入错误提示

预约信息	
预约号	201403013
采摘蔬菜地址	山西运城大棚1
采摘蔬菜名称	黄瓜
用户名	heihei
采摘人姓名	张三
采摘人电话	1234567
采摘日期	2014-03-23 21:13:40
采摘量	123
备注	这阵子

图 7-40　采摘日期输入正确后的完整信息

7.5.4.4　用户信息反馈

（1）订单查看

注册用户登录了以后，可以点击主页中"我所有订单"查看自己当前订单和历史订单，如图 7-41 所示：用户名为：heihei，订单号为 62、63、64 的信息。从系统的当前界面中，我们可以清楚地了解到订单当前的状态和支付方式。

用户也可以点击主页中"我所有预约"查看自己当前预约信息，如图 7-42 所示：用户名为：heihei，编号为 201403007、201403008、201403009、201403013 的用户信息。从系统的界面上，可以对蔬菜大棚的信息进行查看，了解其采摘状态。

（2）留言板

主页中的每一位登录用户都可以给系统管理员留言，如图 7-43 所示。用户可以在留言板上输入想要咨询的问题和意见等等，当管理员查看后，可以进行相应的回复。当然管理员也有删除留言的权限，如果是恶意侮辱性留言，管理员将会无条件删除。

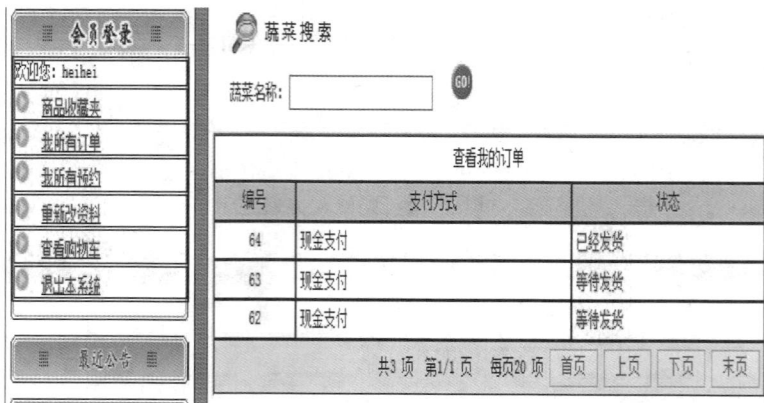

图 7-41 "查看我的订单"信息

图 7-42 "查看我的预约"信息

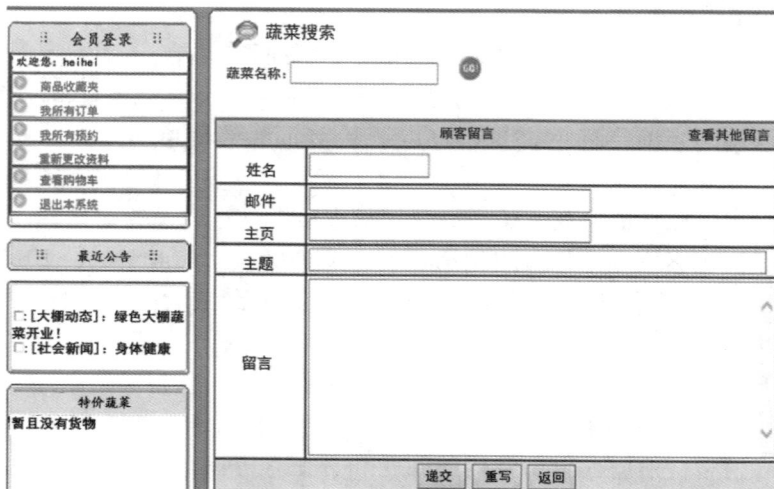

图 7-43 "留言板"页面

7.5.4.5　后台信息管理

（1）后台果蔬管理

图 7-44 为后台管理系统的添加果蔬信息列表。其中带"＊"的为必填，不能为空。管理员可以根据实际情况填写库存量、成熟天数、商品原价和现价，并且上传商品的图片，让用户能够更详细的对商品进行了解。

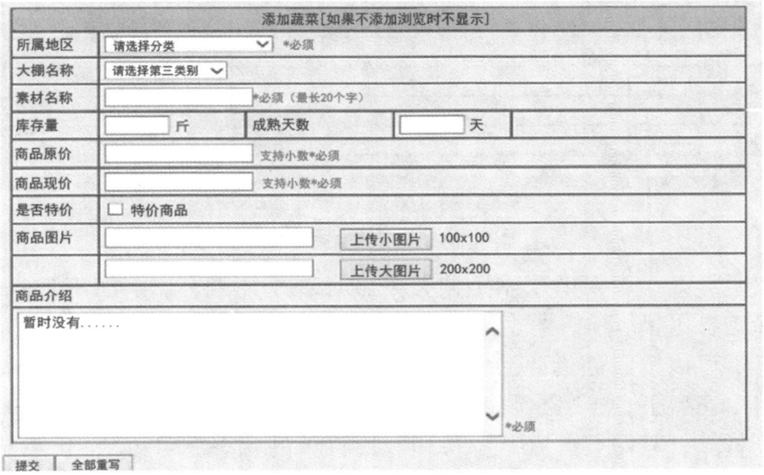

图 7-44　菜单信息列表

在系统的后台中，管理员可以对果蔬进行推荐、取消推荐、删除的操作，对于推荐的果蔬可优先显示在系统的前台中，如图 7-45 所示。

后台管理员可以查看用户的实时订购订单，并根据订单信息再通过查看果蔬成熟度、库存量和采摘量进行订单确认和发货，如图 7-46 所示。在系统的后台，多处功能的实现都是依赖于表格，所以系统界面设计时更加注重对

编号	客户账号	客户姓名	地址	电话	Email	详细
\multicolumn{7}{c}{订单维护}
61	zhxl	hh	iii	11233	ss@123.com	查看
60	heihei	zhhx	ss	233	qq@123.com	查看
59	heihei	zhhx	ss	233	qq@123.com	查看
58	heihei	zhhx	ss	233	qq@123.com	查看
57	heihei	zhhx	ss	233	qq@123.com	查看
56	heihei	zhhx	ss	233	qq@123.com	查看
55	heihei	zhhx	ss	233	qq@123.com	查看
54	heihei	zhhx	ss	233	qq@123.com	查看
53	heihei	zhhx	ss	233	qq@123.com	查看
52	heihei	zhhx	ss	233	qq@123.com	查看

59项　第1/6页　　首页　上页　下页　末页

图 7-45　删除、推荐和撤销果蔬列表单

订单维护						
编号	客户账号	客户姓名	地址	电话	Email	详细
61	zhxl	hh	iii	11233	ss@123.com	查看
60	heihei	zhhx	ss	233	qq@123.com	查看
59	heihei	zhhx	ss	233	qq@123.com	查看
58	heihei	zhhx	ss	233	qq@123.com	查看
57	heihei	zhhx	ss	233	qq@123.com	查看
56	heihei	zhhx	ss	233	qq@123.com	查看
55	heihei	zhhx	ss	233	qq@123.com	查看
54	heihei	zhhx	ss	233	qq@123.com	查看
53	heihei	zhhx	ss	233	qq@123.com	查看
52	heihei	zhhx	ss	233	qq@123.com	查看

59项 第1/6页　　首页　上页　下页　末页

图 7-46　订单维护主窗口

表格的要求。如：表格内采用不同背景颜色或字体颜色，产生对比；每个界面的表格边框风格统一；每个表格的属性用不同的颜色文字显示。

管理员可以按照订货商品的详细资料进行发货，完成实体发货后，可以在查看订单窗口下点击"已经发货"按钮，就会出现以下相关提示窗口。如果确定收到货款，只需点击"确定"按钮，该订单的状态就可改为"已发货"，如图 7-47、图 7-48 所示。

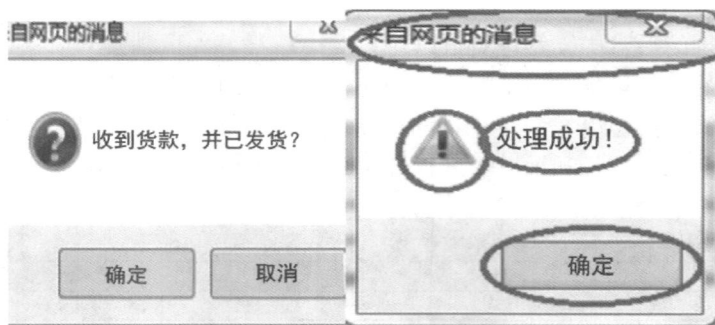

图 7-47　确认发货

当系统与用户进行信息交互时，提示窗口分为标题区、图标区、提示信息区、按钮区，特征鲜明，易于操作。

（2）销售记录管理

管理员可以通过发货记录了解近段时间的果蔬销售情况，如图 7-49 所示。

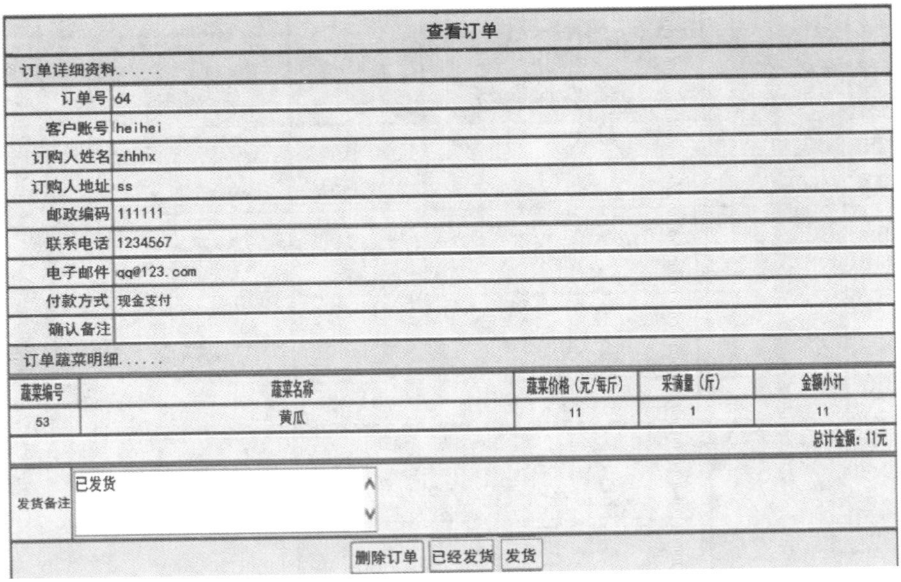

查看订单				
订单详细资料……				
订单号 64				
客户账号 heihei				
订购人姓名 zhhhx				
订购人地址 ss				
邮政编码 111111				
联系电话 1234567				
电子邮件 qq@123.com				
付款方式 现金支付				
确认备注				
订单蔬菜明细……				
蔬菜编号	蔬菜名称	蔬菜价格（元/每斤）	采摘量（斤）	金额小计
53	黄瓜	11	1	11
				总计金额: 11元
发货备注	已发货			

图 7-48　详细发货订单查看

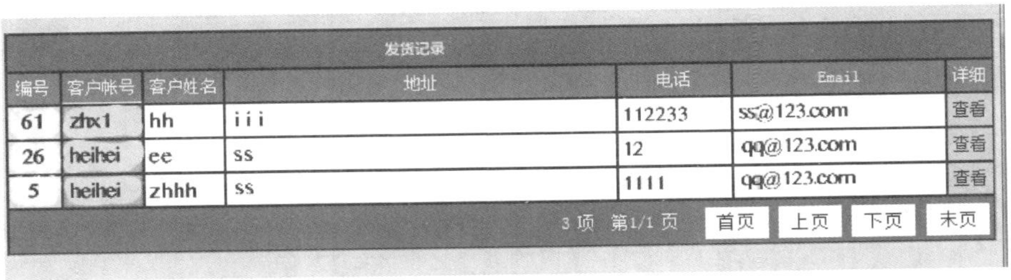

发货记录						
编号	客户帐号	客户姓名	地址	电话	Email	详细
61	zhx1	hh	i i i	112233	ss@123.com	查看
26	heihei	ee	ss	12	qq@123.com	查看
5	heihei	zhhh	ss	1111	qq@123.com	查看

3 项　第1/1 页　首页　上页　下页　末页

图 7-49　果蔬销售记录

　　管理员也可以通过点击"查看"，了解每条发货记录的订单详细资料和订货商品明细，以及可以查看用户的实时预约订单，并根据预约订单信息再通过果蔬成熟预测子系统中成熟度和采摘量进行订单确认和采摘时间确认，如图 7-50 所示。

　　管理员可以按照预约采摘的详细资料进行采摘预约，完成采摘任务后，可以在预约查看窗口下点击"已经采摘"，出现相关提示窗口。如果确定收到货款，只需点击"确定"按钮，该订单的状态就可改为"已采摘"。管理员也可以通过点击查看，了解每条采摘记录的采摘订单详细信息。如图 7-51、图 7-52 所示。

　　（3）新闻管理
　　管理员还可以通过后台新闻添加窗口添加一些商品的动态新闻，以新闻

编号	客户账号	采摘姓名	采摘地址	采摘电话	采摘日期	详细
			预约管理			
001	aa	张三	山西运城大棚1	122	2014-01-02 12:00:05	查看
002	bb	李四	山西运城大棚1	1333	2012-09-09 12:12:09	查看
003	cc	王五	山西运城大棚1	2111	2013-02-02 12:55:55	查看
004	dd	赵四	山西运城大棚1	223	2013-09-09 12:12:12	查看
005	ee	刘能	山西运城大棚1	4442	2014-09-08 12:34:22	查看
006	ff	广坤	山西运城大棚1	3332	2011-02-08 14:44:44	查看
007	gg	永强	山西运城大棚1	123	2012-03-01 15:22:09	查看
008	hh	程程	山西运城大棚1	6666	2016-02-12 16:06:07	查看

8项 第1/1页 首页 上页 下页 末页

图 7-50 预约管理窗口

编号	客户账号	采摘人姓名	采摘地址	采摘电话	采摘日期	详细
			采摘记录			
001		保三	山西运城大棚1	1333	2014-01-02 12:00:05	查看
002	aa	李四	山西运城大棚1	2111	2012-09-09 12:12:09	查看
003	aa	王五	山西运城大棚1	223	2013-02-02 12:55:55	查看

3 项 第1/1 页 首页 上页 下页 末页

图 7-51 采摘订单详细信息

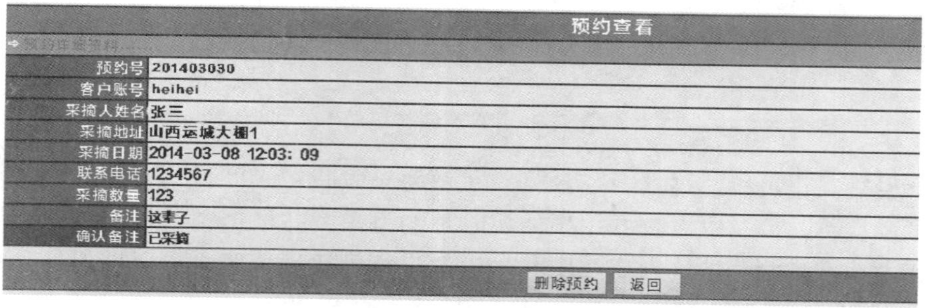

预约查看

预约作废资料
预约号 201403030
客户账号 heihei
采摘人姓名 张三
采摘地址 山西运城大棚1
采摘日期 2014-03-08 12:03:09
联系电话 1234567
采摘数量 123
备注 这辈子
确认备注 已采摘

删除预约 返回

图 7-52 查看预约采摘个人订单

类型分类添加，如图 7-53 所示。为了保证系统界面分辨率不发生变化，当用户需要输入大量信息时，应适当添加滚动条或下拉菜单等空间，这样便可保证界面的一致性，提高界面友好性。

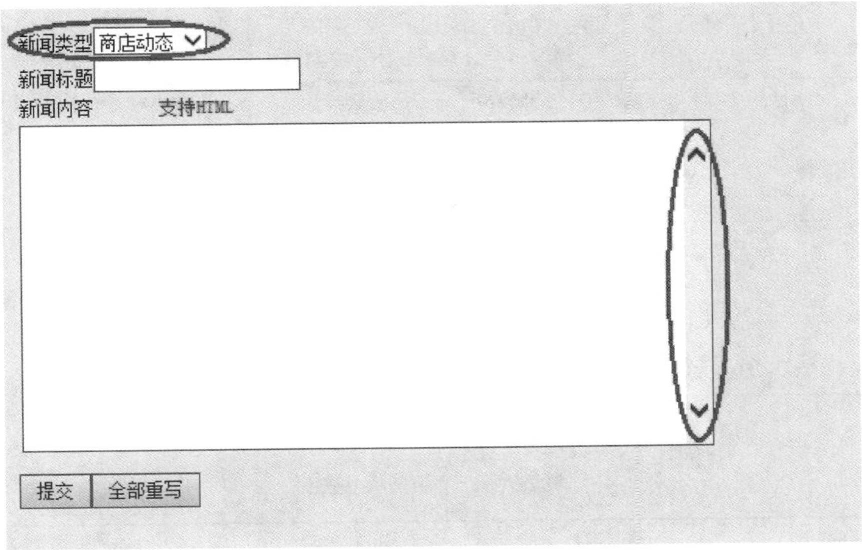

图 7-53　添加新闻页面

7.6　系统测试

农业观光采摘园采摘预定系统测试主要是选择黑盒测试，软件的黑盒测试是检测程序的每个独立功能块是否都能正常工作。测试的方法主要是看程序是否能合理地接收用户输入的数据而能够产生正确的输出信息。黑盒测试主要的焦点在于程序外部结构，完全不用考虑程序自身的内部逻辑结构，通常主要针对软件界面和软件功能进行测试。因此黑盒测试又叫功能测试或者数据驱动测试。黑盒测试的目的主要是为了发现程序以下问题：

①是否有错误或漏掉功能；

②接口上，正确输入能否正确输出；

③是否有程序设计方面的错误；

④性能的可靠性；

⑤是否有程序加载或退出异常错误。

在系统测试过程中，主要对以下模块进行测试：

（1）登录/注册模块（表7-8）

表7-8　登录/注册模块测试

测试项目	测试用例	测试结果	操作流程
用户登录	用户名：zj 正确密码：123 输入密码：123	登录成功	在网站首页的登录框上登录
用户登录	用户名：zj 正确密码：123 输入密码：123	错误提示："登录失败，或是尚未通过审核"	在网站首页的登录框上登录
用户注册	输入相关注册信息	注册成功，等待审核	在网站首页的登录框上点击"注册"

（2）订单服务模块（表7-9）

表7-9　订单服务模块测试

测试项目	测试用例	测试结果	操作流程
搜索查询	在搜索框中输入"黄瓜"	显示果蔬中包含"黄瓜"的所有菜类	在主页上的搜索框中输入关键字，点击查询
搜索查询	在搜索框中输入"hg"	显示果蔬中包含"黄瓜"的所有菜类	在主页上的搜索框中输入关键字，点击查询
预约采摘	没有登录，点击"预约"	提示信息："请先登录"	在详细介绍菜品页面点击"预约"
预约采摘	登录后，点击"预约"	提示："填写预约信息"	登录系统后在详细介绍菜品页面点击"预约"
提交订单	点击"提交订单"	提示："订单已经递交，订单号为:??"	填写相关的预约信息，点击"递交订单"
订购果蔬	登录后，点击"订购"	提示："已放入购物车"	登录系统后在详细介绍果蔬页面点击"订购"
提交订单	点击"提交订单"	提示："订单已经递交，订单号为:??"	查看购物车页面，填写相关的订单信息，点击"递交订单"

（3）订单处理模块（表7-10）

表7-10　订单处理模块测试

测试项目	测试用例	测试结果	操作流程
登录后台	用户名：admin 正确密码：123456 输入密码：123456	转入后台管理首页	进入后台登录界面

（续）

测试项目	测试用例	测试结果	操作流程
查看订单列表	点击订单管理中"订单列表"	转入订单列表页面	在后台管理首页中，点击订单管理中"订单列表"
查看订单详情	点击"查看详情"	转入订单详情页面	在订单列表页对应的一行中点击"查看详情"
处理订购订单	点击"已经发货"	订单表中的订单状态改变为"已发货"	在订单详情中点击"已经发货"
处理预约订单	点击"已经采摘"	订单表中的订单状态改变为"已采摘"	在订单详情中点击"已经采摘"

（4）果蔬管理模块（表7-11）

表7-11　果蔬管理模块测试

测试项目	测试用例	测试结果	操作流程
添加菜单信息	输入相关信息	添加成功，在菜单列表中	在后台管理首页点击果蔬管理中的"信息添加"
删除果蔬列表信息	点击"删除"	提示："删除成功！"	在果蔬列表的相关操作中点击"删除"
编辑现有菜单信息	点击"编辑"	编辑成功，转回列表页面	在菜单列表的相关操作中点击"编辑"

7.7　项目总结

该农业观光采摘管理系统实现了采摘管理的一些基本功能，像入库管理、出库管理、商品信息管理、销售管理和查询等功能。对一般的农业观光采摘园来说还是很有实际意义以及很强的实用性的。例如，在销售了果蔬或者修改了某种水果或者果蔬信息时，与之关联的库存表和信息表也被修改，实现了数据的实时性。同时各个模块之间都有查询功能，用来实时掌握库存量的动态和商品最新的信息。当某一种商品数量达到预警水平时，系统会发出库存不足的警报，提醒管理员进货。

该系统同时还具有以下特点：扩展性能好，以及快速便捷的操作能力。系统比较安全可靠，用户管理权限很明确。该系统采用相应的技术，具有很好的安全严密性，系统完善的功能设置、比较友好的流程化界面，节省了大量的人力、物力和财力，同时也降低了农业观光采摘园的运营成本。总的来说该系统是一个比较好的较适合中小型农业观光采摘园的系统，它通过前台和数据库，将原来比较繁琐、浪费时间、精力，还易出错误的工作，变得简单。

第8章 设施蔬菜适宜度预测预警系统

设施蔬菜栽培是农业的重要组成部分，发展设施蔬菜栽培是农业增收、农民致富的重要途径。现今，全国设施蔬菜栽培面积约为 300 万公顷，约占世界设施蔬菜总面积的 80%。目前，设施蔬菜的发展趋势是设施大棚、温室的大型化、自动化与集约化；设施内的环境条件是蔬菜生长必不可少的重要因素，科学预测设施内环境对于蔬菜生长的影响，及时调整设施内光照、温度、湿度等环境条件，对于大力发展设施蔬菜产业具有重要的意义。

在农业物联网技术的推动下，设施蔬菜环境条件的监测预警工作的思维方式和工作范式发生了根本性的变化，设施蔬菜环境监测预警的分析对象和研究内容更加细化、数据获取技术更加便捷、信息处理技术更加智能、信息表达和服务技术更加精准。因此，构建设施蔬菜环境条件数据、开展环境因子实时采集技术研究、构建复杂智能预测预警模型分析系统、建立可视化的预警服务平台等将成为未来设施蔬菜生长监控的重要趋势。

8.1 系统概述

8.1.1 项目背景

我国设施蔬菜种植过程中尚存在一些问题，如：无法及时预测设施蔬菜生长的适宜条件，及时调整设施内环境条件，在作物生长阶段，后排下部的光照强度只是上部的 3.6%；冬季及早春的增温保温效果差，夏季遮阳降温的效果不好，棚室内空气湿度大，夜间有时可达 100% 等。因此，在设施蔬菜生产中，要根据市场需求、季节的温光水气条件、不同蔬菜的生长习性，充分利用设施内的保温遮阳条件，科学合理安排设施内的蔬菜种类和茬口。加强设施蔬菜的科学管理力度，建立提高单产和改善品质，减少环境污染与提高经济效益兼顾的新观念。

近十年来，智能农业，精准农业的发展带动了信息技术在农业中的应用，将大量的传感器节点构成监控网络，通过各种传感器采集信息，来帮助农民及时发现问题。这样农业将有可能逐渐地从以人力为中心、依赖于孤立机械的生产模式转向以信息和软件为中心的生产模式，从而大量使用各种自动化、智能化、远程控制的生产设备。

目前，设施蔬菜在种植过程中，多数依靠"天时、地利、人和"，只能依靠管理人员对蔬菜的长势进行观察，然后对其生长环境的友好状况进行判断，种植过程过于偏重农民的经验，缺乏将专家经验、科学理论用于指导种植过程的合理的方案。以至于，工作人员不能及时高效地对蔬菜的生长进行管理。所以开发设施蔬菜适宜度预测预警系统是为了满足广大客户最基本的业务需求，从而达到节省人力和时间、提升人员管理的效率的作用。开发设施蔬菜适宜度预测预警系统能够进行蔬菜生长信息的及时传送和预警提示，对于用户来说，更加方便对蔬菜适宜度的情况进行监测，以便能够生长出高品质、高产量的蔬菜。若管理人员发现蔬菜生长的适宜度很低，可以及时采取措施，尽快调整蔬菜生长的环境，这样，大大提高了管理的自动化水平，也提高了蔬菜的品质。

8.1.2　可行性分析

（1）技术可行性

技术上的可行性分析主要分析现有技术条件能否顺利完成开发工作，硬、软件配置能否满足开发者需要等。目前各农业生产基地均建有局域网，并且采用 PC 机作为工作台，其容量、速度都能满足系统要求。

设施蔬菜适宜度预测预警系统采用 Java 编写实施。相比其他编程语言，Java 语言可复用性高 、易维护性高、可移植性强、安全性高、可扩展性高。不但有成熟的设计模式，而且还有成熟的框架，可以用很多表达式以及标签来展示我们需要的内容；非常适合设施蔬菜适宜度预测预警系统的开发。并且，Java 除了内置的多线程技术之外，还定义了一些类、方法等来建立和管理用户定义的多线程。因此，设施蔬菜适宜度预测预警系统可以应用 Java Web 语言进行开发。

设施蔬菜适宜度预测预警系统可以采用 SQL Server 数据库存储数据。SQL Server 具有使用方便、可伸缩性好、与相关软件集成程度高等优点，可跨越从运行 Microsoft Windows 98 的膝上型电脑到运行 Microsoft Windows 2012 的大型多处理器的服务器等多种平台使用。

（2）经济可行性

开发新系统的工作是一项复杂的工作，它的投资主要是人力和物力的投资。对于该系统的开发者来说，其主要投资还是在人力和物力两个方面。如果企业自己安排人手开发系统，其主要的投资仍是在人力资源上，从系统的业务需求调查到系统的分析编码制作都需要巨大的人力投入。

由于通过网络传递信息可以不受距离的限制，因此可以节省许多的人力和物力，方便管理，由此可以减少不必要的开支，同时该平台可以提高对设施蔬菜的管理，即提高农业生产的经济效益，所以从经济上完全是可行的。

若从资源配置的角度衡量项目的价值，设施蔬菜适宜度预测预警系统将科学管理蔬菜的种植环境，为及时、有效调控温室环境提供手段，使得蔬菜可以在保持友好的环境条件下生长，对于提高人们工作效率，改善种植业结构，增加农民收入等有重要的意义，可以获得高于目前水平的收益。

（3）社会可行性

社会需要蔬菜管理的现代化和信息化，目前已有很多成功开发设施蔬菜适宜度预测预警系统的先例。设施蔬菜适宜度预测预警系统开发和运行与国家的政策法规不存在任何冲突和抵触之处。另外，设施蔬菜适宜度预测预警系统所采用的操作和工作方式符合工作人员和管理者的日常习惯，而且操作方便灵活，便于学习，具有可行性。

（4）管理可行性

从行政管理、工作制度等方面来看，各部门能够使用该软件系统实现对蔬菜的管理。同时，从工作人员的基础素质和业务水平来看，满足该软件系统的要求。企业整体业务流程较简易化，所以系统的应用也比较容易掌握。

（5）操作可行性

设施蔬菜适宜度预测预警系统是 B/S 架构的系统，只要能上网的地方就可以使用该系统。对于那些有一般的计算机知识的人员就可以轻松上手。而整个设施蔬菜适宜度预测预警系统采用了友好的交互界面，简单明了，不需要对数据库进行深入的了解。

设施蔬菜适宜度预测预警系统的实现离不开基础数据的支撑。日光温室的发展为各项数据的采集奠定了基础，为作物创造了适宜的生长发育环境，温室环境包括非常广泛的内容，如空气与土壤的温湿度、光照等。为了采集到更加丰富、精确的环境数据，通常需要在温室中部署环境因子采集传感器，主要包括：

①温度传感器

指能感受温度并转换成可用输出信号的传感器。农业大棚智能监控系统通过实时采集农业大棚内空气温度参数，根据农作物生长需要进行实时智能决策，并自动开启或者关闭指定的环境调节设备。

②湿度传感器

湿度传感器用于检测环境湿度，一旦湿度不适宜农作物的正常生长，智能化的湿度传感器会自动发出报警信号，以提示另外一种湿度调节器增湿或降湿。可以为农业生态信息自动监测、对设施进行自动控制和智能化管理提供科学依据和有效手段。

③土壤水分传感器

土壤水份传感器由不锈钢探针和防水探头构成，可长期埋设于土壤和堤坝内使用，对表层和深层土壤进行墒情的定点监测和在线测量。大棚监控及智能控制解决方案是通过可在大棚内灵活部署的各类无线传感器和网络传输设备，对农作物温室内土壤含水量与农作物生长密切相关环竟参数进行实时采集。

④光照强度传感器

设施农业中，采用栽培管理自动化系统的光源完全为人工光，而不用太阳光，采用光传感器来检测和控制光照强度，使作物可以得到均匀一致的光照。

以上所提到的传感器在如今设施大棚的应用中极为广泛，所以设施蔬菜适宜度预测预警系统在硬件传感器方面不会遇到不能解决的参数获取的问题。

8.1.3　系统规划

8.1.3.1　系统战略目标

以传感技术、无线通信技术、农业资源数据库技术等农业物联网技术为支撑，通过对设施农业综合环境监控、数字化管理等关键技术的攻克，并进行系统集成，建立一个能够提高蔬菜管理者对设施蔬菜适宜度管理的系统，为广大合作社、种植大户、设施农业企业提供更全面的综合性服务，对农业物联网在设施农业生产的推广应用具有重要意义。

8.1.3.2　系统开发目标

根据设施蔬菜适宜度预测预警系统的各职能业务需要，开发综合管理应用软件，将设施蔬菜适宜度预测预警系统各项业务管理工作纳入统一的网络体系，实现各个业务管理的规范化、现代化、科学化，实现信息共享，为各级领导决策提供实时、动态、准确无误的经营信息；开发设施蔬菜适宜度预测预警系统，为工作人员及时调整设施内蔬菜的生长环境提供条件，不仅提高了工作的效率，还节省了大量的人力、物力。管理目标如下：

(1)优化蔬菜管理，提高工作效率

对于现有的管理流程进行优化，使设施蔬菜适宜度预测预警系统业务处理更加快捷高效，确保设施蔬菜适宜度预测预警系统健康快速发展。

(2)建立规范化管理制度

规范蔬菜的数据管理，增加信息的透明度，加强各部门的信息监管。

(3)实现各类统计分析自动化，为管理决策提供科学依据

充分利用统计分析方法，及时地分析蔬菜生长状况，及时发现问题，为蔬菜的管理者提供科学依据。

8.2 需求分析

8.2.1 业务需求

设施蔬菜适宜度预测预警系统的主要业务是可以让蔬菜的种植用户以及设施蔬菜的管理者可以实时查询设施内蔬菜生长的环境友好程度，及时调整设施内的环境条件，进行科学化、规范化管理。主要包含以下几方面的业务：

（1）添加种植

用户需要种植一种蔬菜，并在种植时确定种植蔬菜的具体位置、茬口、设施类型和种植的时间。添加种植的信息包括：种植地区、大类、种类、茬口详情、定植时间。

（2）查询蔬菜当前状态

在添加种植后，用户需要查询蔬菜当前的状态信息，包括蔬菜的大类、种类、生育期、茬口、设施类型等信息，方便用户对蔬菜的种植情况做到心中有数。

（3）查询单个环境因子的适宜度

环境因子是决定环境友好性的重要因素，用户需要查询单个因子的适宜度，以确保及时调整温室的环境条件，为蔬菜提供更好适宜生长的环境。单个环境因子包括：土壤温度、土壤湿度、空气温度、空气湿度、光照强度。因此，用户需要及时了解蔬菜种植环境的温、光、水信息，即土壤温度适宜度、空气温度适宜度、土壤湿度适宜度、空气湿度适宜度、光照强度适宜度，来对环境条件进行适当的调节。

（4）查询综合条件适宜度

用户需要查询当前或者前段时间蔬菜的土壤温度适宜度、土壤湿度适宜度、空气湿度适宜度、光照强度适宜度、空气温度适宜度信息和环境条件综合适宜度。

（5）查询蔬菜适宜度预警信息

当蔬菜的适宜度很低时，用户会收到系统给其发来的预警信息，提醒用户及时采取措施改变蔬菜生长环境，以便生产出高产量、高质量的设施蔬菜。

8.2.2 用户需求

确定系统的主要使用人员，是系统开发的前提和基本条件。对于设施蔬菜管理来说，用户一般包括蔬菜的直接种植者以及企业的管理者。因此，我们将蔬菜的直接种植者定义为普通用户，将企业的管理者定义为企业管理员。他们的业务需求表述如下：

①企业管理员

能够管理所有大棚，查询所有大棚内设施蔬菜适宜度信息、包括土壤温度适宜度、土壤湿度适宜度、空气温度适宜度、空气湿度适宜度和光照强度适宜度；查询所有大棚适宜度预警信息；此外，企业管理员还可以管理普通用户的所有信息，分配普通用户与种植地区的关系，明确普通用户的所属。

②普通用户

简言之，就是各个大棚的管理员。与企业管理员的权限相比，普通用户只能查看并管理自己所管辖大棚的蔬菜种植情况，能够增加设施蔬菜的种植信息、查询蔬菜适宜度信息、生育期信息、定植日期、蔬菜品种和蔬菜种植地区等相关信息。查询蔬菜适宜度预警信息。

设施蔬菜适宜度预测预警系统可以实现普通用户添加蔬菜种植信息以及查询管理。首先，在添加蔬菜种植信息管理中，普通用户可进行的操作主要包括：确定蔬菜的种植位置、种植茬口、种植时间等。系统的普通用户蔬菜种植管理用例图如图 8-1 所示。其次，在蔬菜适宜度查询中，用户能够进行的操作包括：查询当前或者前段时间蔬菜的单因子环境适宜度（土壤温度、土壤湿度、空气温度、空气湿度、光照）；查询蔬菜种植状态、综合适宜度；查询预警信息等等。系统的普通用户蔬菜适宜度查询用例图如图 8-2 所示。

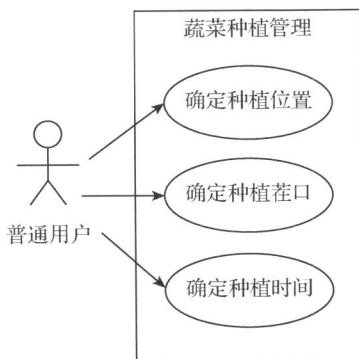

图 8-1　普通用户种植蔬菜管理用例图

8.2.3　功能需求

通过对普通用户以及系统所涉及到的基本业务进行分析，可以得到系统的主要功能大致包括以下几个方面：

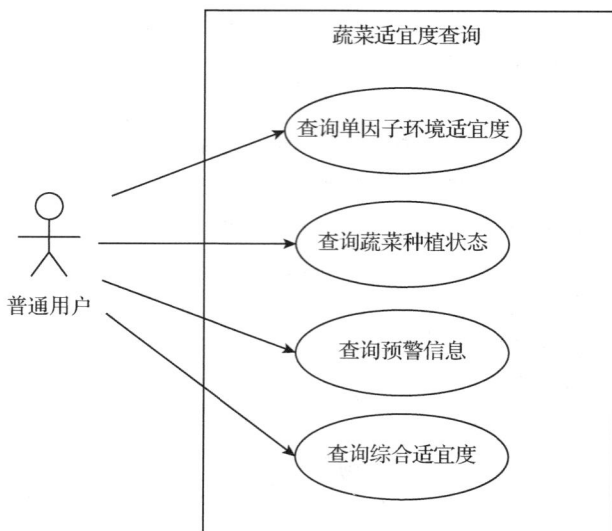

图8-2　普通用户蔬菜适宜度查询用例图

（1）基础信息管理功能

企业管理员可以查看设施蔬菜适宜度信息和查看普通用户和大棚之间对应的关系。设施蔬菜适宜度信息包括：定植时间、种植地区和茬口详情。企业管理员可以管理普通用户的所有权限。

（2）适宜度预测功能

根据设施蔬菜生长的环境因子，如：土壤温度、土壤湿度、空气温度、空气湿度、光照强度，进行适宜度的计算。并为用户提供实时的以及历史的土壤温湿度适宜度、空气温湿度适宜度、光照强度适宜度和环境条件综合适宜度预测和查询功能。

（3）预警功能

当设施蔬菜的适宜度值达到了系统设置的生长条件极限值时，系统可以对蔬菜生长环境进行预警，给用户发送预警消息。从而提醒用户及时采取措施改变蔬菜生长环境，以便蔬菜更好地生长。预警功能方便了用户对蔬菜种植的管理。

（4）展示功能

设施蔬菜适宜度预测预警系统中所包含功能：对设施大棚中土壤温度、土壤湿度、光照强度、空气温度、空气湿度这5个环境因子的适宜度查看评价功能。普通用户还可以选择这些数据是以折线图显示、柱状图显示还是3D饼状图显示。便于普通用户和企业管理者的查看。普通用户还可以对蔬菜的种类、茬口信息、定植日期、生育周期、设施类型、监测时间、种植地区、采收期等信息进行查看。

8.2.4　非功能需求

8.2.4.1　页面需求

页面设计需要遵循一致的准则，确立标准并遵循，是软件界面设计中必不可必的环节。界面的一致性既包括使用标准的控件，也指相同的信息表现方法，如在字体、标签风格、颜色、术语、显示错误信息等方面确保一致。

设施蔬菜适宜度预测预警系统对应的用户群体既有企业用户，也有个人用户，界面的友好性是考虑的标准之一，简洁实用的操作方法也是重要的交付考量标准。

8.2.4.2　性能需求

（1）磁盘容量要求

设施蔬菜适宜度预测预警系统采用 B/S 模式架构，因此存储容量较小，数据库系统也不是很大，如果空间不够，就要管理员及时清空系统中的过期文件。

（2）时间特性的要求

企业管理员和普通用户对设施蔬菜信息搜索的时间最大不超过 3 秒，平均时间在 1~2 秒。

（3）适应性要求

要求界面友好，菜单清楚，企业管理员和普通用户都能很快熟悉网站。对于设施蔬菜信息的查询和查看要简捷方便。

（4）安全保密性

只有合法用户才能登录使用系统，系统对每个用户都有权限设置，不能进行越权操作。对登录名、密码等信息进行加密，保证账号信息安全。

（5）可维护性

系统采用了记录日志，用于记录用户的操作及故障信息。同时该系统采用的 B/S 模式，结构清晰，便于维护人员进行维护。

8.2.4.3　数据性能需求

（1）数据录入和处理的准确性

数据的输入是否正确是数据处理的前提，错误的输入会导致系统输出的不正确和不可用，从而使系统的工作失去意义。

（2）数据的一致性与完整性

设施蔬菜适宜度预测预警系统对数据的处理有很高的要求，因为对蔬菜信息的处理非常频繁，所以要有一定的人员维护数据的一致性，在数据录入处控制数据的去向，并且要求对数据库的数据完整性进行严格的约束。

对于输入的数据，要为其定义完整性规则，如果不能符合完整性约束，系统则拒绝该数据。

（3）数据的独立性

输入蔬菜的定植信息对于系统来说是非常重要的一个部分，不可能让每一个人都对其进行操作，应该有特定的人员对设施蔬菜适宜度预测预警系统进行管理，对系统进行独立操作。

8.3 结构化系统分析

8.3.1 业务流程分析

本节列出了该系统的主要业务流程，以说明设施蔬菜适宜度预测预警系统的主要业务及人员之间的数据关系，为系统分析提供依据。

（1）企业管理员对用户及大棚管理业务流程

业务描述：企业管理员可以对用户信息及大棚数据进行管理，并且对大棚的管理权限进行分配。业务流图如图8-3所示。

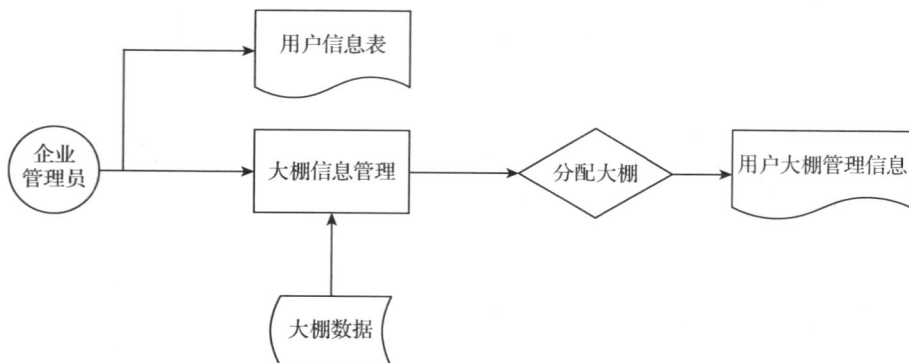

图8-3 企业管理员对用户及大棚管理业务流图

（2）企业管理员蔬菜环境适宜度查询业务流程

业务描述：企业管理员选择大棚后，可以查看蔬菜环境适宜度信息，业务流程图如图8-4所示。

（3）企业管理员预警信息查看业务流程

业务描述：通过对单因子适宜度和预警阈值信息进行计算，得到预警信息，企业管理员可以对预警信息进行查看。业务流图如图8-5所示。

（4）企业管理员查询蔬菜种植信息业务流程

业务描述：企业管理员对大棚进行选择后，可以查看蔬菜种植信息，包

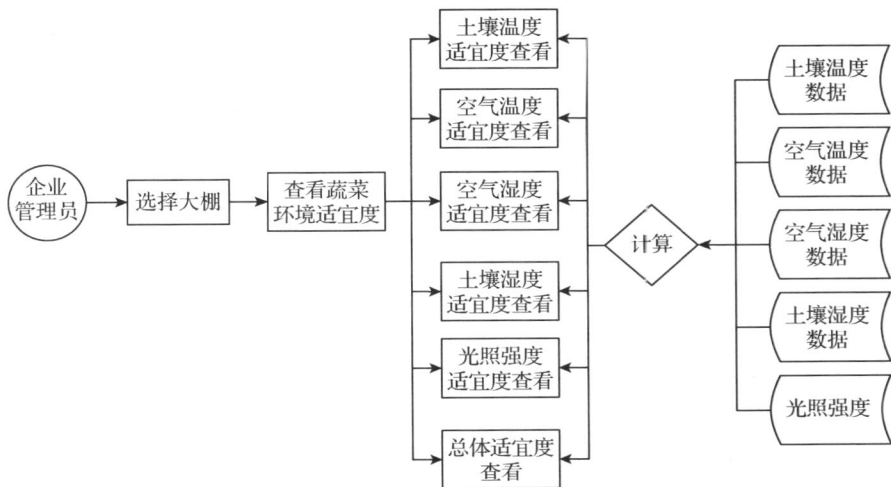

图 8-4　企业管理员蔬菜适宜度查询业务流图

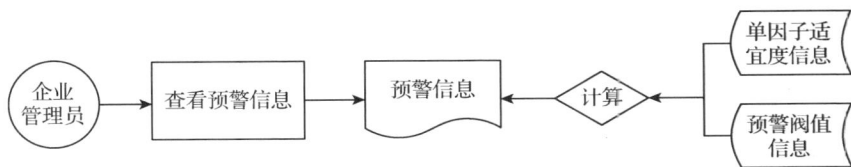

图 8-5　企业管理员预警信息查看业务流图

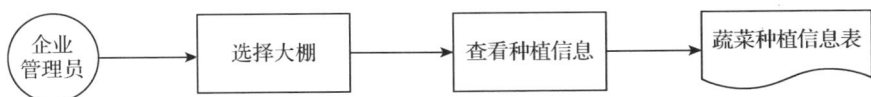

图 8-6　企业管理员添加种植业务流图

括茬口、种植地、生育期、种类和监测时间。业务流图如图 8-6 所示。

（5）普通用户添加定植业务流程

业务描述：普通用户选择自己所管辖的大棚后，可以添加定植信息，包括种类、品种、种植地区、定植时间和茬口详情。业务流图如图 8-7 所示。

（6）普通用户查看蔬菜适宜度业务流程

业务描述：系统对设施蔬菜环境数据计算后，得出适宜度信息，普通用户可以查看自己所管辖内大棚蔬菜适宜度环境信息。业务流程图如图 8-8

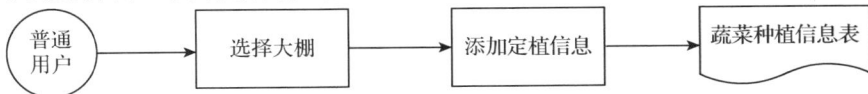

图 8-7　普通用户添加定植业务流图

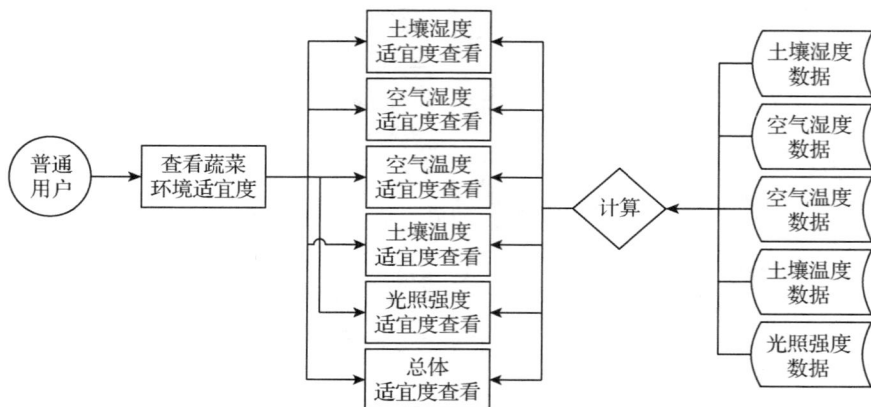

图 8-8　普通用户查看蔬菜适宜度业务流图

所示。

（7）普通用户查看预警信息业务流程

业务描述：通过对单因子适宜度和预警阈值信息进行计算，得到预警信息，普通用户可以对预警信息进行查看。业务流图如图 8-9 所示。

图 8-9　普通用户查看预警信息业务流图

8.3.2　数据流分析

数据流程图是描述系统数据流程的工具，它将数据独立抽象出来，通过图形方式描述信息的来龙去脉和实际流程。它是一种能全面地描述信息系统逻辑模型的主要工具。它可以利用少数几种符号综合反映出信息在系统中的流动、处理和存储的情况。数据流程图具有抽象性和概括性。

（1）顶层数据流程图

设施蔬菜适宜度预测预警系统的顶层数据流程图见图 8-10 所示，该数据流程图有两个主要的外部实体：企业管理员和普通用户（S1 为企业管理员，S2 为普通用户）；输入蔬菜种植状态是该系统的主要输入数据流，适宜度信息和预警信息是该系统主要的输出数据流。

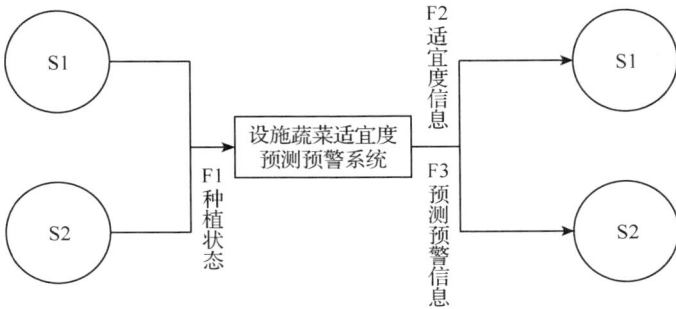

图 8-10　顶层数据流图

（2）一层数据流程图

通过对业务流程图和顶层数据流程图的分析，得到系统的第一层数据流程图，如图 8-11 所示。该数据流程图包含一个主要的数据处理过程：大棚信息管理（P1）；涉及的外部实体是企业管理员；数据存储包括大棚信息表（D1）；数据流为大棚信息。企业管理员可以通过大棚数据表对所有大棚信息进行管理。

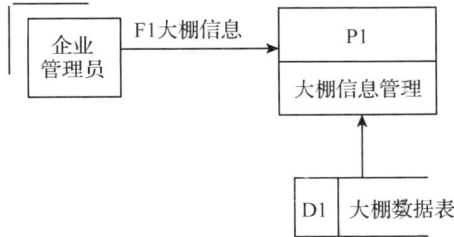

图 8-11　大棚信息管理数据流程图

（3）查询适宜度预测数据流图

系统的第一层数据流程图，如图 8-12 所示。该数据流程图包含一个主要的数据处理过程：查询适宜度信息（P2）；涉及的外部实体是企业管理员；数据存储包括适宜度信息表（D2）；数据流为适宜度信息。企业管理员可以对设施蔬菜生长的适宜度信息进行查询。

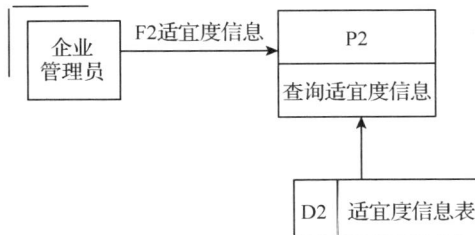

图 8-12　查询适宜度预测数据流图

（4）适宜度预警数据流图

系统的第一层数据流程图，如图 8-13 所示。该数据流程图包含一个主要的数据处理过程：查询适宜度预警信息（P3）；涉及的外部实体是企业管理员；数据存储包括预警信息表（D3）；数据流为预警信息。企业管理员可以查询设施蔬菜的预警信息。

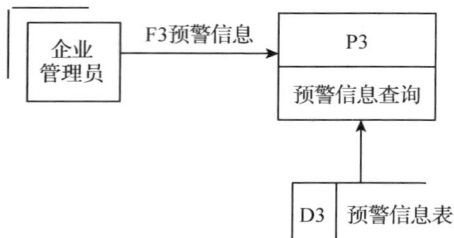

图 8-13 查询适宜度预警数据流程图

（5）用户管理数据流图

系统的第一层数据流程图，如图 8-14 所示。该数据流程图包含一个主要的数据处理过程：用户信息管理（P4）；涉及的外部实体是企业管理员；数据存储包括用户信息表（D4）；数据流为用户信息。企业管理员可以对用户所有信息进行管理。管理用户和大棚之间为对应关系。

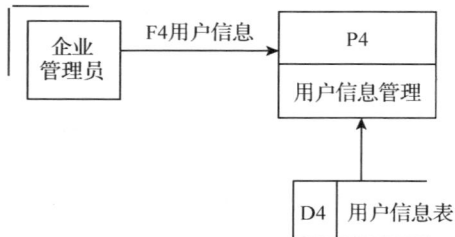

图 8-14 用户管理数据流图

（6）种植信息管理数据流图

系统的第一层数据流程图，如图 8-15 所示。该数据流程图包含一个主要的数据处理过程：种植信息管理（P5）；涉及的外部实体是普通用户；数据存储包括种植信息表（D5）；数据流为种植信息。普通用户可以对蔬菜种植信息进行管理。

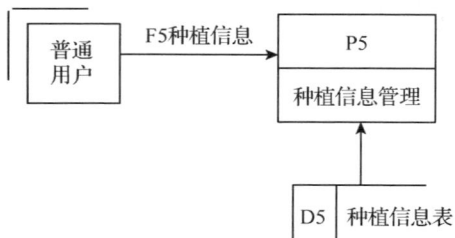

图 8-15 种植信息管理数据流图

（7）普通用户大棚信息管理数据流图

系统的第一层数据流程图，如图 8-16 所示。该数据流程图包含一个主要的数据处理过程：大棚信息管理（P6）；涉及的外部实体是普通用户；数据存储包括大棚信息表（D6）；数据流为大棚信息。普通用户只可以对自己所管辖的大棚信息进行管理。

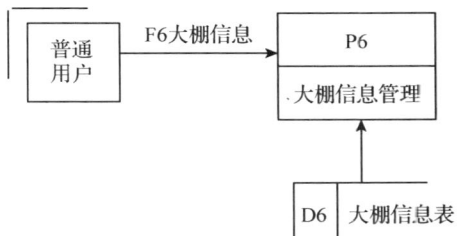

图 8-16　普通用户大棚信息管理数据流图

（8）普通用户适宜度预警数据流图

系统的第一层数据流程图，如图 8-17 所示。该数据流程图包含一个主要的数据处理过程：预警信息管理（P7）；涉及的外部实体是普通用户；数据存储包括预警信息表（D7）；数据流为预警信息。普通用户可以对蔬菜预警信息进行管理。

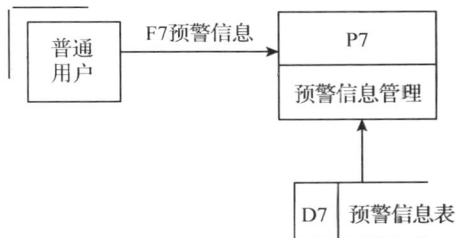

图 8-17　普通用户适宜度预警数据流图

（9）普通用户适宜度预测数据流图

系统的第一层数据流程图，如图 8-18 所示。该数据流程图包含一个主要

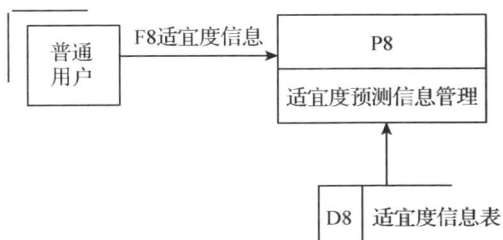

图 8-18　普通用户适宜度预测数据流图

的数据处理过程：适宜度预测信息管理（P8）；涉及的外部实体是普通用户；数据存储包括适宜度预测信息表（D8）；数据流为适宜度预测信息。普通用户可以对蔬菜适宜度预测信息进行管理。

8.3.3　数据字典

8.3.3.1　外部项定义

外部实体编号：S1

外部实体名称：管理员

简述：企业管理员

输入的数据流：F3

输出的数据流：F1、F2、F4

外部实体编号：S2

外部实体名称：用户

简述：普通用户

输入的数据流：F7

输出的数据流：F5、F6、F8

8.3.3.2　数据流定义

数据流编号：F1

数据流名称：大棚信息

简述：用户提供大棚信息

数据流来源：用户输入

数据流去向：企业管理员查看大棚信息

数据流组成：大棚编号、大棚位置

数据流编号：F2

数据流名称：适宜度信息

简述：查看适宜度信息

数据流来源：单因子计算

数据流去向：企业管理员查看适宜度信息

数据流组成：土壤湿度适宜度、土壤温度适宜度、空气温度适宜度、空气湿度适宜度和光照强度适宜度

数据流编号：F3

数据流名称：预警信息

简述：企业管理员查看预警信息

数据流来源：系统处理

数据流去向：输出显示

数据流组成：环境因子综合数据

数据流编号：F4

数据流名称：用户信息

简述：企业管理员管理用户信息

数据流来源：用户输入

数据流去向：输出显示

数据流组成：用户 ID、用户姓名、用户角色、用户联系方式、用户状态

数据流编号：F5

数据流名称：种植信息

简述：普通用户管理种植信息

数据流来源：用户输入

数据流去向：输出显示

数据流组成：茬口、种类、种植地、生育期

数据流编号：F6

数据流名称：大棚信息

简述：普通用户管理所在管辖内的大棚信息

数据流来源：用户输入

数据流去向：输出显示

数据流组成：大棚编号、大棚位置

数据流编号：F7

数据流名称：预警信息

简述：普通用户查看预警信息

数据流来源：用户输入

数据流去向：输出显示

数据流组成：环境因子综合数据

数据流编号：F8

数据流名称：适宜度信息

简述：普通用户查看适宜度信息

数据流来源：单因子计算

数据流去向：输出显示

数据流组成：土壤湿度适宜度、土壤温度适宜度、空气温度适宜度、空气湿度适宜度和光照强度适宜度

8.3.3.3 处理逻辑定义

处理逻辑编号：P1

处理逻辑名称：大棚信息管理

简述：企业管理员可以对大棚信息进行管理

输入的数据流：大棚信息

处理描述：根据提供的大棚信息，企业管理员可以对所有大棚信息进行管理

输出的数据流：文件

处理逻辑编号：P2

处理逻辑名称：适宜度信息查询

简述：企业管理员可以对适宜度信息查询

输入的数据流：适宜度信息

处理描述：根据显示出的适宜度信息，企业管理员可以对适宜度信息进行查看

输出的数据流：文件

处理逻辑编号：P3

处理逻辑名称：查看预警信息

简述：企业管理员可以对预警信息查询

输入的数据流：预警信息

处理描述：根据显示出的预警信息，企业管理员可以对预警信息进行查看

输出的数据流：预警提示

处理逻辑编号：P4

处理逻辑名称：查看用户信息

简述：企业管理员可以对所有用户信息查询

输入的数据流：用户信息

处理描述：根据系统的用户信息，企业管理员可以对所有用户信息进行

查看

　　输出的数据流：文件

　　处理逻辑编号：P5
　　处理逻辑名称：管理种植信息
　　简述：普通用户管理种植信息
　　输入的数据流：种植信息
　　处理描述：普通用户可以对种植信息进行管理
　　输出的数据流：文件

　　处理逻辑编号：P6
　　处理逻辑名称：管理大棚信息
　　简述：普通用户管理大棚信息
　　输入的数据流：大棚信息
　　处理描述：普通用户可以对自己所管辖的大棚信息进行管理
　　输出的数据流：文件

　　处理逻辑编号：P7
　　处理逻辑名称：查询预警信息
　　简述：普通用户查询预警信息
　　输入的数据流：预警信息
　　处理描述：普通用户可以查看蔬菜预警信息
　　输出的数据流：文件

　　处理逻辑编号：P8
　　处理逻辑名称：查询适宜度信息
　　简述：普通用户查询适宜度信息
　　输入的数据流：适宜度信息
　　处理描述：普通用户可以查看蔬菜适宜度信息
　　输出的数据流：文件

8.3.3.4　数据存储定义

　　数据存储编号：D1
　　数据存储名称：大棚信息表
　　简述：存储所有大棚的详细信息
　　数据存储组成：大棚编号 + 大棚位置

数据存储编号：D2

数据存储名称：适宜度信息

简述：存储采集到的蔬菜适宜度数据

数据存储组成：土壤温度适宜度 + 土壤湿度适宜度 + 空气温度适宜度 + 空气湿度适宜度 + 光照强度适宜度

数据存储编号：D3

数据存储名称：预警信息

简述：经过计算得到的预警信息

数据存储组成：环境因子综合数据

数据存储编号：D4

数据存储名称：用户信息

简述：显示用户信息

数据存储组成：用户 ID + 用户姓名 + 用户角色 + 用户联系方式 + 用户状态

数据存储编号：D5

数据存储名称：种植信息

简述：普通用户添加种植信息

数据存储组成：茬口 + 种类 + 种植地 + 生育期

数据存储编号：D6

数据存储名称：大棚信息

简述：输入大棚信息

数据存储组成：大棚编号 + 大棚位置

数据存储编号：D7

数据存储名称：预警信息

简述：系统计算后得到预警信息

数据存储组成：环境因子综合数据

数据存储编号：D8

数据存储名称：适宜度信息

简述：数据经过采集后得到适宜度信息

数据存储组成：土壤湿度适宜度 + 土壤温度适宜度 + 空气温度适宜度 + 空气湿度适宜度 + 光照强度适宜度

8.4 系统设计

8.4.1 总体功能结构设计

设施蔬菜适宜度预测预警系统分为前台和后台两部分。前台可以实现用户对设施蔬菜的种植管理、适宜度预测、适宜度预警和大棚管理。具体的包括查看蔬菜种植信息、添加种植信息、查看实时单因子适宜度、查看综合适宜度、设施蔬菜五级预警、极限值预警和大棚信息管理。用户可以对生长期内蔬菜的各种适宜度进行查看，包括土壤温度适宜度、土壤湿度适宜度、空气温度适宜度、空气湿度适宜度和光照强度适宜度。当设施蔬菜生长的适宜度达到系统预设的极限值时，系统会给用户发送适宜度预警信息，提醒用户及时采取措施，改变蔬菜生长的环境。后台主要对用户信息进行维护、管理蔬菜信息和存储系统日志。

分析设施蔬菜适宜度预测预警系统，对已确定的需求，制定整个系统框架如图 8-19 所示：

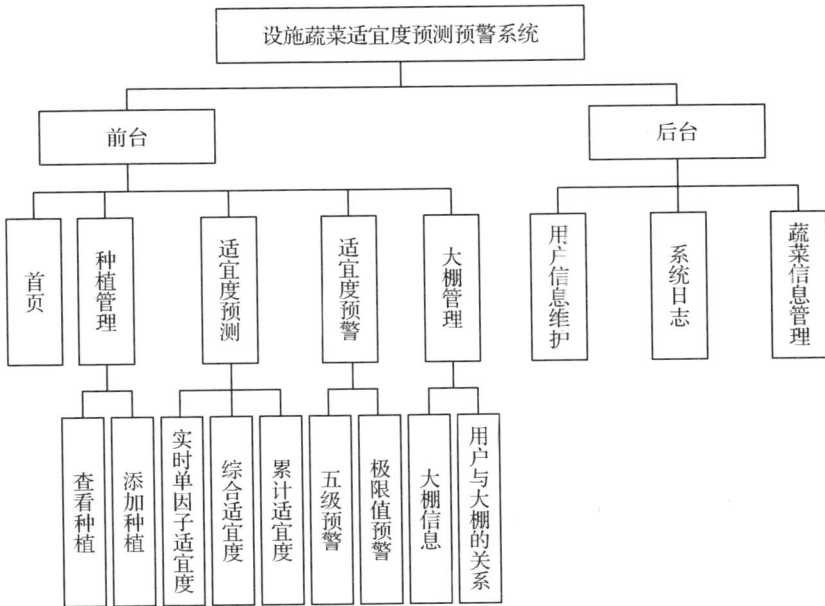

图 8-19 系统总体功能结构图

8.4.2 功能详细设计

系统主要功能包括对大棚信息进行管理、对设施蔬菜适宜度信息进行查看、查看预警信息、适宜度预测和对蔬菜的种植信息进行管理。具体功能包括如下几个方面。

8.4.2.1 前台功能设计

（1）登录

该系统是专门为企业设计的系统，因此为了确保信息的安全性，企业管理员和普通用户首先进行登录，身份验证正确后，才能进入系统。

登录系统需要输入：用户名、密码和验证码。其中用户名为企业管理员给设定的真实姓名；密码为企业管理员给设定的初始密码；验证码由系统随机产生。

身份验证：如果登录信息输入正确，则用户正确登录系统；如果输入信息与数据库中存储的信息不一致，则系统提示"用户名或者密码错误，请重试"。

个人中心：用户首次登录系统后，系统需自动跳转到个人中心，让用户完善个人信息，包括个人的联系方式、邮箱、通信地址等；系统对用户输入的信息进行存储。

（2）首页

首页是展示关键信息最好的窗口，企业管理员和普通用户都可以对蔬菜的综合适宜度进行查看、接收适宜度告警信息。

企业蔬菜轮换展示：在首页上，设计对企业所包含的蔬菜进行图片轮转，展示企业种植的所有蔬菜。

适宜度 TOP4：该栏目需要展示蔬菜生长适宜度最低的四个大棚，将大棚编号以及该大棚的当前适宜度情况显示在该栏目中。适宜度信息以百分比数值和不同颜色表示的进度条表示。显示绿色时，代表适宜度最好，其次是蓝色、黄色、橘色，适宜度最低时，显示为红色。并且，适宜度信息也会以百分比数字进行显示，方便用户的查看。对于普通用户，适宜度 TOP4 只显示自己管辖的大棚的情况。

（3）种植信息查看

蔬菜定植后，企业用户和管理员可随时查看蔬菜的生长状况。

信息查看：企业管理员和普通用户可以选择大棚（普通用户只能选择自己所管理的大棚）进行蔬菜种植状态的查看。此外，还可以进行列表查询，在下拉菜单中选择需要查看的设施蔬菜的种植地区或者是蔬菜的分类，点击查看按钮，就可以对种植信息进行查看。

具体的种植信息包括：蔬菜种类、当前所处生育期、定植日期、茬口详情、种类介绍。

（4）添加种植信息

只有普通用户可以对种植信息进行添加。用户可以在查看蔬菜信息时点击新增按钮或者直接在种植管理栏目下进行新增种植。

点击新增后，页面会弹出一个对话框，对话框的内容包括：单位、种植地区、蔬菜分类、定植日期、茬口详情。对这些信息进行补充后，点击提交按钮，就可以新增某种蔬菜的种植信息。如果信息填写错误，用户可以点击重置按钮，对以上信息重新填写，极大地方便了用户对设施蔬菜的种植管理。

（5）适宜度预测

企业管理员可以选择查看任意大棚中的蔬菜适宜度信息。而普通管理员只能查看自己所管辖内的大棚中蔬菜适宜度信息。

适宜度预测的表示：包括土壤温度适宜度、土壤湿度适宜度、空气温度适宜度、空气湿度适宜度和光照强度适宜度。适宜度信息以不同的颜色表示，绿色表示适宜度最好、其次是蓝色、黄色、橘色，当适宜度显示为红色时，表示适宜度最低，需要普通用户及时采取措施，改变设施蔬菜的生长环境。综合适宜度信息是对以上五种适宜度信息进行计算后，得出的信息。

适宜度预测的时间段：设施蔬菜适宜度信息以每 6 个小时为一时间段，进行预测。

（6）历史适宜度信息查看

企业管理员和普通用户在蔬菜分类下拉菜单中选择需要查询的设施蔬菜，然后在单位下拉菜单中选择，之后选择监测时间和种植地区，最后单击查询按钮，即可查看到设施蔬菜的适宜度信息。

导出：对设施蔬菜的历史适宜度信息进行导出，点击页面右下角的导出按钮，即可下载 EXCEL 格式的适宜度数据。

累计适宜度的展示方式：在选定适宜度的类型（单因子、综合评价）后，用户可以选择适宜度数据是以折线图、柱状图还是 3D 饼状图显示。

（7）查看适宜度预警信息

企业管理员和普通用户可以查看设施蔬菜适宜度预警信息。预警信息包括五级预警信息和极限值预警信息。当设施蔬菜的生长适宜度到达了系统内设定的极限值，系统则会给企业管理员和普通用户推送预警消息，提醒企业管理员和普通用户及时采取措施，改变设施蔬菜的生长环境，以便生长出高质量的设施蔬菜。

设施蔬菜的预警功能方便了用户高效率的对设施蔬菜进行管理，节省了大量的人力和物力。适宜度预警信息包括：种植地区编号、品种编号、当日时间、因子编号、日平均适宜度和各因子日平均值。

具体操作：点击页面预警信息提示框中的更多，会弹出一个新页面，页面中包含设施蔬菜的种植地区、提醒类型、提醒时间、提醒概要、提醒详情和状态信息。在种植地区的下拉菜单中选择要查看的设施蔬菜种植地区，在提醒类型下拉菜单中选择要查看的提醒类型，最后对提醒时间进行选择，点击查询按钮，即可查看自己所需要的适宜度信息。

页面每页显示 10 条有关设施蔬菜的适宜度信息，企业管理员或者普通用户选中一条适宜度信息，点击右下角的删除按钮，可以实现对适宜度信息的删除，或者点击设置为已读按钮，将所选的适宜度信息设置为已读。

(8) 大棚信息管理

企业管理员可以对所有大棚信息进行管理，并且可以分配普通用户对大棚管理的权限，确定大棚和普通用户之间的对应关系。普通用户只能对自己所管辖的大棚进行管理，不能管理所有大棚。一个大棚只能由一个普通用户进行管理，而一个普通用户可以管理多个大棚。

大棚信息具体包括：大棚编号、大棚位置。大棚作为设施蔬菜生长的地方，对系统的实现具有很重要的意义。

8.4.2.2　后台功能设计

(1) 用户信息维护

设施蔬菜适宜度预测预警系统的后台可以实现对用户信息的维护，以免用户信息丢失和被篡改。用户信息具体包括：用户 ID、用户姓名、用户角色、用户联系方式和用户状态。

(2) 蔬菜信息管理

系统后台可以对蔬菜的信息进行管理，蔬菜信息具体包括：蔬菜种类、蔬菜大类和蔬菜茬口信息。企业管理员可以添加蔬菜信息。

蔬菜信息是设施蔬菜适宜度预测预警系统中很重要的一部分，它影响着系统的完整性。若设施蔬菜的信息无法正常得到管理，则不仅会影响用户对适宜度的查看，也会影响系统的适宜度预测预警功能。

8.4.3　数据库设计

8.4.3.1　概念结构设计

概念结构设计的任务是在需求分析阶段产生的需求说明书的基础上，按照特定的方法把它们抽象为一个不依赖于任何具体机器的数据模型，即概念模型。概念模型使设计者的注意力能够从复杂的实现细节中解脱出来，而只集中在最重要的信息的组织结构和处理模式上。根据业务流程分析和数据流程分析，设施蔬菜适宜度预测预警系统包含 10 个实体，10 种联系。

该系统使用 E - R 图表示数据库的概念结构，系统 E - R 图如图 8-20 所示。

E - R 图就是实体——联系图，我们在开发数据库的时候，首先要做的就是识别实体以及实体之间的关系，并将实体与联系在数据库表中用表及主外键约束表示出来。E - R 图的作用就是为了更有效地在概念模式下设计数据库，更形象地识别实体及实体之间的关系。用矩形作实体，椭圆作属性，菱形用作表示关系。

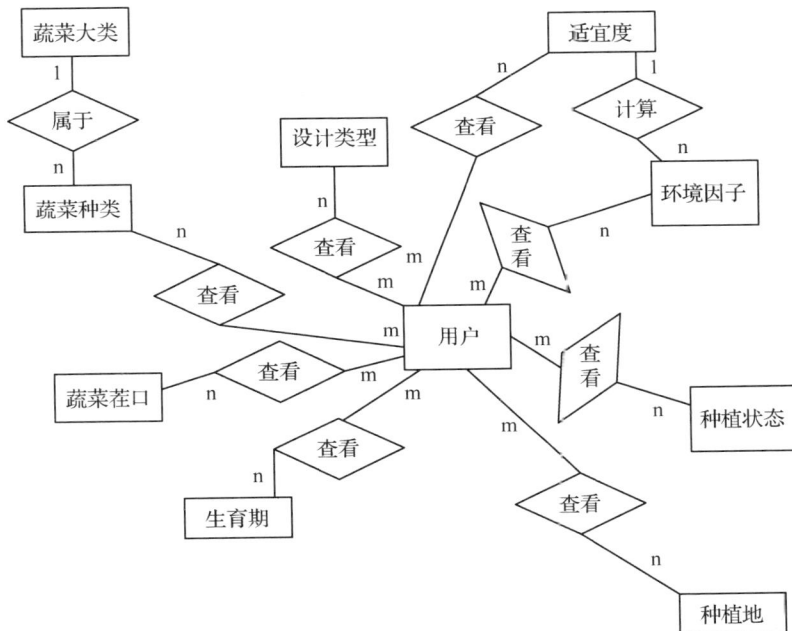

图 8-20　设施蔬菜适宜度预测预警系统 E - R 图

8.4.3.2　逻辑结构设计

数据库的逻辑结构设计的主要任务是把概念层数据模型转换为组织层数据模型，即根据数据库的概念结构导出特定的数据库管理系统可以处理的数据库的逻辑结构。逻辑结构是独立于任何一种数据模型的，在实际应用中，一般所用的数据库环境已经给定。由于目前使用的数据库基本上都是关系数据库，因此首先需要将 E - R 图转换为关系模型，然后根据具体 DBMS 的特点和限制，转换为特定的 DBMS 支持下的数据模型，最后进行优化。数据库的逻辑结构设计极大限度地消除了数据的冗余。

关系模型：

①蔬菜大类（大类编号、大类名称、其他）

②蔬菜种类（种类编号、种类名称、种类描述、大类编号）

③蔬菜茬口(茬口编号、茬口名称)

④设施类型(设施 ID、设施名称)

⑤种植地(种植地区编号、种植地区名称)

⑥种植状态(状态编码、蔬菜状态、种植地区编号、茬口编号、种类编号、生育期编号、定植日期)

⑦环境因子(因子编号、因子名称)

⑧适宜度(种植地区编号、种类编号、当日时间、因子编号、实时适宜度、日平均适宜度)

⑨用户(用户编号、用户姓名、用户角色、用户联系方式、用户状态、)

⑩生育期(生育期编号、生育期名称、编码规则、大类编号)

8.4.3.3 物理结构设计

(1)数据存储设计

数据的存储设计直接影响到数据的存取效率、系统实现效率和系统环境的运行效率。存储不是目的,是为了使用。存储不当,则无法使用或效率不高。适宜度信息需要种植地区编号、品种编号、当日时间、因子编号等信息,这样方便用户对适宜度信息的查看。不管什么数据都堆在一起,尽管这些数据都很完整,但却使用户发现不了它的使用价值。数据存储设计包括数据库的统筹安排,系统中设计多少个文件、数据文件如何分布、哪些数据是共享的、哪些是非共享的、哪些数据项应存放在一个文件中等等。在设施蔬菜适宜度预测预警系统中,相关的字段信息和索引存储在数据库中,图片信息存储在文件夹中。

(2)数据表设计

表命名规范:

表名全部以大写英文单词、单词缩写、拼音简写、下划线构成,蔬菜基本信息表关系表名称全部采用"VEV_"开头,代表该关系表属于两个模型都需用到的"蔬菜"基本信息。蔬菜生长环境因子数据库关系表名称全部采用"ENV_"开头,代表该关系表属于生长"环境"因子数据。用户管理的关系表采用"user_"开头,代表该关系表属于"用户"管理模块。下划线后面的单词或单词缩写是关系表名称,拼音的缩写的含义基本上说明了该表的主要用途。

字段命名规范:

字段名全部以小写英文单词、单词缩写、拼音简写、下划线构成,单词或缩写含义即代表该字段含义。带有"_id"后缀的表示该字段是其对应名称的编号。带有"_name"后缀的表示该字段是其对应名称的含义。

该系统采用 Windows Server 2008 为系统平台,SQL Server 2008 为基本开发工具,数据库名称为 VEG。

①蔬菜大类表(VEG_class):存储了蔬菜大类名称和编号以及其他信息(表8-1)。

表 8-1　VEG_class(蔬菜大类表)

字段名称	描述	字段类型	字段长度	允许为空
class_id	大类编号	char	2	否
class_name	大类名称	char	14	否
else	其他	varchar	50	是

②蔬菜种类表(VEG_type):存储了蔬菜种类名称和编号,以及蔬菜大类编号,方便读出蔬菜种类和蔬菜大类的对应关系(表8-2)。

表 8-2　VEG_type(蔬菜种类表)

字段名称	描述	字段类型	字段长度	允许为空
type_id	种类编号	char	4	否
type_name	种类名称	char	14	否
type_ms	种类描述	varchar	100	是
type_id	大类编号	char	2	否

③蔬菜茬口表(VEG_crop):存储了蔬菜种植的基本茬口名称和编号信息(表8-3)。

表 8-3　VEG_crop(蔬菜茬口表)

字段名称	描述	字段类型	字段长度	允许为空
crop_id	茬口编号	char	2	否
crop_name	茬口名称	char	14	否

④种植设施类型表(VEG_plant):存储了蔬菜种植设施类型名称和编号信息(表8-4)。

表 8-4　VEG_plant(蔬菜种植设施类型表)

字段名称	描述	字段类型	字段长度	允许为空
plant_id	设施编号	char	2	否
plant_name	设施名称	char	10	否

⑤蔬菜种植地区表(VEG_region):存储了蔬菜种植地区所在的单位信息(表8-5)。

表 8-5　VEG_state(蔬菜种植地区表)

字段名称	描述	字段类型	字段长度	允许为空
region_id	种植地区编号	char	8	否
region_name	种植地区名称	char	18	否
plant_id	设施类型编号	char	2	否

⑥蔬菜种植状态表(VEG_state):此表为动态表,主要存储蔬菜种植时的当前状态,包括种植地区编号、设施类型编号、茬口编号、种类编号和生育期编号和定植日期等信息,这些信息主要作为输入项方便对蔬菜状态进行存储(表8-6)。

表 8-6　SC_STATE(蔬菜种植状态表)

字段名称	描述	字段类型	字段长度	允许为空
state_id	状态编码	int	4	否
plant_zt	设施编号	int	4	否
region_id	种植地区编号	char	8	否
crop_id	茬口编号	char	2	否
type_id	种类编号	char	6	否
grawth_id	生育期编号	char	4	否
state_date	定植日期	datetime	12	否

⑦环境因子表(VEG_ENV):主要存储环境因子编号和因子名称数据,方便用户对环境因子的管理(表8-7)。

表 8-7　VEG_ENV(环境因子表)

字段名称	描述	字段类型	字段长度	允许为空
ENV_id	因子编号	int	2	否
ENV_name	因子名称	char	8	否

⑧蔬菜生长适宜度记录表(VEG_record):主要存储了种植地区编号、种类编号、因子编号、日平均适宜度、实时适宜度等数据(表8-8)。

表 8-8　VEG_record(蔬菜生长适宜度记录表)

字段名称	描述	字段类型	字段长度	允许为空
region_id	种植地区编号	char	8	否
type_id	种类编号	char	6	否

（续）

字段名称	描述	字段类型	字段长度	允许为空
date	当日时间	datetime	3	否
ENV_id	因子编号	char	2	否
realtime	实时适宜度	int	4	否
dailymean	日平均适宜度	int	4	否

⑨用户信息表（User_Info）：存储用户的基本信息，包含用户姓名、所在单位、用户编码、用户联系方式、用户身份等（表8-9）。

表 8-9　User_Info（用户信息表）

字段名称	描述	字段类型	字段长度	可为空值
user_id	用户 ID	int	4	否
user_name	用户姓名	char	8	否
user_id	用户角色	char	2	否
user_lxfs	用户联系方式	varchar	50	否
user_mm	用户密码	varchar	10	是
user_zt	用户状态	int	1	否

⑩蔬菜生育期表（VEG_growth）：存储了各大类蔬菜种植过程包含的生育期的名称和编号信息；以及生育期的编码规则，即两个生育期节点的差（发棵期 = 始花期 − 定植期）和大类编号，以确定生育期和蔬菜大类之间的对应关系（表8-10）。

表 8-10　VEG_growth（蔬菜生育期表）

字段名称	描述	字段类型	字段长度	允许为空
growth_id	生育期编号	int	4	否
growth_name	生育期名称	char	14	否
growth_rule	编码规则	varchar	50	否
class_id	大类编号	int	2	否

8.4.4　主要界面设计

8.4.4.1　单因子适宜度预测界面

此页面为蔬菜适宜度浏览页面，如图 8-21 所示，通过此页面，企业管理员和普通用户可以查看设施蔬菜的适宜度信息，具体的包括空气温度适宜度、空气湿度适宜度、土壤温度适宜度、土壤湿度适宜度等。根据这些数据，有利于普通用户更好地管理蔬菜的生长。适宜度信息以不同的颜色表示，绿色为适宜度最适宜，其次是蓝色、黄色、橘色，当蔬菜适宜度信息为红色时，表示蔬菜生长的适宜度很低。适宜度信息以每六个小时为一时间段，方便用户的查看。还可以查看设施蔬菜当前生长的温度、湿度和光照强度，以及设施蔬菜当前的总体适宜度。

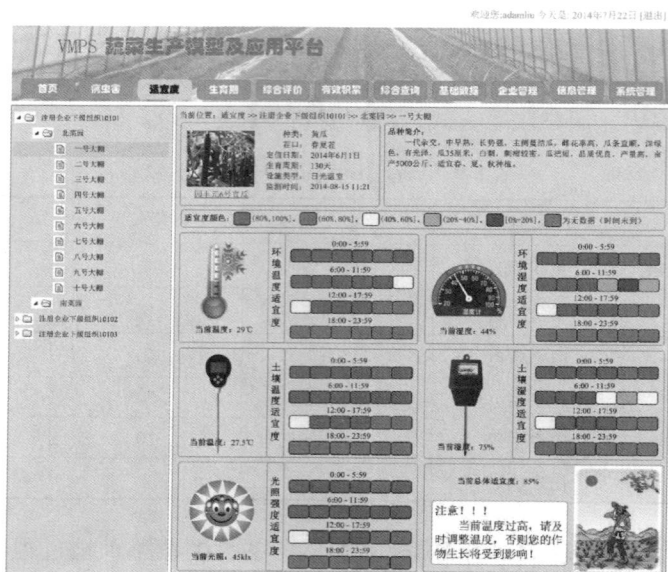

图 8-21　适宜度预测页面

8.4.4.2　单因子适宜度预警

企业管理员和普通用户可以查看设施蔬菜适宜度的数据，当蔬菜的适宜度显示为红色时，表明蔬菜的适宜度很低，不适合生长，系统会提醒企业管理员和普通用户注意蔬菜的生长环境，及时对蔬菜的生长环境进行调整，以便蔬菜更好地生长，长出更多的果实（图 8-22）。以达到蔬菜的最大经济效益。

8.4.4.3　查看累计适宜度信息

企业管理员和普通用户可以查看设施蔬菜生长期内的环境因子信息，包括空气温度、空气湿度、土壤温度、土壤湿度、光照强度和环境条件综合。用户在开始时间下拉菜单中选择起始日期，然后在结束时间下拉菜单中选择截止日期，之后点击要查看的环境因子，最后用户可以选择这些数据是以折线图、柱状图还是 3D 饼状图显示（图 8-23）。方便用户对信息的查看。

8.4.4.4　查看适宜度历史信息

企业管理员和普通用户可以查看设施蔬菜适宜度历史信息（图 8-24）。用

图 8-22　适宜度预警页面

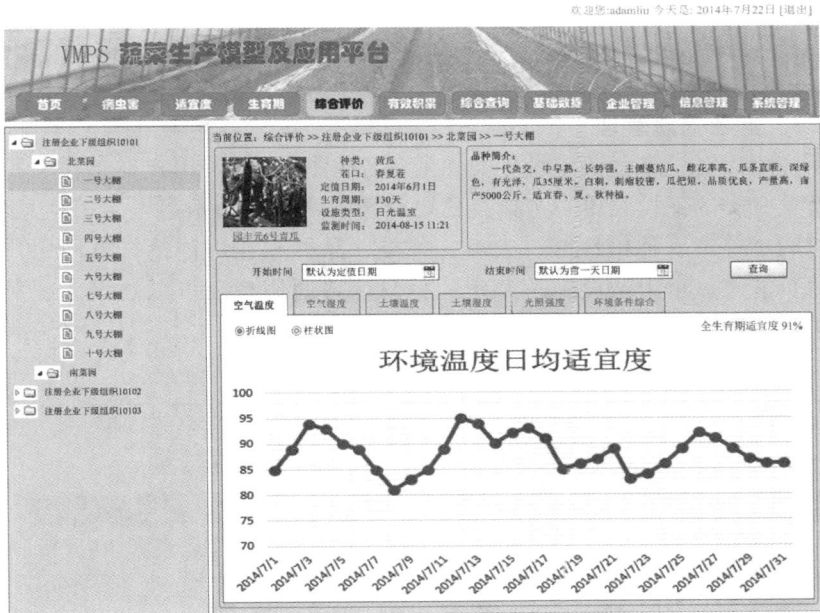

图 8-23　累计适宜度信息页面

户在蔬菜分类、单位、监测时间、种植地下拉菜单中，选择自己所需要查看的数据，最后点击查询，即可查看适宜度历史信息。用户还可以对这些数据进行导出操作。界面显示的信息包括：监测时间、单位、种植地区、大类、种类、品种、空气温度百分比、空气湿度百分比、土壤温度百分比、土壤湿度百分比和光照强度百分比。

图 8-24　适宜度历史信息页面

8.4.4.5　定植信息管理

用户可以对设施蔬菜定植信息进行管理（图 8-25）。用户在单位、种植地区、蔬菜分类的下拉菜单中选择自己要查看的蔬菜定植信息。定植信息包括：定植时间、单位、种植地区、大类、种类、品种和茬口详情，方便用户的选择。每页能够显示十条设施蔬菜定值信息。普通用户还可以对设施蔬菜定值信息进行新增、修改和删除操作。

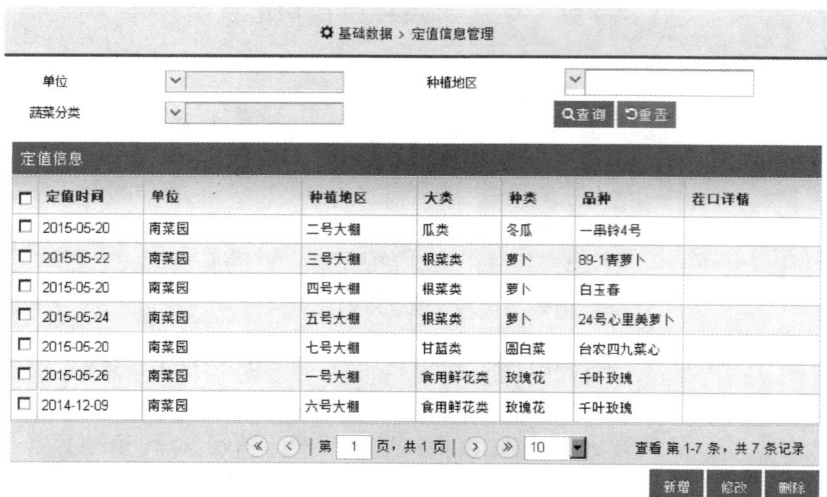

图 8-25　定植信息页面

8.5 系统测试

网站平台测试，描述一种用来促进鉴定软件的正确性、完整性、安全性和质量的过程。换句话说，网站平台测试是一种实际输出与预期输出间的审核或者比较过程。在系统测试阶段，主要进行以下几方面的测试：功能测试、链接测试、表单测试、接口测试。

8.5.1 功能测试

对于网站的测试而言，每一个独立的功能模块需要单独的测试用例的设计导出，根据测试用例进行测试，部分测试用例如下所示。

（1）适宜度查询模块（表8-11）

表8-11 适宜度查询模块测试

测试项目	测试用例	测试结果	操作流程
蔬菜分类选择	在下拉菜单中选取蔬菜种类	显示系统所包含所有蔬菜种类	在下拉菜单中选取蔬菜种类，点击要选择的蔬菜
种植地区选择	在下拉菜单中选取种植地区	显示蔬菜的所有种植地	在下拉菜单中选取种植地区，点击要选择的种植地区
监测时间选择	在下拉菜单中选择要查看的监测时间	显示蔬菜的监测时间	在下拉菜单中选取监测时间，点击要选择的监测时间
适宜度查询	点击查询	显示适宜度信息	点击适宜度查询

（2）综合评价查询模块（表8-12）

表8-12 综合评价查询模块测试

测试项目	测试用例	测试结果	操作流程
空气温度选择	点击空气温度	显示空气温度信息	点击空气温度，显示空气温度数据
空气湿度选择	点击空气湿度	显示空气湿度信息	点击空气湿度，显示空气湿度数据
土壤温度选择	点击土壤温度	显示土壤温度信息	点击土壤温度，显示土壤温度数据
土壤湿度选择	点击土壤湿度	显示土壤湿度信息	点击土壤湿度，显示土壤湿度数据
光照强度选择	点击光照强度	显示光照强度信息	点击光照强度，显示光照强度数据

8.5.2 链接测试

链接是 Web 应用系统的一个主要特征，它是在页面之间切换和指导用户去一些不知道地址的页面的主要手段。链接测试可分为三个方面：

①测试所有链接是否按指示的那样确实链接到了该链接的页面；

②测试所链接的页面是否存在；

③保证设施蔬菜适宜度预测预警评价系统上没有孤立的页面，所谓孤立页面是指没有链接指向该页面，只有知道正确的 URL 地址才能访问。链接测试可以自动进行，现在已经有许多工具可以采用。链接测试必须在集成测试阶段完成，也就是说，在整个 Web 应用系统的所有页面开发完成之后进行链接测试。

可是对于动态生成的页面的测试会出现一些错误。

8.5.3 表单测试

当用户给设施蔬菜适宜度预测预警系统管理员提交信息时，就需要使用表单操作，例如用户注册、登录、信息提交等。在这种情况下，我们必须测试提交操作的完整性，以校验提交给服务器的信息的正确性。

8.5.4 接口测试

设施蔬菜适宜度预测预警系统不是孤立网站平台。设施蔬菜适宜度预测预警系统会与外部服务器通讯，请求数据、验证数据或提交订单；与传感器连接，请求发送数据至平台端。

（1）服务器接口

第一个需要测试的接口是浏览器与服务器的接口。测试人员提交事务，然后查看服务器记录，并验证在浏览器上看到的正好是服务器上发生的。测试人员还可以查询数据库，确认事务数据已正确保存。

（2）外部传感器接口

设施蔬菜大棚中的五个因子传感器：空气湿度传感器、空气温度传感器、光照强度传感器、土壤温度传感器、土壤湿度传感器。蔬菜适宜度评价系统需要在大棚的传感器接口实时地获取数据，所以要对传感器进行硬件可用性测试，以及软件的数据获取准确值的校准。

8.6 项目总结

设施蔬菜适宜度预测预警系统实现了管理人员对设蔬菜适宜度信息的预

测和预警，大大的提高了管理效率。例如，用户可以查询大棚内设施蔬菜的适宜度信息、查看种植信息，所以设施蔬菜适宜度预测预警系统具有很高的实用性和便捷性。当设施蔬菜生长环境适宜度的数值很低时，系统会给用户发送预警消息，提醒用户及时采取措施，改变蔬菜生长环境，以便蔬菜能够高质量的生长。用户还可以查询大棚的相关信息，分配管理大棚的权限。

设施蔬菜适宜度预测预警系统亮点突出、特色鲜明、系统数据库稳定、界面设计简单明了，易于用户的操作。设施蔬菜适宜度预测预警系统采用B/S模式，严格按照 B/S 模式的思想设计系统。很好地提高了开发效率，减少很多维护费用，使设施蔬菜适宜度预测预警系统更加完善。

参考文献

曹振华 . 2007. 基于 Web 的农业信息系统的开发方法 [J] . 河南农业，（11）：40.

黄水清，朱艳 . 2012. 农业信息化应用系统开发与实践 [M] . 北京：中国农业科学技术出版社 .

李兴国，杨颖，顾东晓 . 2010. 管理信息系统案例 [M] . 北京：清华大学出版社 .

莫建飞 . 2013. 广西主要农业气象灾害监测预警系统的开发与应用 [J] . 自然灾害学报，22（2）：151 – 157.

王维瑞 . 2012. 农业信息系统开发支撑平台的设计与应用 [J] . 农业网络信息，（5）：10 – 14.

吴强等 . 2014. 基于云计算的农业信息系统设计与实现 [J] . 安徽农业科学，42（29）：10371 – 10371，10380.

吴文玉 . 2008. 省级农业气象业务服务系统的开发和应用 [J] . 安徽农业科学，36（2）：417 – 419.

武锋强 . 2009. 基于 WebGIS 的农业信息系统的开发与应用 [J] . 农业工程，48（8）：1989 – 1991.

徐志坚，王翔 . 2010. 管理信息系统案例精选 [M] . 北京：北京师范大学出版社 .

尹欣欣 . 2009. 农业管理信息系统的开发设计 [J] . 现代情报，20（12）：58 – 60.

于本海，吴恒亮 . 2010. 管理信息系统开发案例 [M] . 北京：高等教育出版社 .

张超等 . 2013. 一种农业信息数据挖掘系统的研究与应用 [J] . 苏州科技学院学报（自然科学版），30（1）：76 – 79.

赵春江 . 2014. 农业遥感研究与应用进展 [J] . 农业机械学报，45（12）：276 – 286.